KB263790

| 시작한 날 | | | | 년 | | | 월 | | | 일 |
| 마지막 날 | | | | 년 | | | 월 | | | 일 |

하루 공부를 마치고
포도알을 색칠해 보자!

# 1일 1주제 9분 만에 끝내는
# 119 인문학

초판 1쇄 발행 2025년 12월 30일

지은이 조혜민

펴낸이 윤주용
편집 도은주, 류정화 | 마케팅 조명구 | 홍보 박미나
외주편집 장기영, 박미선

펴낸곳 초록비책공방
출판등록 2013년 4월 25일 제2013-000130
주소 서울시 마포구 동교로27길 53 308호
전화 0505-566-5522 | 팩스 02-6008-1777

메일 greenrainbooks@naver.com
인스타 @greenrainbooks @greenrain_1318
블로그 http://blog.naver.com/greenrainbooks

ISBN 979-11-24126-04-2 (44080)
　　　979-11-24126-02-8 (세트)



**어려운 것은, 쉽게 쉬운 것은 깊게, 깊은 것은 유쾌하게**

초록비책공방은 여러분의 소중한 의견을 기다리고 있습니다.
원고 투고, 오탈자 제보, 제휴 제안은 greenrainbooks@naver.com으로 보내주세요.

# 1일 1주제 9분 만에 끝내는 인문학

# 119 시리즈 만점 활용법

119 시리즈는 하루 9분, 하나의 주제로 공부 습관을 만드는 책이야. 교실에서 아이들과 함께해 온 현장 선생님들이 직접 쓴 책이라서 너희가 꼭 알아야 할 개념과 생각하는 방법을 쉽고 정확하게 알려줄 거야. 이 책을 더 잘 활용할 수 있는 방법을 소개할게.

## 1. 하루 한 꼭지, 9분만 집중해 볼까?

119 시리즈는 '읽기 → 생각하기 → 정리하기' 순서로 이어져 있어. 먼저 질문으로 호기심을 열어주고 이어지는 짧은 이야기와 설명을 통해 자연스럽게 개념을 익힐 수 있지. 하루 2~4페이지 분량이라 부담 없고 꾸준히 하기에 딱 좋아.

## 2. 교과와 연계된 학습 키워드로 중심 잡기

각 꼭지는 학교에서 배우는 교과 단원과 연결되어 있고, 교과 개념과 연결된 학습 키워드를 중심으로 내용이 이루어져 있어. '왜 이걸 배우는지', '교과에서 어디와 연결되는지'를 자연스럽게 이해할 수 있지. 학교 수업과 함께 보면 훨씬 더 깊게 이해되고 복습 효과도 좋아.

## 3. 배운 내용을 '나만의 말'로 정리해 보기

이 책은 단순히 외우는 공부보다 생각 흐름을 따라 개념을 이해하도록 되어 있어. 본문 중간에 나오는 질문에 스스로 답해 보면 "아, 나는 이렇게 이해했구나!" 하고 정리가 돼. 이런 과정은 바로 논술형 평가에서 필요한 사고력으로 이어져.

## 4. <실력 쑥쑥 119>로 바로 복습하기

각 꼭지 바로 뒤에는 <실력 쑥쑥 119> 문제가 있어. 오늘 배운 내용을 잘 이해했는지 스스로 확인할 수 있고 중요한 개념만 다시 한 번 떠올릴 수 있어서 공부 효과가 훨씬 커져.

## 5. <더 알아보기 119>로 배움을 확장하기

선생님이 직접 고른 책·영상·사이트가 매 꼭지마다 소개되어 있어. 궁금한 내용을 조금 더 깊게 알고 싶거나 호기심이 생긴 부분이 있다면 여기 있는 자료들을 통해 탐구를 이어가 봐. 스스로 공부를 확장하는 힘을 자연스럽게 기를 수 있어.

## 6. <진로 119> 코너로 배움과 미래를 연결해 보기

각 챕터 끝에는 <진로 119> 코너가 있어. 오늘 배운 내용이 어떤 직업과 연결되는지 알려주고 내가 좋아할 만한 분야가 무엇인지 생각해 볼 수 있어. 공부와 진로를 따로 떼어 놓지 않고 자연스럽게 이어주는 구성이야.

## 7. 매일 9분, 꾸준함이 진짜 실력이야

하루 9분은 짧아 보이지만 매일 쌓이면 사고력·문해력·기초 개념·교과 이해도가 놀랍게 자라게 돼. 119 시리즈와 함께 익숙한 교과 내용을 새로운 이야기와 질문으로 만나다 보면 자기만의 공부 루틴이 단단하게 자리 잡을 거야.

    선생님은 교단에 선 지 벌써 10년이 되었어. 매일 아침 교실 문을 열면서도 가끔은 마음이 무거웠어. 아이들이 문제를 척척 풀고 정답을 맞히는 건 잘하는데도 정작 스스로 생각해서 말하는 일에는 어색해하는 거야. 그래서 선생님은 자주 물어봤어. "얘들아, 이건 왜 그런 거라고 생각해?" 그러면 대답을 못 하거나 금세 "모르겠어요." 하고 손을 내리더라. 그걸 보면서 선생님은 생각했어. 정보는 많아졌는데 생각하는 힘은 아직 키우지 못했구나, 하고 말이야.

    그래서 선생님은 실험을 시작했어. 매일 수업 시작할 때마다 한 가지씩 질문을 던졌지. 길게 설명하지 않았어. 짧은 질문 하나로 아이들의 머리를 쿡 찔렀지.

    "행복은 노력으로 만들 수 있을까?"

    "정의는 누구의 몫일까?"

    "우리는 왜 규칙을 지켜야 할까?"

    질문 하나를 던지고 9분만 생각하게 했어. 처음에는 어색했지. 그런데 며칠 지나자 변화가 찾아왔어. 조용하던 친구가 손을 들었고 말이 빠른 친구는 천천히 자신의 생각을 말하기 시작한 거야. 선생님은 그 모습을 보고 알게 되었어. 생각은 연습하면 자란다는 걸 말이야. 그래서 이 책을 만들었어. 복잡하거나 멀리 있는 이야기가 아니야. 선생님은 너희가 학교나 집 혹은 친구 관계에서 매일 마주치는 문제들을 생각하도록 돕고 싶었어. 이 책은 세 가지 특징이 있어.

첫째, 하루 9분이면 충분해. 바쁘다고 못 하겠다고 말하지 마. 시간은 길이가 아니라 집중의 깊이로 판단해야 해. 9분 동안 한 주제에 집중하다 보면 생각이 조금씩 달라지기 시작할 거야.

둘째, 현실과 연결된 주제를 다뤘어. 행복·정의·공정성·돈·도시·미래 같은 주제를 실제 사례로 풀어 썼어. 교과서가 아니라 너희 삶과 맞닿은 이야기들이야. 그래서 읽다가 "아, 이거 우리 이야기네." 하고 끄덕일 때가 많을 거야.

셋째, 읽고 끝나는 책이 아니야. 각 장 끝에는 반드시 네 생각을 묻는 질문이 있어. 정답을 적으라고 강요하지 않아. 대신 네 생각을 써 보고, 말해 보고, 토론해 보라고 했어. 생각은 말하고 쓰면서 단단해지거든.

왜 인문학이 필요하냐고? 이유는 간단해. 세상은 문제집처럼 답을 하나로 정해 주는 곳이 아니야. 선택해야 할 일도 많을 거고 남의 기준이 아니라 네 기준으로 살아야 할 순간이 찾아올 거야. 그때 남들이 정해 준 답을 따라가면 편하겠지. 하지만 편하다고 해서 그것이 너의 삶을 채워 주진 않아. 선생님은 네가 스스로 질문하고, 이유를 찾아 보고, 결정을 내리는 사람이 되길 바랐어. 그게 진짜 자유야. 자유는 누군가에게 얻는 게 아니라 스스로 생각하면서 만들어 가는 거야.

이 책을 읽는 동안 선생님은 몇 가지 부탁을 할 거야.

첫째, 정답을 찾으려고 애쓰지 마. 생각은 정답 경쟁이 아니야. 정답을 찾기보다 먼저 왜 그런지를 따져 봐.

둘째, 부끄러워하지 마. 네 생각이 틀릴 수도 있어. 틀리는 과정 자체가 성장의 일부야. 선생님은 실수하는 아이를 꾸짖지 않아. 그 아이가 실수하는 과정을 보면서 함께 생각할 뿐이야.

셋째, 한 번에 모든 걸 바꾸려고 하지 마. 하루 9분, 작은 습관이 쌓여서 큰 변화를 만든다는 걸 믿어 봐. 선생님은 너희가 남의 눈치를 보느라 자기 삶을 포기하지 않았으면 좋겠어.

너희가 흔들릴 때마다 생각이라는 방파제가 너희에게 힘이 되어 주었으면 해. 네가 어떤 선택을 했는지, 왜 그렇게 했는지 스스로 말할 수 있게 되면 그 어떤 상황이 닥치더라도 중심을 잃지 않을 거야. 그리고 그것이 결국 너를 지켜 주는 힘이 될 거야.

선생님은 지금 네 손에 쥐어진 이 책을 통해 생각의 씨앗 하나를 심었으면 좋겠어. 씨앗은 하루아침에 나무가 되지 않아. 하지만 매일 물을 주면 천천히 자랄 거야. 오늘 9분만 투자해 봐. 네 생각에 물을 주는 연습을 해 보는 거야. 선생님은 네가 그렇게 자라나는 모습을 꼭 보고 싶어.

이제 시작하자. 선생님과 함께, 네 머리로 생각하는 연습을 해 보자. 네 마음을 지키는 연습을 해 보자. 네 인생을 네 손으로 선택하는 연습을 해 보자. 선생님은 네가 그렇게 되리라 믿어. 그러니까 우리, 첫 장을 넘겨 보자.

# 차 례



## 1부. 생각이 자라면 삶이 달라져요
### - 행복, 정의, 공정함을 생각하는 철학 이야기

# 4부. 돈은 어떻게 움직이고 세상을 바꿀까?
## 자본주의 사회를 이해하는 경제 이야기



# 5부. 디지털 세상, 우리는 어떻게 살아야 할까?
## 문자와 기술이 만드는 새로운 일상 이야기

1부
생각이 자라면
삶이 달라져요
행복, 정의, 공정함을 생각하는 철학 이야기
119

년 월 일

# 사람들이 빵을 다 사 갔다고?
# 완전 럭키 비키잖아!

## 긍정적인 삶: 행복하게 살기 위한 사고방식

'럭키 비키'라는 말, 들어 본 적 있니? 행운을 뜻하는 '럭키(Lucky)'와
가수 장원영의 영어 이름인 '비키(Vicky)'를 합친 말이래.
'긍정적으로 생각하자'는 뜻이라는데. 왜 이런 말이 유행하게 됐을까?

| | |
|---|---|
| **학습 키워드** | #행복 #원영적 사고 #럭키 비키 #스토아 철학 #관점 |
| **교과 연계** | 초5 〉 도덕 〉 3. 긍정적인 생활<br>중1 〉 도덕 〉 I -5 행복한 삶<br>고등학교 윤리와 사상 |

## 긍정적인 '원영적' 사고방식

2023년 9월, 가수 장원영이 스페인의 어느 빵집에 갔어. 그런데 앞 사람이 장원영이 사려던 빵을 모두 사 간 거야. 장원영은 활짝 웃으며 이렇게 말했대.

"앞 사람이 빵 오 쇼콜라를 다 사 가서 너무 럭키하게 제가 새로 갓 나온 빵을 받게 됐지 뭐예요? 역시 행운의 여신은 나의 편이야!"

'럭키 비키Lucky Vicky'는 이러한 장원영의 긍정적인 사고방식에서 생긴 말이야. 사람들은 모든 일을 긍정적으로 생각하는 장원영의 태도를 '원영적 사고'라고 부르며 좋아한대. 사람들은 왜 '럭키 비키'나 '원영적 사고'를 좋아하는 걸까? 그 이유는 긍정적인 사고방식이 우리에게 여러 가지 도움을 주기 때문이야.

첫째, 긍정적인 사고방식은 스트레스를 줄이는 데 도움이 돼. 살다 보면 스트레스가 생기는 일이 많잖아. 학교나 가정, 직장에서 겪는 압박과 기대는 우리를 쉽게 지치게 하지. 하지만 불편한 상황이 닥치더라도 '원영적 사고'로 생각하면 긍정적인 면을 찾아낼 수 있어서 스트레스를 덜 느낀다는 거야.

둘째, '자기 효능감'을 더 높일 수 있어. 자기 효능감이란 '내가 어떤 일이든 해낼 수 있다'고 생각하는 믿음이야. 긍정적인 사고방식은 자신을 더 강하게 믿게 해 줘. "나는 잘할 수 있어.", "이번 기회에 더 나은 내가 될 거야."와 같이 생각하는 건 목표를 이루는 데 큰 동기부여가 되거든. '럭키 비키'처럼 모든 일을 긍정적으로 받아들이면 실패나 어려움도 성장의 기회라고 생각하기 때문에 더 큰 성취감을 느낄 수 있어.

셋째, 인간관계가 좋아져. 긍정적인 사람은 주변에 좋은 영향을 미치거든. 그래서 사람들은 긍정적인 에너지를 가진 사람들과 함께 있고 싶어 하지. '럭키 비키'처럼 긍정적인 사고방식을 가진 사람은 자연스럽게 주변 사람들에게도 긍정적인 영향을 미칠 거고, 좋은 인간관계를 만드는 데도 도움이 될 거야.

## 우리가 행복해지려면

행복해지려면 세상을 어떻게 바라보느냐가 중요해. 서울대학교 심리학과 최인철 교수는 『프레임』이란 책에서 세상을 바라보는 관점이 중요하다고 강조했어. "우리가 세상을 있는 그대로 보는 것이 아니라, 우리의 관점을 통해 세상을 바라본다."

이 말은 우리가 세상을 어떻게 보느냐에 따라 우리의 행복도 달라진다는 뜻이야. 관점이 왜 중요한지 예를 들어 볼까? 한 환경미화원이 있었어. 그는 새벽부터 악취와 먼지를 뒤집어쓰며 쓰레기통을 비우고 거리를 청소하지. 많은 사람들은 이 일을 단순히 거리를 청소하고 돈 버는 일로 여길 수 있어. 하지만 그는 자신이 지구를 깨끗하게 하는 중요한 임무를 한다고 생각하며 일하고 있어. 같은 일을 하더라도 어떻게 바라보느냐에 따라 그 일이 주는 의미와 만족감이 크게 달라진다는 거야. 우리는 이 이야기를 통해 세상을 바라보는 관점이 우리의 행복에 얼마나 큰 영향을 미치는지 배울 수 있어.

많은 철학자와 심리학자들도 긍정적인 사고방식이 중요하다고 강조했어. 스토아 철학자 에픽테토스는 "사람들은 사건 자체가 아니라 그 사건에 대한 우리의 생각 때문에 고통받는다."라고 했지. 그만큼 우리의 생각이 큰 영향을 미친다는 것을 뜻해. 또한 심리학자 마틴 셀리그만도 그의 책『긍정심리학』에서 긍정적인 사고방식이 우리의 행복에 큰 영향을 미친다고 주장했어. 셀리그만은 긍정적인 사고방식은 우리의 정신적, 신체적 건강을 모두 나아지게 할 수 있다고 했지.『프레임』의 최인철 교수 역시 "행복은 외부 조건이 아니라 우리의 관점에 의해 결정된다. 우리의 관점을 바꾸는 것이 행복을 찾는 첫걸음이다."라고 말했어. 이는 우리가 세상을 어떻게 바라보느냐에 따라 우리의 삶이 달라질 수 있다는 것을 뜻해.

우리 모두 행복하게 사는 걸 목표로 노력하고 있어. 행복하기 위해서는 우리가 세상을 어떻게 바라보는지가 중요해. 더 행복해지기 위해 긍정적인 관점으로 세상을 바라보는 연습을 해 보는 건 어떨까?

1. 긍정적인 사고방식의 중요성을 강조한 학자들을 본문에서 찾아서 써 보자.

2. 스토아 철학의 특징 3가지와 대표적인 철학자를 인터넷에서 조사해 보자.

3. 다음 상황에서 민수는 어떻게 긍정적인 관점에서 자신을 격려할 수 있을까?

> 민수는 이번 중간고사에서 열심히 공부했지만 기대했던 점수보다 낮은 점수를 받았습니다. 성적표를 받은 날, 민수는 실망과 좌절감을 느꼈습니다. 그는 부모님께 실망을 안겨 드린 것 같아 마음이 무거웠습니다. 친구들과 성적에 대해 이야기하면서 자신이 부족하다고 느꼈습니다. 하지만 민수는 이 상황을 긍정적으로 바라보려고 했습니다.

### 👍 더 알고 싶어 119

📖 도서　▷ 영상　🔍 사이트

📖 **『세상을 아름답게 만드는 행복한 청소부』(모니카 페트, 안토니 보라틴스키, 풀빛)**
청소부가 자신의 일을 세상을 아름답게 만드는 일로 여기는 이야기야. 같은 일도 어떤 마음으로 바라보느냐에 따라 행복이 달라진다는 걸 느껴 보자.

▷ **이미 가진 것에 감사하는 힘-감사가 뇌를 바꾼다 (KBS 다큐)**
감사의 마음이 뇌를 바꾼다는 과학적인 근거를 보여 주는 다큐야. '감사'가 단순한 기분이 아니라, 진짜로 행복을 만드는 힘이라는 걸 알 수 있어.

▷ **'앞사람이 빵 다 사가서 완전 럭키비키잖아~' 긍정 신드롬 일으키는 요즘 밈 근황 (14F 일사에프)** '럭키 비키' 밈이 왜 사람들에게 긍정의 상징이 되었는지 다룬 영상이야. 작은 일에도 웃으며 반응하는 태도가 얼마나 멋진 힘인지 함께 느껴 봐.

# 행복해지려면
# 3가지가 필요하다고?

## 좀 더 행복해지기 위한 조건

시험 성적이 생각보다 못 나와서 실망하거나, 친구와의 오해로 속상했던 경험이 누구나 한 번쯤 있을 거야. 우리 주변에는 학업 스트레스, 친구와의 갈등, 가정 문제 등 우리를 힘들게 하는 일이 늘 일어나곤 해. 우리는 어떻게 해야 좀 더 행복해질 수 있을까?

**학습 키워드**  #행복 #행복의조건 #자율성 #유능감 #연결감

**교과 연계**  초5 〉 도덕 〉 2. 내 안의 소중한 친구
중1 〉 도덕 〉 Ⅰ-5 행복한 삶
고등학교 윤리와 사상

## 행복이란 어떤 상태일까?

2023년 5월 한국청소년정책연구원이 전국 중·고등학생 5,000명을 대상으로 설문 조사를 했는데, 70% 이상의 학생들이 행복하지 않다고 대답했대. 45%는 학업 스트레스 때문이었고, 30%는 친구와의 관계에서 어려움을 겪어서, 20%는 가정 문제 때문에 행복하지 않다고 대답했다는 거야. 너희도 시험을 너무 못 봐서 실망하거나 친구와의 오해로 속상했던 일이 한 번쯤은 있을 거야. 이런 일이 반복된다면 스트레스가 계속 쌓일 텐데, 그렇다면 어떻게 해야 행복해질 수 있을까?

행복이란 '마음에 기쁨과 즐거움이 가득한 상태'를 말해. 반면에 행운은 '우연히 찾아오는 좋은 운'을 뜻하지. 행복은 우리가 어떻게 느끼고 살아가느냐에 따라 결정되지만, 행운은 우리가 어쩔 수 없는 상황에 의

해서 결정된다는 점이 달라. 그래서 행복은 우리가 만들어 갈 수 있지만, 행운은 기다릴 수밖에 없어. 이런 점에서 행복과 행운은 큰 차이가 있지.

## 행복의 조건 3가지

행복이란 감정은 크게 '자율성, 유능감, 연결감'이 충족될 때 느낄 수 있어. 이 세 가지 조건은 심리학자 에드워드 데시와 리처드 라이언이 『자기결정이론』이란 책에서 제시한 거래. 이 책에서 말한 행복의 조건 3가지에 대해 자세히 살펴볼까?

첫째, '자율성'은 내 마음대로 선택할 수 있는 것을 말해. 우리는 하고 싶은 일을 자유롭게 선택할 수 있을 때 더 큰 행복을 느낀다고 해. 친구와 놀 때 어떻게 놀지 스스로 결정할 수 있다면 그 시간이 더 즐겁게 느껴진다는 거지. 자율성을 높이려면 우리 스스로 주도적으로 활동할 기회를 만들어야 해. 너희도 자율성을 기르고 싶다면 방과 후에 하고 싶은 활동을 스스로 정해 보는 건 어떨까? 독서, 운동, 친구와의 만남 등 하고 싶은 일을 스스로 선택할 때 더 크게 만족할 수 있고 더 큰 행복을 느낄 수 있을 거야.

둘째, '유능감'은 어떤 일을 잘 해낼 수 있다는 자신감을 말해. 시험에서 좋은 성적을 받거나, 축구 경기에서 골을 넣을 때의 기분을 떠올려 볼까? 공부나 운동을 '잘하고 있다'는 느낌을 받을 때 우리는 행복을 느껴. 이러한 기분은 우리에게 자신감을 심어 주고 더 행복하게 만들지. 마틴 셀리그먼의 『긍정심리학』이란 책에서도 우리가 하고 있는 일을 잘할 때 더 큰 행복을 느낀다고 했어. 유능감을 높이려면 현재 자신이 갖고 있는 능력을 인정하고, 꾸준히 발전시키기 위해 노력해야 할 거야. 부족한 수학 공부를 열심히 해서 성적을 올리거나, 50개밖에 못 하던 줄넘기를 100개 이상 할 수 있도록 도전하는 거지. 이렇게 능력을 발전시키다 보면 우리는 더 큰 자신감과 행복을 느낄 수 있을 거야.

셋째, '연결감'은 다른 사람들과의 관계에서 느끼는 소속감을 말해. 친구들과 함께 시간을 보내거나, 가족과 따뜻한 대화를 나누는 건 우리에게 큰 행복을 안겨 줘. 심리학자 애덤 그랜트는 "인간은 사회적 동물이라서 다른 사람들과 연결되는 것이 행복에 큰 영향을 미친다."라고 주장했어. 그에 따르면, 다른 사람과 긍정적인 관계를 맺는 것이 우리가 행복해지는 데 중요한 역할을 한다는 거야. 친구와의 소중한 추억이나 가족과의 화목한 시간이 바로 연결감을 통해 얻어진 행복이라는 거지. 연결감을 높이려면 주위 사람들과의 관계를 소중히 여겨야 해. 친구와 싸웠을 때는 서로 이야기해서 풀고, 동생이 공부를 어려워하면 도와줘야 해. 이렇게 사람들과 좋은 관계를 꾸준히 유지할 때 우리는 더 큰 행복을 느낄 수 있을 거야.

행복은 우리 스스로 만들어 가는 거야. 우리가 일상을 살아가면서 작은 선택과 노력을 하다 보면 머지않아 행복이 피어날 거야.

1. 다음 중 행복의 사전적 의미로 옳은 것은?

① 마음에 기쁨과 즐거움이 가득한 상태　② 우연히 찾아오는 좋은 운
③ 경제적으로 풍족한 상태　④ 유명해지는 상태
⑤ 건강한 상태

2. 행복과 행운의 차이점이 무엇인지 써 보자.

---------------------------------------------------------------
---------------------------------------------------------------
---------------------------------------------------------------
---------------------------------------------------------------
---------------------------------------------------------------

3. 최근 행복하지 않다고 말하는 친구에게 행복의 3가지 조건을 바탕으로 행복해지는
　방법을 소개해 보자.

---------------------------------------------------------------
---------------------------------------------------------------
---------------------------------------------------------------
---------------------------------------------------------------
---------------------------------------------------------------
---------------------------------------------------------------
---------------------------------------------------------------

## 👍 더 알고 싶어 119　　　📖 도서　▷ 영상　🔍 사이트

📖 『김주니를 찾아서』(엘렌 오, 길벗스쿨, 2023)
가족과 친구 그리고 자신에 대한 사랑을 잃지 않으려는 소녀의 여정을 통해 진짜 행복이란 '스스로를 믿고, 타인과 연결될 때' 생긴다는 걸 깨닫게 해 줘.

▷ 국토 4%에 인구 95%가 산다, 모든게 부족한 나라 이집트 (크랩)
이집트의 삶을 통해 '행복'이 단순히 물질의 많고 적음이 아니라 환경과 관계 속에서 어떻게 만들어지는지를 생각해 볼 수 있어.

▷ '영화당'-작아진 몸의 모험 (Btv) 작아진 주인공이 세상을 새롭게 바라보는 과정을 통해 '행복'이 크기나 조건이 아니라 '마음을 어떻게 쓰느냐'에 달려 있음을 느껴 보자.

# 부자가 되면 행복해질까?

## 돈과 행복의 관계: 사회적 존중, 자아실현의 욕구를 함께 충족시키기

용돈을 받거나 친구들과 맛있는 음식을 사 먹을 때는 정말 즐거워!

근데 먹고 싶거나 사고 싶은 게 있는데 돈이 부족해서 못 산다면 정말 슬픈 것 같아!

그럴 땐 '돈이 조금만 더 있다면!' 하는 생각이 들기도 해.

돈이 지금보다 많아지면 정말 더 행복해질까?

| | |
|---|---|
| **학습 키워드** | #행복 #돈 #매슬로 #욕구단계이론 |
| **교과 연계** | 초5 〉 도덕 〉 2. 내 안의 소중한 친구<br>중1 〉 도덕 〉 Ⅰ-5 행복한 삶<br>고등학교 윤리와 사상 |

## 행복은 돈으로만 이루어지는 것이 아니야

행복해지려면 얼마나 많은 돈이 필요할까? 전 세계의 과학자들과 경제학자들이 이 질문에 답하기 위해 오랫동안 연구했어.

2010년 노벨 경제학상을 받은 대니얼 카너먼 교수가 연구한 바에 따르면, 연봉이 약 75,000달러(약 8천만 원)까지는 돈이 행복에 큰 영향을 미치지만 그 이상이 되면 행복이 더 커지지 않았다고 해. 기본적인 생활을 할 수 있는 돈이 있다면 그 이상의 돈이 행복에 큰 차이를 만들지 않았다는 거야.

2023년 하버드 대학교와 케임브리지 대학교의 연구에서도 비슷한 결과가 나왔어. 이 연구에서도 소득이 일정 금액 이상이라면 그보다 더 많은 소득을 얻더라도 행복에 미치는 영향이 거의 없다는 것이 밝혀졌지. 예를 들어 우리는 먹고 싶은 음식을 먹고, 편안한 집에서 살고, 아플 때 치료받을 수 있는 병원비를 낼 수 있다면 기본적인 생활이 충족된다고 느끼잖아. 이런 기본적인 생활이 가능해지면 더 비싼 차나 큰 집이 있다고 해서 반드시 더 행복해지는 것은 아니래. 오히려 돈을 더 많이 벌려다가 스트레스를 받거나, 돈을 어떻게 사용해야 할지 고민만 더 많아진다는 거지. 우리는 이런 연구에서 돈이 행복의 절대적인 조건이 아니라는 것을 알 수 있어.

행복은 돈으로만 이루어지는 것이 아니야. 아브라함 매슬로의 욕구 단계 이론에 따르면, 사람들은 생리적 욕구, 안전의 욕구, 사회적 욕구, 존중의 욕구, 자아실현 욕구의 순서로 만족될 때 행복을 느낀다고 해. 생리적 욕구와 안전의 욕구는 기본적인 생활에 필요한 욕구인데, 이를 만족시키려면 돈이 필요해. 기본적인 생활을 유지하기 위한 최소한의 돈이 없다면 우리는 생리적 욕구와 안전의 욕구를 만족시킬 수 없어서 불행하다고 느낄 거야.

반면 사회적 욕구, 존중의 욕구, 자아실현 욕구는 돈이 많다고 해서 채워지지 않아. 친구나 가족과 어울리면서 생기는 소속감, 자신의 능력을 인정받는 성취감, 자신의 꿈이나 목표를 이루는 과정에서 더 큰 행복을 느낄 수 있지.

## 돈과 행복의 균형을 잘 맞춰야 해

돈이 우리 삶에서 중요한 역할을 하는 것은 분명해! 돈이 부족하면 기본적인 생활이 어려워지고 쉽게 불행해질 수 있어. 하지만 돈이 충분히 있더라도 사회적 욕구, 존중의 욕구, 자아실현 욕구를 채우지 못하면 진정한 행복을 찾기가 어려워질 거야. 그래서 우리는 돈과 행복의 균형

을 잘 맞춰야 해. 돈을 벌기 위해 무리하게 일하는 대신, 진짜 좋아하는 일을 찾아서 꾸준히 해 보는 것도 좋은 방법이야. 또한 친구나 가족과의 관계를 소중히 여기고 함께 시간을 보내는 것도 정말 중요해. 돈과 다른 행복 요소들의 균형을 신경 쓴다면 우리는 더 행복한 삶을 살 수 있을 거야.

　돈은 우리에게 하기 싫은 일을 하지 않을 선택권을 주고, 기본적인 생활을 할 수 있게 해 줘. 하지만 돈이 많다고 반드시 더 행복해지는 것은 아니야. 사회적 욕구, 존중의 욕구, 자아실현 욕구와 같은 요소들도 함께 채울 수 있을 때 진정한 행복을 찾을 수 있을 거야.

1. 일정 수준의 소득을 넘어선 추가적인 소득이 행복에 미치는 영향으로 옳은 것은?

   ① 크게 증가한다.　　　　　　　　　② 감소한다.

   ③ 더 이상 크게 증가하지 않는다.　　　④ 변동이 없다.

   ⑤ 감소 후 다시 증가한다.


2. 돈이 행복에 미치는 영향 외에도 인간이 행복을 느끼기 위해 중요한 세 가지 욕구는
   무엇일까?

   ------------------------------------------------------------

   ------------------------------------------------------------


3. 다음 글을 읽고 물음에 답해 보자.

   > 이순신 장군의 『난중일기』에는 전쟁 중에도 맛있는 밥을 먹고 힘을 낸 이야기가 나
   > 옵니다. 이처럼 작은 행복은 큰 어려움을 이겨 내는 데 중요합니다. 여러분의 일상
   > 속 작은 행복은 무엇인가요? 그 작은 행복이 여러분의 삶을 어떻게 더 즐겁고 행복
   > 하게 만들 수 있는지 구체적인 예시를 들어 설명해 보세요.

   ------------------------------------------------------------

   ------------------------------------------------------------

   ------------------------------------------------------------

   ------------------------------------------------------------

   ------------------------------------------------------------

### 👍 더 알고 싶어 119　　　　　📖 도서　▷ 영상　🔍 사이트

📖 **『위대한 유산』** (찰스 디킨스, 푸른숲주니어)
돈을 손에 넣은 후 진짜로 행복해졌을까? 주인공 '핍'의 이야기를 통해 부와 인간관계, 마음
의 성숙이 어떤 관계에 있는지 생각해 보자.

▷ **돈이 많으면 더 행복할까? 노벨상 수상자의 답변 (장동선의 궁금한 뇌)**
심리학자 대니얼 카너먼의 연구를 바탕으로, 행복과 소득의 상관관계를 뇌 과학으로 풀어 주
는 영상이야. 돈이 늘어도 행복이 일정 수준 이상 커지지 않는 이유를 과학적으로 알 수 있어.

▷ **'돈이 많으면 행복할까?' 종결해 드립니다 (북토크)**
부자들의 실제 사례와 철학적 질문을 통해 '행복의 본질'이 무엇인지 다시 묻게 해 줘. 진짜
행복은 통장 잔고보다 마음의 여유에서 온다는 걸 느껴 보자.

# 5명을 살리기 위해
# 1명을 희생해야 할까?



드라마 〈도깨비〉에서 지은탁은 자신의 차로 돌진하는 트럭을 막아 세웠어.
유치원 버스에 탄 아이들을 구하기 위해서였지만 자신은 죽음을 피할 수 없었지.
너희라면 더 많은 생명을 구하기 위해 지은탁과 같은 선택을 했을까?

**학습 키워드**  #정의 #트롤리 딜레마 #도덕적 딜레마 #벤담 #공리주의 #칸트
**교과 연계**  초6 〉 도덕 〉 4. 공정한 생활
중2 〉 도덕 〉 II-1 사회 정의
고등학교 윤리와 사상

## 도덕적 딜레마에 빠졌을 때

브레이크가 망가진 기차가 달리고 있었어. 5명이 선로 위에 있는 게 보여서 다른 선로로 바꾸려고 했지. 그런데 바꾸려는 선로 위에도 1명이 있는 거야. 어느 쪽이든 다치는 사람이 나올 수밖에 없는 상황인데 이럴 때는 어느 쪽을 선택해야 할까?

이 선택은 1967년 철학자 필리파 풋이 제시한 것으로 '트롤리 딜레마'라고 불리는 사고 실험이야. 철로 위에서 발생할 사고에서 기차의 방향을 어떻게 바꿔야 할지에 대한 선택을 다루고 있지. 이 상황은 만약 기차를 그대로 두면 5명이 다치지만, 방향을 바꾸면 1명이 다치는 상황에서 "많은 사람들을 살리기 위해 한 사람을 희생하는 것이 옳은 일인가?"라는 질문을 던지고 있어. 이처럼 트롤리 딜레마는 우리가 '정의'에 대해

생각해 볼 기회를 제공하는 질문이야.

정의란 모든 사람이 올바르게 대우받고 공평하게 살아가는 것을 뜻해. 정의로운 사회는 모든 사람이 존중받고 행복할 수 있는 사회를 말하는 거지. 하지만 정의를 지키며 사는 것은 결코 쉬운 일이 아니야. 우리는 종종 어떤 선택이 옳은지 판단하기 어려운 상황에 빠지곤 해. 철학자들은 이런 상황을 '도덕적 딜레마'라고 부르지.

2010년 칠레 광산에서 붕괴가 일어나서 33명의 광부가 지하에 갇히는 일이 있었어. 광산이 언제 다시 무너질지 모르는 위험한 상황이었지만 칠레 정부와 전 세계 구조 팀들은 힘을 합쳐서 광부들을 구하기 위해 움직였어. 만약 잘못되면 구조대원들이 목숨을 잃을 수 있는 상황이었지만 구조 팀은 광부들을 구하기 위해 위험을 감수하기로 결정했어. 그 결과, 69일 만에 모든 광부를 무사히 구조했지만 그 과정에서 많은 구조대원들이 희생됐어. 우리는 이처럼 적은 수의 광부들을 구하기 위해 많은 수의 구조대원이 위험을 감수하는 일이 과연 옳은 일인지 생각해 볼 수 있어.

도덕적인 딜레마 상황에 놓이면 우리는 반드시 어느 쪽이든 선택해야 해. 이 선택은 매우 어렵지만, 그래도 포기하면 안 돼. 우리의 삶은 그 누구도 대신 살아 줄 수 없기 때문이지. 철학자 장 폴 사르트르는 우리는 스스로의 선택에 책임을 져야 한다고 주장했어. "인간은 자유롭기 위해 책임을 져야 한다."라고 말하며 선택의 중요성을 강조했지. 사르트르의 말처럼 우리는 우리의 선택에 대해 스스로 책임지고, 그 결과를 받아들여야 해.

# 정의로운 선택의 기준

여기서 문제는 '선택의 기준'이야. 도덕적 딜레마를 극복하고 정의로운 선택을 하려면 명확한 기준을 세워야 해. 철학자들이 도덕적 딜레마를 해결하기 위해 제시한 다양한 기준 중 하나가 바로 '공리주의'야. 공리주의는 제레미 벤담이라는 사람이 주장한 건데, '최대 다수의 최대 행복'을 목표로 해. 벤담은 많은 사람들을 행복하게 하는 것이 가장 중요한 가치라고 생각했지. 벤담의 생각대로라면 광부들을 구하기 위해 구조대원들이 희생을 치르는 것은 옳지 않아. 벤담의 공리주의를 비판한 철학자 중 한 명이 임마누엘 칸트야. 칸트는 어떤 상황에서도 사람을 수단으로 대하지 말아야 한다고 주장했어. 칸트는 모든 사람들의 권리와 존엄성을 중요하게 여겼지. 친구들과 게임을 할 때 많은 사람이 원하는 게임을 하는 것이 항상 옳을까? 만약 한 친구가 그 게임을 싫어한다면, 다수의 행복을 위해 그 친구의 기분을 무시하는 것이 과연 옳은 일일까? 칸트는 이런 상황에서도 모든 사람들의 감정과 권리가 존중받아야 한다고 생각했어.

정의로운 사회는 모든 사람이 공평하게 대우받고, 서로 존중하며 살아갈 수 있는 사회야. 하지만 정의를 실현하는 것은 쉽지 않지. 때로는 도덕적 딜레마 상황에 처하게 되고, 그럴 때마다 어떤 선택이 정의로운지 고민해야 할 거야. 하지만 정의로운 선택을 하려고 노력한다면 더 나은 사회를 만들 수 있어. 너희에게 다시 한번 물어볼게. 5명을 살리기 위해 1명을 희생하는 것이 과연 옳은 일일까? 정의로운 사회를 만들기 위해 이 질문의 답을 깊이 생각해 보길 바랄게.

1. '공리주의'의 철학적 목표로 옳은 것은?

　① 최대 다수의 최대 행복　　② 소수의 행복 극대화　　③ 경제적 번영
　④ 군사적 우위　　　　　　　⑤ 종교적 깨달음

2. 다음 글에서 설명하는 인물의 이름을 써 보자.

> 독일의 철학자로, 도덕적 철학에서 중요한 인물입니다. 그는 어떤 상황에서도 사람을 수단으로 대하지 말아야 한다고 주장했습니다. 이 철학자는 모든 사람의 권리와 존엄성을 중요하게 생각했으며 도덕적 원칙을 지키는 것이 매우 중요하다고 강조했습니다. 그의 철학은 인간의 존엄성과 권리를 최우선으로 여기는 도덕적 판단을 강조합니다.

3. 다음 글을 읽고 자신의 생각을 써 보자.

> 여러분이 기차의 방향을 바꿀 수 있는 레버를 잡고 있다고 상상해 보세요. 한쪽 길로 가면 5명의 사람이 다치고, 다른 쪽 길로 가면 1명의 사람이 다치게 됩니다. 여러분은 어떤 선택을 하겠습니까? 왜 그렇게 생각하는지 자신의 이유를 자세히 설명해 보세요.

## 더 알고 싶어 119

📖 도서　▶ 영상　🔍 사이트

📖 『청소년 철학 콘서트』(박기복, 행복한나무, 2015)
　우리 주변의 일상적인 상황 속에서 정의, 양심, 행복을 철학적으로 풀어낸 책이야. '트롤리 딜레마'처럼 옳고 그름 사이에서 고민할 때 어떻게 생각해야 할까를 함께 고민해 보자.

▶ 정의란 무엇인가?(tvN 요즘 책방-책 읽어드립니다 13회)
　마이클 샌델의 대표 저서를 쉽게 풀어 주는 방송으로, '공리주의 vs 의무론'의 관점을 비교하며 정의로운 선택이란 무엇인지 생각해 보게 해 줘.

▶ 트롤리 딜레마의 뇌과학적 해명:뚱뚱한 남자를 죽여야 하는가?(채자왈)
　철학적 딜레마를 뇌과학의 시선으로 해석한 흥미로운 강의야. 감정과 이성이 충돌할 때 우리의 뇌가 어떤 판단을 내리는지 알아보자.

# 정의의 심판을 위해 범인의 얼굴을 공개한다고?



2024년 한 유튜버가 20년 전에 일어난 범죄 사건 가해자들의 신상을 공개해서 큰 문제가 되었어. 가해자들이 법의 심판을 받지 않고 잘살고 있으니 자신이라도 피해자를 대신해 복수하겠다고 주장한 거야. 이 유튜버의 주장은 옳은 것일까?

**학습 키워드**　#정의 #법 #사적 제재 #롤스 #정의론

**교과 연계**　초6 〉 도덕 〉 4. 공정한 생활
　　　　　　　중2 〉 도덕 〉 Ⅱ-1 사회 정의
　　　　　　　고등학교 윤리와 사상

## 사적제재가 일어나는 이유

'사적제재'란 개인이나 집단이 법에 따른 심판을 대신해 범죄자나 잘못을 저지른 사람을 직접 처벌하는 것을 뜻해. 앞에서 얘기한 것처럼 한 유튜버가 20년 전 범죄 사건 가해자들의 신상을 밝힌 것이 사적제재의 전형적인 사례야. 흥미로운 점은 이 유튜버의 행동을 많은 사람들이 지지했다는 거야. 사람들은 왜 이 유튜버의 사적제재를 옹호했을까?

사적제재는 법의 심판이 불공정하거나 너무 약하다고 느낄 때, 또는 법이 정의를 제대로 실현하지 못한다고 생각할 때 일어나곤 해. 사적제재로 유명 연예인이 학창 시절 저질렀던 학교 폭력 문제가 알려진 경우도 있었어. 이 일 때문에 그 연예인은 스스로 출연하던 프로그램을 그만두어야 했지. 프로야구 선수 중에도 과거 학교 폭력 가해자로 밝혀지는

바람에 팀에서 나온 일도 있었어. 이는 과거의 잘못이 현재의 삶에 큰 영향을 미칠 수 있다는 것을 보여 주는 사례들이야.

## 사적제재가 일으키는 문제들

그렇다면 사적제재가 정의를 실현하는 올바른 방법일까? 많은 사람들이 사적제재로 정의를 실현하려고 하지만 이는 여러 문제를 일으킬 수 있어.

첫째, 사적제재는 법적 절차 없이 이루어지기 때문에 공정성을 보장하기 어려워. 법적 절차는 증거 수집과 심리, 판결 등의 과정을 통해 공정성을 확보하려고 노력하지만, 사적제재는 이 과정을 생략하고 어떤 개인의 판단에 따라 이루어지기 때문에 객관적이지 않아. 사적제재를 하는 개인의 감정이나 편견에 의해 왜곡될 가능성이 큰 게 사실이지. 그래서 결과적으로 공정하지 못할 수 있어.

둘째, 무고한 사람이 피해를 입을 가능성이 커져. 사적제재는 충분한 증거 없이도 이루어지기 때문에 잘못된 정보나 오해로 인해 무고한 사람이 피해를 입을 위험이 높아. 이는 억울한 피해자를 만들어 낼 수 있고, 사법 체계의 신뢰도 무너뜨릴 수 있어. 또 진실을 왜곡시킬 가능성도 높아지지.

셋째, 사적제재는 또 다른 폭력과 갈등을 불러올 수 있어. 피해자나 그 가족이 보복당할 위험이 있어서 사회 전체가 불안해지는 결과를 부르기도 해. 사적제재가 많이 일어난다면 법의 권위와 질서가 약해지면서 사회적 혼란을 일으킬 수 있지. 결과적으로 사회 전체의 안전과 평화를 위협할 수 있는 거야.

우리나라에서는 법적으로 사적제재를 허용하지 않고 있어. 법과 정의는 사회의 질서를 유지하고 공정성을 보장하기 위해 존재하는데, 사적제재는 이러한 법과 정의의 기본 원칙을 훼손할 수 있기 때문이지. 철학자 존 롤스는 『정의론』에서 정의는 공정성이 바탕이 되어야 한다고 규정했어. 법을 통한 처벌은 증거와 절차를 거쳐 공정하게 이루어져야 한다는 거였지.

> 사회의 기본 구조는 정의의 주요 대상이다. 정의로운 사회는 공정한 절차를 통해 이루어지며, 이러한 절차는 사회 구성원 모두에게 공정한 기회를 보장해야 한다. 공정한 기회는 법적 절차와 규칙을 통해 보장되며, 이는 개인의 감정이나 편견이 아닌 객관적 기준에 의해 이루어져야 한다.
>
> – 존 롤스, 『정의론』

사적제재는 개인의 감정에 따라 이루어지기 때문에 공정성을 잃기 쉬워. 따라서 사적제재보다는 법과 정의의 역할을 존중해서 법적 절차를 통해 문제를 해결하는 게 옳아. 롤스는 정의가 사회적 협력 체계에서의 공정한 기회를 보장하는 것이라고 보았어. 법과 정의는 사회를 공정하게 유지하기 위해 존재하는데, 사적제재는 이러한 원칙을 망가뜨릴 수 있기 때문이야. 따라서 우리는 법적 절차를 통해 정의를 실현하고 더 좋은 사회를 만들기 위해 노력해야 해.

1. 사적제재의 문제점으로 옳지 않은 것은?

   ① 법적인 절차 없이 이루어져 공정성을 보장하기 어렵다.

   ② 무고한 사람들이 피해를 입을 가능성이 있다.

   ③ 법적 절차와 증거 수집 과정을 거친다.

   ④ 또 다른 폭력과 갈등을 불러일으킬 수 있다.


2. 다음 글에서 설명하는 인물의 이름을 써 보자.

> 20세기 정치철학자로 저서인 『정의론(A Theory of Justice)』을 통해 정의의 개념을 공정성으로 설명했습니다. 사회의 기본 구조가 공정한 절차와 규칙에 따라 이루어져야 한다고 주장했으며, 모든 사람에게 동등한 자유와 기회를 보장하는 것을 중요시했습니다. 특히 '원초적 입장'과 '무지의 베일'이라는 개념을 도입하여 개인의 입장에 따라 편견 없이 공정한 결정을 내릴 수 있는 방법을 제안했습니다.


3. 다음 글을 읽고 영화나 드라마에서 등장하는 사적 제재의 사례를 찾아 써 보자.

> 영화나 책에서 주인공이 법을 대신해 직접 정의를 실현하는 장면이 많습니다. 여러분이 본 영화나 책 속 주인공이 사적제재를 통해 정의를 실현한 예를 떠올려 보세요. 그 주인공이 왜 그런 선택을 했는지, 그리고 그 결과가 어떤 영향을 미쳤는지 생각해 보세요. 그런 상황에서 여러분이라면 어떻게 행동할 것인지, 그리고 왜 그런 선택을 했는지 구체적으로 설명해 보세요.

### 더 알고 싶어 119

📖 도서　▶ 영상　🔍 사이트

📖 **『10대를 위한 정의란 무엇인가』 (마이클 샌델, 신현주, 미래엔아이세움, 2014)**
정의로운 사회란 무엇인지, '옳은 일'과 '좋은 일'의 차이가 무엇인지 알려 주는 책이야. 사람을 수단으로 대하지 말아야 한다는 칸트의 사상을 통해 진짜 정의의 기준을 생각해 봐.

▶ **영화 〈헝거 게임〉 시리즈**
불평등한 권력과 억압 속에서 주인공이 정의를 찾아가는 이야기야. 개인의 분노가 '정의로운 행동'이 될 수 있는지 법과 복수의 경계선을 고민해 보자.

▶ **너의 얼굴을 공개한다, 사적제재, 정의인가? (MBC PD수첩)**
실제 사건을 통해 사적제재의 위험성과 정의의 절차적 한계를 다룬 탐사 보도야. 감정적인 정의가 아니라 법과 공정성에 근거한 정의가 왜 필요한지 알아보자.

# 세상에서
# 가장 가난한 대통령은 누구일까?

## 우리 사회를 더욱 따뜻하고 행복하게 만드는 봉사하는 삶

"저는 가난하지 않습니다. 그저 절제하는 것일 뿐입니다."
이 말은 우루과이 국민의 사랑을 한껏 받은 대통령 호세 무히카가 한 말이야.
세상에서 가장 가난한 대통령인 호세 무히카는 어떤 삶을 살았을까?

**학습 키워드**   #봉사 #기부 #나눔 #호세 무히카 #세상에서 가장 가난한 대통령
**교과 연계**   초6 〉도덕 〉2. 작은 손길이 모여 따뜻해지는 세상
중1 〉도덕 〉I -5 행복한 삶
고등학교 윤리와 사상

## 대통령의 봉사 정신과 소박한 삶

‘대통령’ 하면 어떤 모습이 떠오르니? 대부분 넓은 관저에서 경호원들에게 둘러싸여 있는 모습을 떠올리겠지? 혹은 국제회의에서 연설하거나 국가를 대표해서 외국을 방문하는 모습을 떠올리기도 할 거야. 그런데 우루과이의 ‘호세 무이카’ 대통령은 우리가 생각하는 그런 모습과 전혀 달랐다고 해.

호세 무히카는 ‘세상에서 가장 가난한 대통령’ 혹은 ‘천사 대통령’으로 불렸어. 2010년부터 2015년까지 대통령으로 일하는 동안 월급의 90%를 기부하고 대통령 관저는 노숙자들에게 내주었기 때문이야. 자신은 허름한 농가에서 출퇴근할 정도로 소박한 생활을 했다고 해.

호세 무히카 대통령의 봉사 정신과 소박한 삶은 철학자 피터 싱어

가 말한 '효율적 이타주
의'로 설명할 수 있어. 효율적 이
타주의는 자원을 효과적으로 사
용해서 최대한 많은 사람에게 도
움을 주는 것을 목표로 하는  개
념이야. 자원을 기부할 때도 그 자
원이 얼마나 많은 사람들에게 큰
효과를 미칠 수 있는지 고려하는
걸 중요하게 생각하는 거지. 피터
싱어는 효율적 이타주의를 통해
도덕적 의무와 나눔의 중요성을

강조했어. 무히카 대통령도 기부와 봉사 활동이 단순한 물질적 나눔을
넘어 사람들에게 실질적인 도움을 주어야 한다고 생각했지. 그래서 보다
많은 사람들이 안정적인 환경에서 살 수 있게 돕기 위해 서민 주택 사업
에 자신의 월급을 기부했던 거야.

"가난한 사람을 돕는 것은 단순히 돈을 주는 것이 아니라, 그들이 스
스로 일어설 수 있도록 돕는 것입니다. 사람을 진정으로 돕는 것은 돈이
아니라 공평한 기회를 주는 것입니다."

무히카 대통령의 기부와 봉사 덕분에 우루과이 국민들의 삶은 크게
나아졌어. 무히카 대통령이 취임한 2010년부터 퇴임한 2015년까지 우
루과이의 빈곤율이 18.6%에서 9.7%로 절반 가까이 줄어든 것만 봐도 알
수 있지. 무히카 대통령이 의료와 교육 분야를 개선하기 위해 노력한 결
과 공공 의료 서비스 이용률은 20% 증가했고, 초등학교와 중학교의 입
학률도 15% 상승했어. 그 덕분에 우루과이 국민들은 교육을 통해 가난

에서 벗어나 '더 나은 삶을 살 수 있다'는 희망을 갖게 됐어.

## 무히카 대통령의 삶이 전하는 교훈

호세 무히카 대통령의 삶은 우리에게 많은 교훈을 전해 주고 있어.

첫째, 무히카 대통령은 소박한 삶을 통해 진정한 행복을 찾을 수 있다는 것을 증명했어. 소박하지만 의미 있는 삶이 화려한 삶보다 더 큰 만족을 전할 수 있다는 걸 보여 준 거지.

둘째, 무히카 대통령은 나눔이 중요하다는 걸 스스로 실천했어. 자신의 재산을 기부해서 더 많은 이들에게 도움을 주고자 했지. 이러한 나눔은 우리 사회를 더 따뜻한 곳으로 만들 수 있을 거야.

셋째, 무히카 대통령의 봉사 정신은 우리에게 많은 영감을 주었어. 무히카 대통령은 자신의 권력을 남을 돕는 데 사용했어. 이러한 봉사 정신은 우리가 어떤 위치에 있든 다른 사람을 돕는 게 더 나은 삶이란 걸 보여 주는 모습이었지.

우리도 봉사의 가치와 나눔의 중요성을 일깨워 준 무히카 대통령처럼 주변 사람들에게 나눔과 봉사를 실천해 보는 게 어떨까? 무히카 대통령처럼 소박하지만 따뜻한 마음으로 다른 사람을 돕는다면 우리 사회를 더욱 아름답고 행복하게 만들 수 있을 거야.

1. 호세 무히카 대통령의 봉사 활동으로 옳지 않은 것은?

① 월급의 90%를 기부했다.

② 대통령 관저를 노숙자들에게 내주었다.

③ 서민 주택 사업에 자신의 월급을 기부했다.

④ 대통령으로 재임하며 많은 재산을 축적했다.


2. 피터 싱어는 효율적 이타주의를 통해 자원을 어떻게 사용해야 한다고 강조했을까?

-------------------------------------------------

-------------------------------------------------

-------------------------------------------------


3. 다음 글을 읽고 사회적 경제가 전통적인 자본주의 경제 시스템과 어떻게 다른지 구체적인 예시를 들어 설명해 보자.

> 사회적 가치와 경제적 가치를 동시에 추구하는 사회적 경제가 최근 몇 년간 성장하고 있습니다. 사회적 경제 기업들은 이윤을 추구하는 동시에 지역 사회와 환경에 긍정적인 영향을 미치고자 노력합니다. 예를 들어 협동조합, 사회적 기업, 자선단체 등이 이에 해당합니다. 이들 조직은 취약 계층에게 일자리를 제공하고, 지역 경제를 활성화하며, 환경을 보호하는 등의 활동을 통해 사회 문제를 해결하는 데 기여하고 있습니다. 사회적 경제는 전통적인 자본주의 경제 시스템의 한계를 보완하며, 더 공정하고 지속 가능한 사회를 만드는 데 중요한 역할을 하고 있습니다. 이러한 경제 모델은 지역 사회의 참여와 협력을 기반으로 하며, 경제 활동을 통해 사회적 가치를 창출하는 데 중점을 둡니다.

### 더 알고 싶어 119

📖 도서　▷ 영상　🔍 사이트

📖 『Why? People 호세 무히카』 (권용찬, 예림당, 2016)
월급의 90%를 기부하고 소박하게 살았던 우루과이 대통령의 이야기야.

▷ 무히카 '가장 가난한 대통령' 암 투병… "분노를 희망으로" (SBS 뉴스.)
아픈 몸으로도 여전히 희망과 나눔의 메시지를 전하는 무히카의 모습을 보여 주는 뉴스야. 소박한 삶 속에서도 세상을 바꾸는 힘이 어디서 나오는지 생각해 보자.

▷ 냉정함이 세상을 바꾼다? 슈퍼리치들의 기부 철학, 효율적 이타주의 (김지윤의 지식 Play)
부자들이 단순히 돈을 기부하는 게 아니라 세상을 바꾸는 방식으로 나누는 이유를 알려 주는 강의야. 무히카의 실천과 연결해 '이타주의'와 '지속 가능한 나눔'의 의미를 배워 보자.

# 공부를 잘하고 싶다고?
# 66일 투자해 봤어?



미리 시험 공부를 해야지, 하고 늘 다짐하지만 막상 시험 전날엔 벼락치기하는 바람에
성적이 잘 나오지 않았던 경험 있지 않니? 대부분 이런 실수를 반복하지.
공부를 잘하려면 어떻게 해야 할까?

**학습 키워드**  #자주적인 삶  #습관  #공부  #헨리 데이비드 소로
**교과 연계**  초6 〉 도덕 〉 1. 내 삶의 주인은 바로 나
중1 〉 도덕 〉 Ⅰ-4 삶의 목적
고등학교 윤리와 사상

## 좋은 공부 습관이 중요래

우리 모두 공부를 잘했으면 좋겠다고 생각하잖아. 근데 기대한 만큼 좋은 성적을 얻기는 쉽지 않아. 2021년 한국교육개발원의 조사에 따르면, 중학생의 60% 이상이 자기 성적에 불만을 갖고 있다고 해. 전문가들에 따르면, 아무리 성적을 올리려고 노력해도 좋은 결과를 내기 힘든 이유가 공부 습관을 들이는 게 어려워서 그런 거래. 서울대 출신의 공부법 전문가이자 공신닷컴 대표인 강성태는 "높은 성적을 얻기 위해서는 좋은 공부 습관이 중요하다."고 말했어. 그렇다면 좋은 공부 습관을 들이는 게 왜 이렇게 중요할까?

공부나 운동, 독서 등 어떤 분야든 좋은 결과를 얻기 위해서는 훈련을 반복해야 해. 강성태 대표는 "습관이란 그것을 해야겠다고 생각하

기 전에 이미 하고 있는 상태를 말한다.”고 설명했어. 그는 ‘66일의 기적’이라는 개념을 통해 습관을 들이는 게 얼마나 중요한지 강조했지. ‘습관’은 우리가 살아가면서 자연스럽게 이루어지는 행동 패턴을 말해. 매일 조금씩 반복적으로 어떤 행동을 실천하는 습관을 들인다면, 우리는 더 이상 그 행동을 하기 위해 의식적으로 노력하지 않아도 될 거야. 습관을 들이려면 시간이 필요해. 영국 런던대학교의 연구에 따르면, 새로운 습관을 들이려면 평균적으로 66일이라는 시간이 걸린다고 해. 이는 우리의 뇌가 새로운 행동 패턴을 안정적으로 받아들이기까지 걸리는 시간을 뜻하지. 뇌과학의 관점에서 보면, 습관은 뇌의 기저핵basal ganglia이라는 부분에 저장된다고 해. 기저핵은 반복적인 행동을 자동화시키는 역할을 하는 곳이야. 새로운 행동을 반복하면 할수록 뇌의 기저핵은 그 행동을 습관으로 고정시킨다는 거지. 따라서 새로운 습관을 들이려면 최소 66일 동안 꾸준히 그 행동을 반복하는 것이 중요해.

## 보다 자유롭고 자주적인 삶을 살기 위해

규칙적인 습관은 자주적인 생활에도 큰 도움이 될 거야. 자주적인 생활이란 자기 주도적으로 삶을 꾸려 나가는 것을 뜻해. 좋은 습관이 생기면 우리는 다른 사람이 강요하거나 통제하지 않아도 목표를 이루기 위한 행동을 계속할 수 있을 거야. 이는 우리가 원하는 바를 이루는 데 있어 큰 장점이 될 테지. 자주적인 생활은 우리에게 더 큰 자유와 책임감을 부여하기도 해. 우리 스스로 결정한 선택에 따라 행동하고 그 결과를 책임지는 거니까. 자주적인 생활과 자연 속에서의 단순한 삶을 강조한 철학자, 헨리 데이비드 소로Henry David Thoreau는 그의 저서 《월든Walden》에서 습관의 중요성을 이렇게 설명했어. "우리의 삶은 우리가 매일 반복하는 것에 의해 형성된다. 탁월함은 하나의 행위가 아니라 습관이다."

소로는 우리가 아무런 생각 없이 하는 평범한 행동이 결국 우리의 삶과 성취를 결정한다고 말했어. 그래서 소로는 보다 자유롭고 자주적인 삶을 살기 위해서는 자신의 습관을 통제하고 개선해야 한다고 주장했지.

자주적인 생활을 하려면 반드시 좋은 습관을 길러야 해. 예를 들어 매일 아침 일찍 일어나 운동을 하거나, 정해진 시간에 공부를 시작하는 습관을 들이는 것은 자기 주도적인 삶을 위한 중요한 첫걸음이 될 거야. 이러한 습관은 단순히 하루하루 규칙적으로 사는 것을 넘어 자신의 목표를 향해 꾸준히 나아갈 수 있는 힘을 줄 거야. 자기 주도적인 삶을 꾸려 가기 위해서는 좋은 습관을 하나씩 만드는 게 좋아. 처음에는 매일 5분씩 책을 읽거나, 하루에 영어 단어 3개를 외우는 것처럼 작은 습관부터 만들어 봐. 작은 습관들이 여러 개 쌓이면 큰 변화를 만들어 낼 수 있어. 좋은 습관이 많아지면 우리는 더 나은 삶을 살아갈 수 있을 거야!

1. 두 지문을 바탕으로 아래의 질문에 답해 보자.

> (가) 많은 학생들이 높은 성적을 원하지만, 원하는 만큼 성적을 올리기란 쉽지 않습니다. 학생들이 성적을 올리기 어려운 이유 중 하나는 공부 습관을 제대로 형성하지 못했기 때문입니다. 학습 전문가들은 좋은 공부 습관이 성적 향상의 중요한 요소라고 지적합니다. 일례로 정해진 시간에 규칙적으로 공부하는 습관은 장기적으로 큰 성과를 낼 수 있습니다. 영국의 한 연구에 따르면, 새로운 습관을 형성하는 데 평균 66일이 걸린다고 합니다. 이는 우리의 뇌가 새로운 행동 패턴을 안정적으로 받아들이기까지 걸리는 시간입니다. 뇌과학적으로 습관은 뇌의 기저핵(basal ganglia)에 저장되며, 반복적인 행동을 자동화하는 역할을 합니다. 새로운 습관을 형성하려면 최소 66일 동안 꾸준히 반복해야 합니다.
>
> (나) 드라마 〈미생〉에서 장그래는 바둑 선수로서의 경력을 접고 대기업에 입사한 후 새로운 환경에 적응하기 위해 많은 노력을 기울입니다. 장그래는 회사에서 살아남기 위해 매일 일찍 출근하고, 꾸준히 업무를 익히며, 상사와 동료들의 조언을 받아들입니다. 처음에는 서툴고 어려웠지만, 반복적인 노력을 통해 점차 회사 생활에 익숙해지고, 업무 능력도 향상됩니다. 이러한 장그래의 노력은 결국 좋은 습관을 형성하게 만들었고, 그의 성공을 이끄는 중요한 요소가 됩니다.

**질문** 지문 (가)와 (나)를 참고하여 좋은 습관 형성이 성취와 성공에 어떻게 기여하는지 이야기해 보자. 또한 자신이 갖고 싶은 좋은 습관이 있다면 무엇인지 설명하고, 이를 위해 어떤 노력을 할 수 있는지 구체적으로 써 보자.

### 더 알고 싶어 119

📖 도서   ▷ 영상   🔍 사이트

📖 『게으른 십대를 위한 작은 습관의 힘』 (장근영, 메이트북스, 2021)
한 번에 완벽해지려 하지 말고, 매일 1%씩 성장하는 습관을 만들어 보자. 작은 실천이 쌓이면 결국 스스로를 바꾸는 진짜 힘이 된다는 걸 느껴 볼까?

▷ 창의적인 뇌 만들기-정재승 교수 (JTBC 차이나는 클라스.) 뇌가 변해야 생각이 변한다. 정재승 교수가 알려 주는 '습관 형성과 뇌 과학의 비밀'을 들으며 꾸준함의 과학적 이유를 배워 보자.

▷ 모든 영역에서 매일 1% 개선하는 방법-아주 작은 습관의 힘 (조금 더 나은)
하루에 1%씩만 나아져도 1년 뒤엔 37배 성장한대. 꾸준함이 만들어 내는 놀라운 변화의 법칙을 직접 들어 보자.

# 악성 민원 때문에 상처받은 사람이 많다고?

## 배려하는 삶: 역지사지의 배려가 만드는 순기능

갑자기 누군가가 너희를 욕하거나 비난한 적 있니? 그런 일이 생기면 마음이 아프고 속상할 거야. 최근 악성 민원으로 공공기관의 직원들이 큰 고통을 겪고 있다는 소식이 들려오고 있어. 한번 자세히 알아볼까?

**학습 키워드**　#악성 민원　#배려　#존중　#역지사지

**교과 연계**　초4 〉 도덕 〉 3. 배려하는 우리
중1 〉 도덕 〉 II-4 이웃 생활
고등학교 윤리와 사상

## 출근이 두려운 사람들

악성 민원이란 '공무원이나 서비스를 제공하는 사람들에게 과도한 요구를 반복해서 하면서 심리적 혹은 신체적으로 큰 부담을 주는 민원'을 뜻해. 악성 민원은 비난이나 폭언, 심지어 폭력적인 행동으로 이어지는 일도 있어. 통계청에 따르면, 2019년부터 2021년까지 악성 민원의 수가 연평균 15%씩 늘어났대. 2021년에는 악성 민원이 전체 민원의 약 20%를 차지할 정도로 문제가 커지고 있어. 악성 민원은 공무원들의 스트레스와 업무 부담을 지게 만드는 커다란 원인이 되고 있어.

악성 민원에는 어떤 것들이 있을까? 서울의 한 행정복지센터에 한 민원인이 방문했어. 복지 혜택을 받으려고 여러 차례 문의했는데, 법률적인 문제가 있어서 혜택을 받을 수 없었대. 그 민원인은 화가 나서 담

당 공무원에게 폭언과 욕설을 퍼부었어. 그 공무원은 "매일 출근이 두렵고, 언제 또 폭언과 협박을 당할지 몰라서 불안하다."고 말했어. 학교에서도 이와 비슷한 일이 생긴 적도 있었어. 한 교사가 학생의 폭력적인 행동을 막자 그 학생의 부모가 교사에게 폭언을 하며 아동학대로 신고하겠다고 협박한 사건이야. 이 일 때문에 그 교사는 정신적인 고통을 겪었고, 교직 생활을 이어 가는 데도 어려움을 느꼈어. 그 교사는 "학생을 보호하려다 오히려 내가 보호받지 못하는 상황이 너무 괴롭고 무력감을 느낀다."고 말했어.

## 악성 민원이 만들어 내는 문제

악성 민원이 만들어 내는 문제는 다양해.

첫째, 공무원이나 서비스를 제공하는 사람들의 정신 건강을 크게 위협해. 폭언이나 협박을 반복적으로 당하거나, 부당한 요구가 이어지면 스트레스와 불안이 커져서 심각한 정신적 고통을 일으킬 수 있어.

둘째, 업무 효율이 낮아지게 돼. 민원을 처리하는 시간이 늘어나면 다른 중요한 업무를 할 시간이 부족해질 수 있어. 이는 서비스의 전체적인 질을 낮추게 될 거야. 공무원이 악성 민원에 대응하느라 시간을 빼앗기면 다른 민원을 빠르게 처리하기 어렵게 되거든.

셋째, 악성 민원은 다른 민원인에게도 안 좋은 영향을 미치게 돼. 민원을 처리할 시간이 부족해지면 다른 민원인들도 불편을 겪게 되거든. 이로 인해 전체 민원 처리 시스템이 비효율적으로 변하는 결과를 낳는 거야.

# 악성 민원을 해결하는 방법

많은 사람을 고통의 수렁에 빠뜨리는 악성 민원의 원인 중 하나는 배려심 부족이야. 다른 사람의 입장을 이해하고, 공감하는 능력이 부족할 때 우리는 타인에게 부당한 요구를 하곤 해. 공자가 말한 "역지사지易地思之"라는 말은 "다른 사람 입장에서 생각해 보라."는 뜻이야. 배려하는 삶이 중요하다는 걸 강조한 말이지. 상호 이해와 배려하는 태도가 사회의 조화와 평화를 유지하는 데 중요하다고 믿었기 때문이야.

공자는 "기소불욕, 물시어인己所不欲, 勿施於人"이라 하여 "내가 원하지 않는 것을 남에게 하지 말라."고도 했어. 이는 다른 사람 입장에서 생각하는 배려의 철학을 잘 나타내는 말이야. 맹자도 "사람은 사랑으로써 사람답게 된다."고 말하면서 사랑과 배려가 인간다운 삶을 만들고, 사회를 더 나은 방향으로 이끌어 간다고 강조했어.

악성 민원 때문에 생기는 문제를 해결하려면 서로 배려하려는 자세가 필요해. 공무원이나 서비스를 제공하는 사람들도 누군가의 가족이고, 존중받아야 할 사람들이야. 우리가 서로를 배려하고 존중하는 마음을 가진다면 악성 민원으로 인한 고통은 점점 줄어들 거야.

1. 빈칸에 들어갈 사자성어를 써 보자.

> 공자의 ___________(이)라는 말은 '다른 사람의 입장에서 생각해 보라'는 뜻으로 배려하는 삶의 중요성을 강조합니다. 공자는 인간관계에서 상호 이해와 배려를 강조하며, 이러한 태도가 사회의 조화와 평화를 유지하는 데 중요하다고 믿었습니다. 공자는 "기소불욕, 물시어인(己所不欲, 勿施於人)"이라 하여 "내가 원하지 않는 것을 남에게 하지 말라."고 하였습니다. 이는 다른 사람의 입장에서 생각하는 배려의 철학을 잘 나타냅니다.

2. 다음 글을 읽고 내가 김 공무원이라면 어떤 느낌이 들었을지 상상해서 써 보자. 또한 악성 민원을 개선할 수 있는 방법을 조사하고 정리해 보자.

> 서울의 한 행정복지센터에서 일하는 김 공무원은 매일 아침 출근할 때마다 두렵습니다. 얼마 전부터 복지 혜택을 받기 위해 자주 방문하는 민원인 이 씨가 있었습니다. 이 씨는 법적인 문제로 복지 혜택을 받을 수 없었지만, 김 공무원을 찾아와 계속해서 욕설과 폭언을 했습니다. 어느 날 이 씨는 김 공무원을 협박하기까지 했습니다. 김 공무원은 밤마다 악몽을 꾸고, 출근할 때도 불안감에 시달렸습니다. 그는 "다시 그 사람이 와서 나를 괴롭히면 어떻게 하지?"라는 생각에 업무에 집중하기가 어려웠습니다. 이러한 상황은 김 공무원의 정신 건강에 큰 영향을 미쳤고, 다른 업무에도 지장을 주고 있습니다.

---

 **더 알고 싶어 119**　　📖도서　▷영상　🔍사이트

📖 『**서툴러도 괜찮아, 서로가 함께하는 배려**』(김미조, 뭉치, 2022)
완벽하지 않아도 괜찮아. 중요한 건 서로의 입장을 이해하려는 마음이야. 이 책을 통해 작은 배려가 큰 위로가 되는 순간을 함께 느껴 보자.

▷ **지능이 높은 사람들이 타인에게 배려도 잘합니다. 과학적 근거 있음** (박서희 정신과 의사)
배려는 단순한 성격이 아니라 뇌의 공감 능력과 사고력에서 비롯된 행동이래. 다른 사람을 이해할 때 우리 뇌가 얼마나 따뜻하게 작동하는지 알아보자.

▷ **당신이 진정으로 원하는 것은 무엇인가요?** (상권쌤)
우리가 진짜 원하는 게 '이기는 것'이 아니라 '이해받는 것'임을 깨닫게 해 줘. 서로의 마음을 먼저 들여다보는 진짜 배려의 출발점을 찾아 보자.

# 남들보다 세상을 빠르게 배우는 법이 있다고?

**메타인지: 더 나은 선택을 할 수 있도록 도와주는 성찰하는 삶**

미술 시간에 그림을 그릴 때 어디가 부족한지 고민하거나,
발표 준비를 할 때 무엇을 더 연습해야 할지 생각해 본 적 있니?
이처럼 자신의 행동과 학습 과정을 점검해 보고 조절하는 능력을 '메타인지'라고 해.

**학습 키워드** #성찰 #메타인지 #자기평가 #목표 설정 #계획 세우기
**교과 연계** 초6 〉 도덕 〉 1. 내 삶의 주인은 바로 나
중1 〉 도덕 〉 I -3 자아정체성
고등학교 윤리와 사상

## 메타인지를 키우면 좋은 이유

우리는 모두 더 나은 사람이 되고 싶어 해. 더 나은 학생, 더 나은 친구, 더 나은 운동선수가 되고 싶을 때 필요한 열쇠가 바로 '메타인지'야.

메타인지는 자신의 학습 과정이나 생각을 스스로 점검하고 조절하는 능력을 말해. 이는 공부뿐만 아니라 일상생활에서도 중요한 역할을 하지. 예를 들어 축구를 할 때 어떤 기술이 부족하고 어떻게 개선해야 할지 찾을 때도 메타인지가 필요해. 서울대학교의 황농문 교수는 "메타인지는 자신의 사고 과정을 인식하고 조절하는 능력으로 자기 통제와 계획 능력을 키우는 데 도움을 주기 때문에 학습 성과를 크게 향상시킬 수 있다."라고 했어.

메타인지를 실생활에 적용했을 때 어떤 좋은 점이 있는지 알아볼까?

첫째, 공부에 큰 도움이 돼. 수학 시험을 준비할 때 메타인지를 활용하면 자신이 어떤 유형의 문제를 잘 풀고, 어떤 유형에서 자주 틀리는지 파악할 수 있어. 이를 바탕으로 틀리는 문제 유형을 집중적으로 연습하고, 자신의 학습 방법을 조절한다면 효율적으로 공부할 수 있을 거야. 이런 습관이 길러진다면 시험 성적이 나아질 뿐만 아니라, 공부에 대한 자신감도 높아지겠지? 미국의 심리학자 존 H. 플라벨John H. Flavell도 메타인지가 학생들의 학습 성과를 높이는 데 중요한 역할을 한다고 했어.

둘째, 스포츠를 할 때도 큰 도움이 돼. 축구를 좋아하는 학생이라면 메타인지를 통해 자신이 훈련하는 영상을 분석해서 자신의 약점과 강점을 파악하고, 개선해야 할 부분을 찾을 수 있어. 그렇게 분석한 결과를 바탕으로 훈련 계획을 세우고, 구체적인 목표를 향해 연습할 수 있겠지? 이러한 과정을 반복한다면 부족했던 실력을 키울 수 있고, 경기에서도 더 좋은 성과를 거둘 수 있을 거야. 한국체육대학교의 김동현 교수는 "메타인지를 잘 활용하는 운동선수들이 그렇지 않은 선수들보다 더 빠르게 기술을 습득하고 경기력 향상에 성공한다."라고 말했어.

마지막으로 교우 관계에서도 도움을 얻을 수 있어. 한 학생이 친구와 자주 다툰다면, 메타인지를 활용해서 자신의 감정을 돌아보면 왜 다툼이 발생하는지 깨달을 수 있어. 이 과정을 통해 그 학생은 자신의 잘못된 행동을 조절하고, 더 나은 대화 방법을 찾을 수 있겠지? 그러면 친구와의 관계가 좋아질 거고, 더 원활한 소통도 가능해질 거야. 실제로 서울대학교의 심리학자인 이영민 교수는 "메타인지를 통해 자신의 감정을 잘 조절할 수 있는 사람은 대인관계에서 갈등을 덜 겪고, 더 긍정적인 관계를 유지할 수 있다."라고 강조했어.

## 메타인지와 성찰의 중요성

메타인지와 성찰은 어떤 관련이 있을까? '성찰'은 자신의 행동을 돌아보면서 무엇이 잘못되었는지, 어떻게 개선할 수 있는지를 생각하는 과정이야. 『몰입』의 저자 황농문 교수는 "메타인지를 통해 우리는 자신의 행동과 생각을 객관적으로 분석할 수 있고 이러한 성찰을 바탕으로 더 나은 선택을 할 수 있다."라고 설명했어. 따라서 성찰하는 과정에 메타인지를 활용한다면 우리는 자기 자신을 더 잘 이해하게 될 거고, 더 나은 방향으로 성장할 수 있을 거야.

우리가 일상생활에서 활용할 수 있는 성찰 방법에는 어떤 것이 있을까? 첫째, '자기 평가하기'가 있어. 우리는 하루 일과가 끝난 뒤에 내가 무엇을 잘했는지, 무엇을 개선할 수 있는지를 일기에 기록할 수 있어. 일기를 쓰면서 자신을 객관적으로 바라볼 수 있게 되면, 자신의 강점과 약점을 명확하게 인식할 수 있을 거야. 둘째, '피드백 받기'가 있어. 어떤 활동이나 프로젝트가 끝난 뒤 친구나 동료에게 내가 개선해야 할 점을 피드백 받는다면 나의 행동을 객관적으로 평가받을 수 있을 뿐만 아니라 내가 알지 못하는 문제점도 발견할 수 있을 거야. 셋째, '목표 설정 및 계획 세우기'가 있어. '수학 시험에서 100점 맞기'가 목표라면 이 목표를 달성하기 위해 매일 시간을 내서 공부하기, 필요한 자료 준비하기 같은 구체적인 계획을 세울 수 있어. 계획을 세우다 보면 내가 해야 할 일이 명확해지고, 문제를 체계적으로 해결할 수 있게 될 거야.

우리는 메타인지를 활용한 성찰을 통해 자신의 생각과 행동을 점검하고, 현명한 삶을 살아갈 수 있어. 현명한 삶을 꾸려 나가는 어른으로 성장하기 위해 메타인지를 활용한 성찰을 생활화해 보는 건 어떨까?

1. 메타인지가 학습에서 중요한 이유를 써 보자.

2. 다음 글을 읽고 일상생활에서 메타인지를 활용한 성찰 경험을 써 보자.

> 메타인지는 자신의 행동과 생각을 점검하고 조절하는 능력으로, 성찰을 통해 더 나은 선택을 할 수 있도록 돕습니다. 예를 들어 수학 시험을 준비할 때 어떤 문제 유형에서 자주 실수하는지 파악하고, 이를 개선하기 위한 계획을 세울 수 있습니다. 축구 경기에서도 자신의 경기 영상을 분석하여 약점을 보완할 수 있습니다. 친구 관계에서도 자신의 감정을 돌아보고, 더 나은 대화 방법을 찾을 수 있습니다. 메타인지와 성찰을 통해 우리는 더 나은 방향으로 성장할 수 있습니다.

### 더 알고 싶어 119

📖 도서   ▷ 영상   🔍 사이트

📖 『BTS, 윤동주를 만나다』(공규택, 휴머니스트, 2021)
BTS와 윤동주의 시를 나란히 읽으며 자신을 돌아보고 세상을 이해하는 법을 배워 보자. 끊임없이 성찰하며 성장한 두 인물의 이야기가 진짜 배움의 의미를 알려 줄 거야.

▷ 〈자화상〉 옳은 길을 찾기 위해 끊임없이 '자아 성찰'한 윤동주 (JTBC 차이나는 클라스)
윤동주 시인의 '자화상'을 통해 자신을 바라보는 용기와 성찰의 힘을 배워 보자.

▷ 〈변호인〉에서 다루고 싶었던 내용 (JTBC 방구석 1열) 영화 속 주인공이 성장하는 과정을 통해 실수와 후회가 결국 배움의 자양분이 된다는 걸 알 수 있어.

# '노력하면 된다'는 말이 불공평하다고?

## 공정한 사회: 평등한 자유의 원칙

"열심히 노력하면 누구나 성공할 수 있다."는 말 들어 본 적 있니?
이 말은 얼핏 듣기에는 희망적인 말 같아.
그런데 모든 사람에게 해당되는 말일까?

**학습 키워드**　#공정 #능력주의 #존 롤스 #정의론 #평등한 자유의 원칙 #차등의 원칙
**교과 연계**　초6 〉 도덕 〉 4. 공정한 생활
　　　　　　　중2 〉 도덕 〉 II-1 사회 정의
　　　　　　　고등학교 윤리와 사상

## 공정한 사회의 원칙

공정이란 모든 사람이 동등한 기회를 가지고, 그 기회를 통해 자신의 능력을 발휘할 수 있도록 하는 것을 뜻해. 단순히 법 앞에서 평등한 것이 아니라, 모든 사람이 출발선에서 동일한 조건을 갖도록 보장하는 것을 말하지. 그래서 공정한 사회는 모든 사람이 자신의 능력과 노력을 통해 성공할 수 있는 기회를 가질 수 있는 사회야. 공정함이 유지된다면 사람들은 자신이 노력한 만큼 보상받을 수 있다는 믿음을 가질 수 있어. 이는 사회 전체의 신뢰와 연대를 강화시키겠지? 그러므로 공정한 사회는 개인의 만족뿐만 아니라 사회의 안정에도 매우 중요해.

우리가 사는 사회는 겉으로는 공정해 보일지 모르지만, 실제로는 많은 문제가 숨어 있어. 그 문제의 중심에 '능력주의'가 도사리고 있지. 능

력주의란 '개인의 능력과 노력에 따라 지위나 권력을 얻는 게 당연하다'고 여기는 생각이야. 능력주의를 믿는 사람들은 모든 사람이 동등한 기회를 가지고 자신의 능력에 따라 성공할 수 있다고 말하지만 실제 현실에서는 출발선이 공평하지 않아. 좋은 교육을 받을 수 있는 환경이나 경제적 지원, 가정의 지원 같은 여러 요소들이 한 사람의 성공에 큰 영향을 미치는데, 이런 요소들은 개인이 통제할 수 없는 부분이 많아서 진정한 공정성을 확보하기가 어려운 게 현실이야. 르브론 제임스가 세계적인 농구 스타로 성장한 것은 그의 노력도 분명 한몫했을 테지만 사실 그가 성공한 것은 태어난 환경과 유전적인 재능이 큰 역할을 했어. 르브론은 농구가 인기 있는 미국에서 태어났고 뛰어난 신체 능력을 타고났기 때문에 농구 선수로 성공할 수 있었지. 만약 르브론이 러시아와의 전쟁으로 폐허가 된 우크라이나에서 태어났다면 지금처럼 세계적인 선수로 성장할 수 있었을까? 쉽게 대답하기 어렵겠지?

한국에서도 능력주의가 공정한 사회를 만드는 데 한계를 보이고 있다는 걸 알 수 있어. 예를 들어 한국의 불평등 연구소가 발표한 2021년 소득 불평등 보고서에 따르면, 소득 상위 10%의 소득이 하위 50%의 소득보다 10.4배나 많았다고 조사됐지. 이는 능력주의가 경제적 불평등을 해결하지 못하고, 오히려 심화시키고 있다는 걸 보여 주고 있어.

## 능력주의의 한계를 해결하려면

능력주의가 마냥 나쁜 것은 아니야. 경쟁은 개인의 잠재력을 최대한 발휘하게 하고, 사회 전체의 발전을 촉진시키기도 하거든. 하지만 보다 공정한 사회를 만들려면 능력주의의 한계를 인정하고 이를 보완하려는 노력이 필요해. 사람들 모두가 경쟁에 공정하게 참여할 수 있는 발판을 마련해 주는 것이 바로 능력주의의 한계를 해결하는 핵심이야. 이를 위해 철학자 존 롤스의 『정의론**A Theory of Justice**』을 참고해 보자.

롤스는 『정의론』에서 공정한 사회를 위한 두 가지 원칙을 제시했어. 첫 번째 원칙은 '평등한 자유의 원칙'이야. 이 원칙은 모든 사람이 기본적인 자유와 권리를 동등하게 가져야 한다는 것을 뜻해. 공정하게 경쟁하려면 모든 사람이 자유롭게 교육받을 수 있고, 자신의 능력을 최대한 발휘할 수 있는 환경을 제공받아야 한다는 의미야.

두 번째 원칙은 '차등의 원칙'이야. 이 원칙은 사회적, 경제적 불평등이 존재하더라도 그것이 가장 취약한 사람들의 이익을 키우는 방향으로만 정당화될 수 있다는 뜻이야. 즉 불평등이 허용되려면 그 불평등이 사회의 최하위 계층에게도 혜택을 주어야 한다는 의미지. 이는 능력주의의 한계를 보완하는 중요한 방법이 될 수 있어.

보다 공정한 사회를 만들기 위해 우리가 할 수 있는 일에는 어떤 것이 있을까? 우선 모든 사람들에게 평등한 교육 기회를 제공할 수 있어야 해. 모든 아이들이 동일한 수준의 교육을 받을 수 있도록 하는 것이 중요하지. 이를 위해 공교육 시스템을 강화하고, 경제적 여건이 부족한 학생들에게는 장학금이나 교육 보조금을 제공하는 제도가 필요하겠지? 또한 사회적 안전망을 강화해서 실패하더라도 재기할 수 있는 기회를 제공하는 것도 중요해. 예를 들어 실직한 사람들이 재교육을 받거나 새로운 직업을 찾을 수 있도록 돕는 프로그램을 마련해야 하지. 경쟁은 사람들의 발전과 성장을 촉진하는 긍정적인 면이 있어. 하지만 더 공정한 사회를 만들기 위해서는 능력주의의 한계를 인정하고 이를 보완하려는 노력이 필요해. 그렇게 했을 때, 우리는 진정으로 공정한 사회를 향해 나아갈 수 있을 거야.

1. 능력주의의 한계로 볼 수 있는 것은?

   ① 모든 사람이 동등한 기회를 가질 수 있다.　　② 경제적 불평등을 해결한다.

   ③ 출발선이 공평하지 않다.　　④ 경쟁을 촉진하지 않는다.

   ⑤ 개인의 노력이 중요하지 않다.

2. 빈칸에 알맞은 말을 써 보자.

> 존 롤스는 미국의 유명한 정치 철학자로 그의 저서 '정의론(A Theory of Justice)'에서 공정한 사회를 위한 두 가지 원칙을 제시했습니다. 롤스의 첫 번째 원칙인 '__________의 원칙'은 모든 사람들이 기본적인 자유와 권리를 동등하게 가져야 한다는 것을 의미합니다. 두 번째 원칙인 '__________의 원칙'은 사회적, 경제적 불평등이 존재하더라도 그것이 가장 취약한 사람들의 이익을 증진시키는 방향으로만 정당화될 수 있다는 것입니다.

3. 다음 글을 읽고 모든 친구가 공정하게 돌아가면서 술래를 할 수 있는 방법을 써 보자.

> 민수와 친구들은 매일 점심시간에 운동장에서 숨바꼭질을 합니다. 그런데 언제부턴가 민수는 항상 술래를 맡게 되었습니다. 민수는 술래를 하는 것이 재미없다고 느꼈지만 다른 친구들이 자꾸 그를 술래로 정했기 때문에 어쩔 수 없이 계속 술래를 해야 했습니다. 민수는 점점 숨바꼭질을 하는 것이 싫어졌습니다. 다른 친구들은 숨는 역할을 하면서 재미있게 놀고 있지만 민수는 혼자서 술래를 하느라 지치고 재미를 느끼지 못했습니다.

### 더 알고 싶어 119

📑 도서　▷ 영상　🔍 사이트

📖 『공정함 쫌 아는 10대』 (하승우, 방상호, 풀빛, 2022)
공정함이란 단지 '열심히 한 만큼 얻는 것'일까? 노력 뒤에 숨은 기회의 차이와 사회 구조의 불평등을 이해하며 진짜 공정함이 무엇인지 생각해 보자.

▷ 능력대로 하면 공정한가, 일터/학교 편(JTBC 차이나는 클라스)
'능력주의 사회'는 정말 공정할까? 노력의 기준이 다를 수 있다는 사실을 배우며, 공정의 의미를 새롭게 바라보자.

▷ 누구나 성공할 수 있다는 '능력주의'의 충격적인 결함? [공정하다는 착각 요약] (쏨작가의 지식사전) '열심히 하면 된다'는 말이 왜 모두에게 똑같이 적용되지 않는지 알려 주는 영상이야. 노력만으로는 설명할 수 없는 세상의 구조적 문제를 이해해 보자.

# 가상현실로 마음을 치유하는 VR 치료 전문가

**미래 유망 기술 중 하나인 가상현실<sup>VR</sup>은 게임뿐만 아니라 우리의 마음을 치유하는 데도 사용할 수 있어. VR 치료 전문가는 가상현실을 활용해 사람들이 겪는 두려움, 스트레스, 마음의 상처를 치료하는 일을 하지. VR 치료 전문가가 어떻게 우리를 도와주는지 알아볼까?**

### VR 치료 전문가는 어떤 일을 할까?

가상현실(VR) 기술은 마치 게임처럼 생생한 화면과 소리로 실제 같은 상황을 체험할 수 있는 기술이야. 그런데 이 기술이 단순히 재미있는 게임이나 체험만을 위한 게 아니라, 사람들의 마음을 치료하는 데도 사용되고 있다는 사실, 알고 있었니? VR 치료 전문가는 스트레스, 공포증 등 마음의 고통을 겪는 사람들을 가상현실 기술을 이용해 도와주는 일을 해.

먼저, VR 치료 전문가가 하는 일을 알아보자. 어떤 친구는 높은 곳에 서기만 해도 다리가 떨리고 무서운 기분이 들 수 있어. 이럴 때 VR 치료 전문가는 가상현실을 이용해 높은 곳에 있는 상황을 안전하게 체험하게 해 줘. 처음에는 낮은 곳부터 시작해서 점점 높은 곳으로 이동하면서 두려움을 조금씩 줄여 주는 방법이야. 이렇게 VR을 사용하면 두려움을 천천히 극복하는 데 큰 도움을 줄 수 있어.

그렇다면 왜 VR 치료가 효과적일까? 과학자들이 연구해 보니, 우리의 뇌는 가상현실에서 체험한 일을 실제로 겪은 일처럼 받아들인대. 그래서 VR은 공포증이나 스트레스를 줄이는 데 특히 효과가 크다고 해. 예를 들어 전쟁을 겪은 사람들은 큰 소리나 특정 장면을 보면 힘들어질 때가 많아. VR을 통해 이런 상황을 조금씩 안전하게 체험하면서 트라우마를 극복하는 데 도움을 받을 수 있어.

이렇게 VR 치료는 다양한 분야에서 사용되고 있어. 사고로 다친 사람이 다시 걸을 수 있도록 돕는 재활 치료, 전쟁이나 재난으로 힘들어하는 사람들의 마음 치유, 심지어 학교에서 친구들과 잘 어울릴 수 있도록 돕는 데도 활용된대. 최근 미국에서는 VR을 이용해 외상 후 스트레스 장애(PTSD)를 치료하는 사례가 많이 늘어나고 있다고 해. 그리고 우리나라에서도 병원과 학교에서 VR 치료를 점점 더 많이 도입하고 있어.

## VR 치료가 필요한 이유

왜 이런 VR 치료가 필요한 걸까? 요즘은 사람들의 정신 건강 문제가 점점 더 중요해지고 있어. 스트레스나 불안은 단순히 기분 문제로 끝나는 게 아니라 몸과 마음 모두에 나쁜 영향을 끼칠 수 있어. 그래서 VR 치료 전문가 같은 직업이 점점 더 중요해지고 있는 거야. 어때? VR 치료 전문가라는 직업이 정말 신기하고 멋지지 않니? 앞으로 이런 전문가가 더 많아지면 많은 사람이 도움을 받을 수 있을 거야. 혹시 너도 가상현실을 활용해 사람들을 돕는 멋진 전문가가 되고 싶니? 한번 상상해 보자! 기술과 따뜻한 마음이 만나 사람들의 삶을 바꾸는 멋진 일을 하는 모습을 말이야.

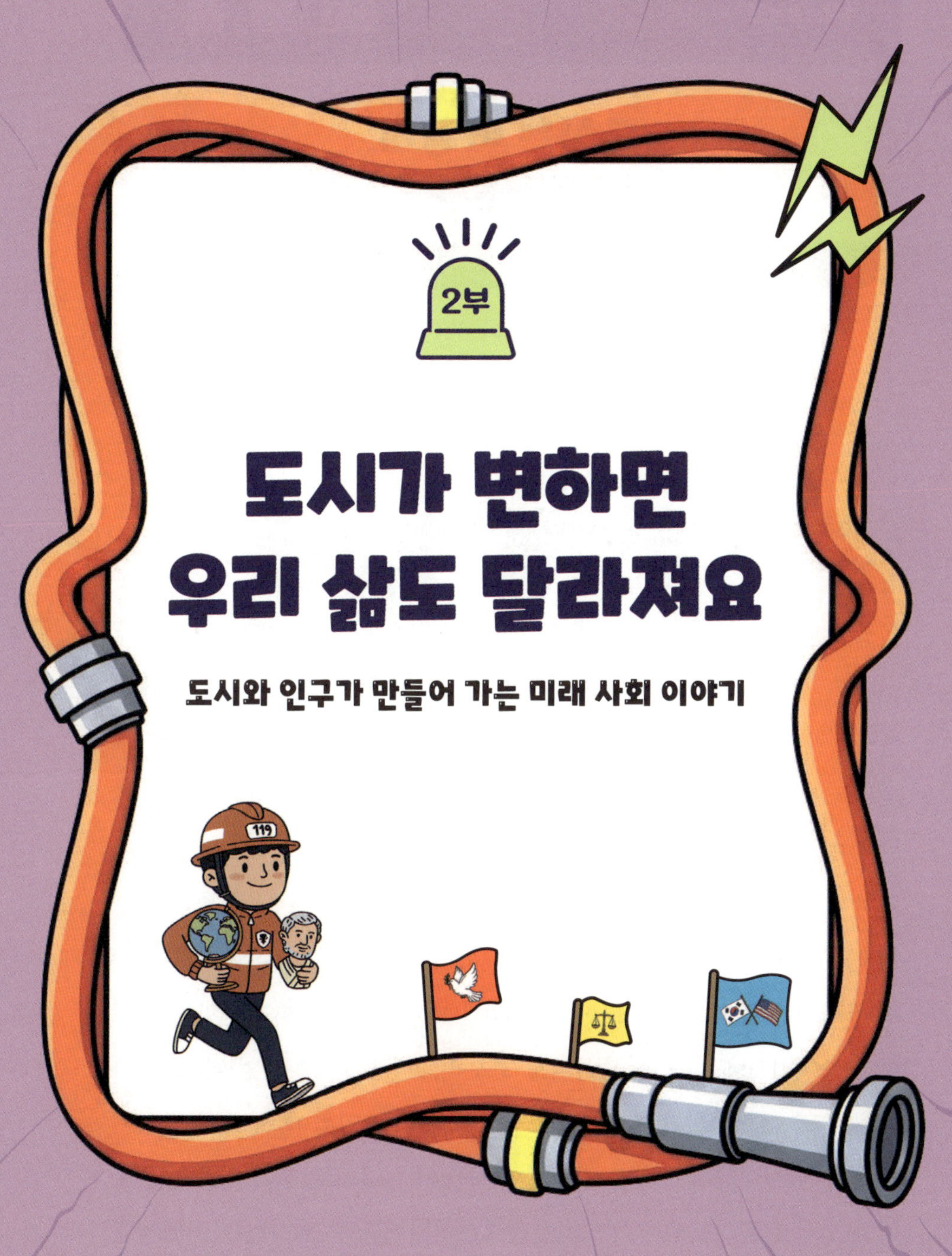


# 도시가 변하면 우리 삶도 달라져요

## 도시와 인구가 만들어 가는 미래 사회 이야기

# 도시는 어떻게 발전했을까?



블록을 이용해 다양한 창작물을 만드는 게임 '마인크래프트' 알지?

이 게임에서는 마음대로 집을 짓고 마을을 만들고 도시를 발전시킬 수 있어.

게임 세상에서 너희들 마음대로 도시를 만들었다면 실제 도시는 어떻게 발전했을까?

| | |
|---|---|
| **학습 키워드** | #도시 #산업혁명 #도시화 #도시화율 #디지털 혁명 |
| **교과 연계** | 초5 〉 사회 〉 1. 국토와 우리 생활<br>중2 〉 사회 〉 Ⅷ-3 도시 구조와 도시 경관<br>고등학교 통합사회 |

## 도시화로 인해 생긴 문제들

산업혁명이 일어나기 전, 도시는 지금과 많이 달랐어. 사람들은 주로 농사를 지었고 작은 마을에 옹기종기 모여 살았지. 그러나 18세기 후반에 영국에서 산업혁명이라는 큰 변화가 생겼어. 새로운 기술들이 발명되면서 많은 공장들이 세워졌고, 기계를 이용한 공업이 크게 발달했어. 영국의 맨체스터는 주변에 큰 강이 있어서 물의 힘으로 실을 만드는 수력 방적기를 돌리기에 유리한 곳이었어. 또한 도시 주변에 탄광들이 많아서 증기기관에 필요한 에너지도 충분히 공급받을 수 있었지. 그 결과 맨체스터는 모직과 면직 산업이 크게 발달할 수 있었어. 영국의 산업이 공업 중심으로 바뀌자 많은 사람들이 공장의 일자리를 얻기 위해 농촌을 떠나 도시로 몰려들었어. 1774년 맨체스터의 인구는 약 4만 명이었지만 산업혁명 이후인 1900년에는 60만 명이 넘게 됐어.

　도시에 많은 사람들이 몰려들자 새로운 문제들이 생겼어. 도시의 크기에 비해 지나치게 많은 사람들이 살게 되자 깨끗한 물과 위생 시설이 부족해진 거야. 그 결과, 도시에는 오물과 쓰레기가 넘쳐났고 많은 질병이 발생했어. 19세기 후반, 영국의 신문 〈타임〉에서 도시야말로 '악의 소굴'이며 질병의 원인이라 아이를 키우기에 적합하지 않다고 주장했을 정도였어. 문제의 심각성을 깨달은 사람들은 도시 환경을 개선하기 위해 노력했어. 깨끗한 물을 확보하기 위해 상하수도 시설을 만들었고, 노동자들을 위한 병원과 학교, 주택 등을 지었어. 사람들이 편리하게 생활할 수 있도록 호텔, 백화점, 극장 같은 편의 시설들도 마련했지. 또한 도시에서 일어나는 여러 문제와 범죄를 해결하기 위해 시청, 법원 같은 공공기관도 생겼어. 반대로 소음과 악취를 만드는 공장들은 도시 외곽으로 이동하게 됐어. 도시는 상품을 생산하는 곳이자 교육, 금융, 문화, 서비스 등 다양한 기능을 제공하는 곳으로 성장하게 됐지. 사회학자들은 도시의 생활 양식이 확대되는 현상을 '도시화'라고 정의했어.

## 도시화의 단계와 새로운 변화

　도시화는 한 나라의 전체 인구 중 도시에 사는 인구가 차지하는 비율인 '도시화율'에 따라 3단계로 나눌 수 있어.

　초기 단계는 대부분의 국민들이 농촌, 어촌과 같은 촌락에서 생활하면서 농업, 어업 등 1차 산업에서 일하는 시기야. 가속화

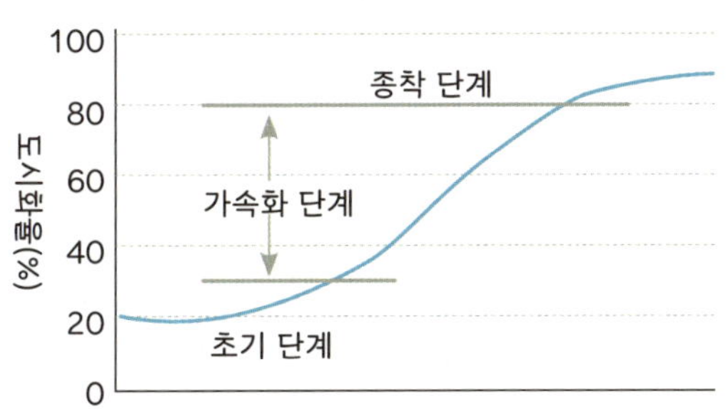

단계는 공업이 본격적으로 발달하면서 촌락에 사는 많은 사람들이 도시로 이동하는 단계지. 이 단계에서는 도시화율이 급격히 높아져. 마지막으로 도시화율이 80%를 넘기면 종착 단계에 이른 거야.

21세기에 들어서면서 도시는 디지털 혁명으로 인해 새로운 변화를 겪게 됐어. 디지털 기술은 공장이 더 이상 소음이나 악취를 발생시키지 않도록 만들었지. 예를 들어 미국 뉴욕의 로어 맨해튼Lower Manhattan은 컴퓨터를 활용한 첨단 제조업 회사들이 성장하고 있어. 첨단 제조업은 환경 피해를 줄이면서 기술 연구와 제품을 생산하고 판매하는 산업이라서 로어 맨해튼은 공장과 연구소, 주거 지역이 함께 어우러진 형태의 도시가 발달하게 됐어. 디지털혁명 덕분에 도시는 더 깨끗해지고, 사람들은 환경에 대한 걱정을 덜 수 있게 됐지. 첨단 기술의 발달을 발판으로 뉴욕, 런던과 같은 많은 도시들은 자연환경과 도시 발달의 조화를 지향하는 지속 가능한 발전을 추구하고 있어.

마인크래프트에서 도시를 발전시키는 것처럼 우리도 실제 도시를 더 좋은 곳으로 만들기 위해 노력해야 해. 따라서 환경을 보호하고, 첨단 기술을 활용해서 더 나은 미래를 만들어 나가는 것이 중요한 거야.

1. 산업혁명으로 인해 도시로의 인구 이동이 가속화되었어. 이에 따른 도시 내 변화로 옳은 것은 무엇일까?

① 도시 주변의 자연환경이 보존되었다.

② 도시 내 교육 및 의료 시설이 부족해졌다.

③ 도시에서의 삶이 깨끗하고 환경친화적으로 변했다.

④ 첨단 제조업이 발달했다.

⑤ 도시의 인구가 감소하고 사람들이 농촌으로 떠났다.

2. 다음 글을 읽고 A, B, C, D 빈칸을 채워 보자.

> 도시화는 한 나라의 전체 인구 중 도시에 사는 인구가 차지하는 비율인 (A______)에 따라 3단계로 나뉩니다. (B______)단계는 대부분의 국민들이 농촌, 어촌과 같은 촌락에서 생활하며 농업, 어업 등 1차 산업에서 일하는 시기입니다. (C______)단계는 공업이 본격적으로 발달하면서 촌락에 사는 많은 사람들이 도시로 이동하는 단계입니다. 이 단계에서는 (A______)이(가) 급격히 높아집니다. 마지막으로 (A______)이(가) 80%를 넘기면 (D______)단계가 됩니다.

3. 도시화의 단계와 각 단계에서 발생할 수 있는 문제 및 해결 방법에 대해 써 보자.

--------------------------------------------------

--------------------------------------------------

--------------------------------------------------

**더 알고 싶어 119**   📖도서  ▷영상  🔍사이트

📖 **『지속가능한 세상에서 도시는 생명체다!』** (배성호, 주수원, 이상북스, 2023)
도시는 단순한 공간이 아니라 사람처럼 숨 쉬고 성장하는 '살아 있는 생명체'래. 도시의 발전이 환경과 사람의 삶에 어떤 영향을 주는지 함께 생각해 보자.

▷ **도시는 미래를 어떻게 준비하는가?** (KBS 쌤과 함께 42회)
기후 위기와 인구 변화 속에서 미래형 도시가 어떤 방향으로 나아가야 하는지 알려 주는 영상이야. 스마트시티, 친환경 도시의 모습을 통해 지속 가능한 발전의 의미를 배워 보자.

▷ **도시의 역사 (지식트리)**
고대 도시부터 현대 도시까지, 도시가 어떻게 변해왔는지를 한눈에 볼 수 있어. 도시 발전의 흐름을 따라가며 우리 삶이 도시와 얼마나 깊이 연결되어 있는지 알아보자.

# 너희 집은
# '슬세권'이니?

## 도시의 구조와 생활 모습의 변화

몇 년 전부터 슬세권(슬리퍼를 신고 극장, 쇼핑몰 등 다양한 편의 시설을 사용할 수 있는 지역),
편세권(걸어서 편의점에 갈 수 있는 지역) 같은 신조어가 유행하고 있어.
이 단어들은 현대 도시의 특징과 편리함을 잘 드러내고 있지.
도시의 구조와 특징이 사람들의 생활 방식을 어떻게 바꿨는지 자세히 알아볼까?

**학습 키워드**　#도시의 구조　#도시의 특징　#슬세권, #편세권

**교과 연계**　초5 〉 사회 〉 1. 국토와 우리 생활
중2 〉 사회 〉 Ⅷ-3 도시 구조와 도시 경관
고등학교 통합사회

## 도시의 구조

　도시의 크기가 작을 때는 한 도시 안에 업무·상업·주거·문화 등 여러 기능이 뒤섞여 있지만 도시의 규모가 커지면 도시의 여러 기능들은 비슷한 기능끼리 묶여 업무 지구, 상업 지구 등 자체적인 구역을 만들게 되지. 예를 들어 볼까? 서울의 종로구와 중구는 서울의 전통적인 업무 지구로 대기업 본사, 외국계 기업, 주요 은행 본사 등이 모여 있는 곳이야. 한편 여의도는 주요 증권사가 모여 있는 대표적인 금융 지구지.

　도시는 크게 '도심, 부도심, 외곽 지역'으로 나눌 수 있어. '도심'은 도시의 중심부를 뜻해. 이곳은 땅값이 매우 비싸기 때문에 주로 시청, 대기업 본사, 호텔, 백화점처럼 땅값을 지불할 수 있는 공공 기관이나 고급 시설이 모여 있어. 관공서와 회사들이 모여 있는 서울 종로는 직장인들

로 북적이지. 명동의 롯데 백화점이나 시청역 근처의 서울시립미술관 같은 곳은 쇼핑과 문화생활을 즐기려는 사람들로 항상 붐비는 장소야. 덕분에 도심은 낮에 많은 사람들로 북적이지만 저녁이 되면 사람들이 집으로 돌아가기 때문에 한산해져.

'부도심'은 도심의 기능을 나누어 맡는 지역이야. 이곳에는 도심처럼 백화점, 금융 기관, 영화관 같은 여러 편의 시설이 모여 있어. 그래서 부도심도 도심과 비슷한 모습을 하고 있지. 서울의 강남이나 영등포 같은 곳이 부도심에 해당하는 곳이야. 강남은 테헤란로를 중심으로 많은 회사와 쇼핑몰이 몰려 있고, 영등포는 타임스퀘어 같은 대형 쇼핑몰이 있어서 많은 사람들이 찾고 있지.

'도시 외곽 지역'은 도심에 비해 접근성이 낮아서 땅값이 싼 곳이야. 그래서 비싼 땅값을 내기 어려운 주택들이 외곽 지역에 많이 자리 잡고 있어. 외곽 지역은 주로 주거지로 사용되며 도심이나 부도심으로 출퇴근하는 사람들이 많이 살고 있지. 서울의 강서구, 노원구, 도봉구가 대표적인 외곽 지역이야. 이곳에 사는 많은 사람들은 지하철, 버스 등 대중교통을 이용해 도심으로 출퇴근하지.

## 도시의 발달과 생활의 변화

도시가 발달하면서 사람들의 생활은 어떻게 바뀌었을까?

첫째, 교통 시설이 발달하면서 사람들이 이동하기가 아주 편리해졌어. 서울의 대중교통을 이용하면 인천광역시나 수원, 김포와 같은 경기도 지역까지 이동할 수 있지. 그래서 인천, 경기도 지역에 사는 많은 사람들이 서울로 매일 출퇴근을 하고 있는 거야.

둘째, 여러 가지 다양한 직업이 생겼어. 도시가 발달하기 전에는 농업, 어업 등 1차 산업이 중심이었기 때문에 사람들이 선택할 수 있는 직업의 종류가 적었어. 하지만 도시가 발달한 오늘날에는 회사원, 디자이너, 프로그래머, 의사, 변호사 등 다양한 직업을 선택할 수 있게 되었지. 예를 들어 IT 산업이 발달한 판교는 '한국의 실리콘 밸리'라고 불리며 많은 프로그래머와 디자이너들이 일하고 있어.

셋째, 도시에서는 많은 사람들이 서로의 생활에 깊이 관여하지 않아. 산업이 제대로 발달하지 않았던 과거에는 농사를 짓는 대가족이 많아서 사람들 사이에 공동체 의식과 유대감이 매우 높았어. 하지만 산업이 발달하고 도시가 성장하면서 2~4인 가구의 핵가족과 혼자 사는 1인 가구의 비중이 크게 늘었지. 그러면서 자신의 생활을 중요하게 생각하는 개인주의적인 가치관이 널리 확대됐어.

넷째, 도시에서는 모든 것이 빠르게 움직이고 있어. 과거에는 계절의 변화에 따라 농사를 지어야 했지만 산업혁명 이후부터 사람들은 일정한 시간에 출퇴근을 하며 생활하게 됐어. 이때부터 사람들은 시간을 '돈'처럼 중요하게 여겼고, 적은 시간에 최대의 이익을 얻으려고 최선을 다하기 시작했어.

마지막으로 대량 소비 문화가 등장했어. 과거에는 사람들이 필요한 것만 사는 경우가 많았어. 그런데 산업혁명을 거치며 다양한 상품이 많이 만들어지면서 백화점이나 쇼핑몰에서 여러 가지 물건을 사는 게 일상적인 일이 됐어.

도시화와 산업화로 인해 사람들은 과거보다 더 편리하고, 다채로운 생활을 즐길 수 있게 된 거야. 도시의 발달이 앞으로는 어떻게 이루어질지, 이로 인해 우리의 삶은 또 어떻게 변화할지 함께 지켜볼까?

1. 다음 중 도심의 특징으로 옳지 않은 것은 무엇일까?

① 땅값이 비싸다.　　　　　　　　② 시청, 대기업 본사 등이 위치해 있다.
③ 주로 주거 지역으로 사용된다.　　④ 낮에 많은 사람들로 붐빈다.
⑤ 관공서와 호텔 같은 고급 시설이 모여 있다.

2. 다음 글을 읽고 설명하는 것을 써 보자.

> 이 지역은 도심에 비해 접근성이 낮아 땅값이 저렴합니다. 그래서 비교적 비싼 땅값을 지불하기 어려운 주택들이 이 지역에 많이 자리 잡고 있습니다. 서울의 강서구, 노원구, 도봉구가 대표적인 사례입니다.

3. 서울 여행 가이드가 되었다고 생각하고 도심, 부도심, 외곽 지역 중 한 곳을 선택해서 사람들과 함께 여행할 수 있는 코스를 각 지역의 주요 명소와 활동을 포함해서 소개해 보자.

4. 도시화와 산업화로 인해 개인주의 가치관이 확대됐어. 이에 따른 부정적인 측면을 3가지 이상 써 보자.

### 👍 더 알고 싶어 119

📖 도서　▷ 영상　🔍 사이트

📖 『도시를 만드는 기술 이야기』 (그레이디 힐하우스, 윤신영, 한빛미디어, 2024)
도로, 지하철, 상하수도 같은 도시의 기본 구조가 어떤 기술로 연결되어 있는지 알려 주는 책이야. '슬세권'처럼 생활 편의를 높이는 도시 기술이 어떻게 우리의 삶을 바꾸는지 살펴보자.

▷ 슬세권이 뜬다! (KBS 명견만리)
걷기 좋은 거리, 카페, 문화공간이 모인 '슬세권'이 왜 주목받는지 알려 주는 영상이야. 도시와 행복의 관계를 생각하며 내가 살고 싶은 지역은 어떤 곳일지 떠올려 보자.

# 우리나라가
# '섬'이라고?

**수도권 집중 현상: 수도권과 지방의 균형 있는 발전을 위한 고민**

익산 중앙동은 한때 '작은 명동'이라 불릴 만큼 번화한 곳이었어.

그런데 지금은 거리가 텅텅 비었고, 양복점, 금은방 같은 가게들은 모두 폐업했어.

이에 반해 서울은 지방에서 몰려드는 사람들로 북적거리고 있어.

도대체 왜 이런 현상이 일어나는 걸까?

| | |
|---|---|
| **학습 키워드** | #수도권 집중 현상 #도시 문제 #지방소멸 |
| **교과 연계** | 초5 〉 사회 〉 1. 국토와 우리 생활<br>중2 〉 사회 〉 Ⅷ-3 도시화 과정과 도시문제<br>고등학교 통합사회 |

## 수도권 집중 현상이 일어나는 이유

다음 지도는 지역별 인구수에 맞춰 면적을 왜곡해서 그린 카토그램이야. 지도를 보면 수도권(서울, 인천, 경기도 일대)과 비교했을 때 지방의 인구가 급격하게 줄어드는 모습을 확인할 수 있어.

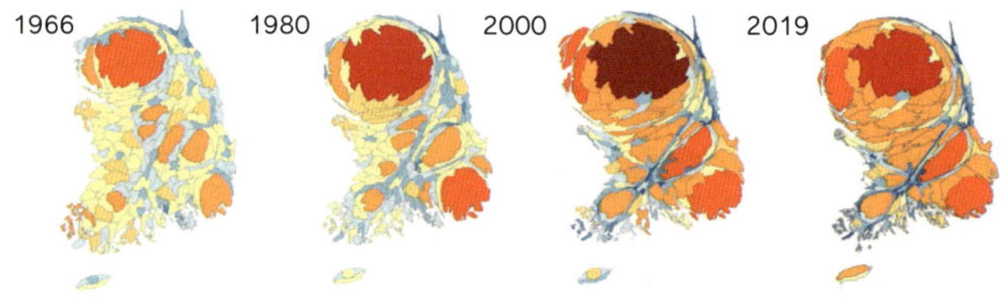


인구 및 국토공간구조의 변화 및 전망(2020, 국토연구원 및 국토균형발전위원회)

2024년 전체 국토 면적의 11.8%에 지나지 않는 수도권에 우리나라 인구의 절반 이상인 50.2%가 모여 살고 있어. 반면에 7년 전 338만 명이 살던 경상남도 인구는 꾸준히 감소해서 2023년에 325만 명으로 줄어들었지. 사람들이 잔뜩 몰려드는 수도권과 달리 경상남도나 익산 같은 지방은 사람이 살지 않는 빈집이 점점 늘어나면서 가게들이 줄줄이 문을 닫고 있어. 사회학자들은 수도권에 많은 사람들이 몰려드는 현상을 '수도권 집중 현상'이라고 부르고 있지.

그렇다면 수도권 집중 현상은 왜 일어나게 됐을까?

첫째, 수도권에 좋은 일자리가 많아서야. 2020년 기준 매출액 상위 100대 기업 중 91개가 수도권에 본사가 있을 만큼 수도권에는 일자리가 풍부해. 반면 지방에는 수도권에 비해 좋은 일자리가 많지 않아서 지방에 살던 사람들이 더 나은 일자리를 찾아 수도권으로 모여들고 있는 거야.

둘째, 수도권은 교육의 기회가 풍부해. 서울에는 대한민국의 주요 대학들이 많이 모여 있어. 지방에도 대학이 있지만 수도권에 비하면 교육 인프라가 부족한 편이지. 그래서 자녀 교육에 관심이 많은 부모나 좋은 대학교에 입학하고 싶은 학생들이 수도권으로 몰려들고 있어.

셋째, 수도권은 삶의 질을 높여 주는 문화, 의료 시설 등이 많아. 특히 서울에는 대형 백화점, 쇼핑몰, 대형 병원, 공원 등 다양한 편의 시설이 모여 있어서 생활하기 아주 편리하지. 또한 수도권에는 지하철, 버스 등 대중교통이 잘 갖춰져 있어서 다른 지역으로 이동하는 게 쉽고 편리해. 이런 것들 때문에 사람들이 수도권에 살고 싶어 하는 거지.

## 수도권 집중 문제를 해결하려면

하지만 지나치게 많은 인구가 수도권에 모여 살게 되면서 많은 문제가 생기고 있어.

첫째, 수도권의 집값이 크게 올랐어. 2021년 기준, 서울의 아파트를 사려면 평균 약 11억 원이 필요해. 높은 집값은 젊은 세대에게 큰 부담이 되고 있지. 게다가 주거비가 높아지면서 생활비도 덩달아 높아졌거든. 집 구하기가 어려워지면서 젊은 사람들은 결혼이나 출산을 미루게 되었어.

둘째, 교통 문제가 심각해지고 있어. 출퇴근 시간에는 교통이 매우 혼잡해서 이동하는 데 시간이 많이 걸려. 2020년 기준으로 서울의 평균 출퇴근 시간은 약 60분으로, 다른 주요 도시들에 비해 매우 긴 편이야. 출 퇴근 시간이 길어지면서 시민은 많은 스트레스를 받고 있지.

셋째, 지역 불균형 문제가 일어나고 있어. 수도권 집중 현상은 경상 남도와 익산의 사례처럼 지방의 인구 감소와 경기 침체를 불러왔고 젊 은 사람들이 떠나 고령 인구만 남은 지역에는 일할 사람이 부족해지면 서 지역 발전이 저해되어 국가 전체의 균형 발전이 어려워진 상황이야.

국가의 균형 발전을 저해하고 많은 국민들을 고통에 시달리게 하는 수도권 집중 현상을 해결할 수 있는 방법이 없을까?

지방에도 좋은 일자리와 교육 기회를 제공하는 게 필요해. 또 수도 권의 주택 문제를 해결하기 위해서는 주택 공급을 늘리는 다양한 정책 을 시행해야 해. 교통 문제를 해결하기 위해서는 대중교통 시스템을 더 욱 보완하고, 스마트 교통 시스템을 도입하는 방안도 고려해 볼 수 있어. 그리고 지역 불균형 문제를 해결하기 위해 정부는 지방의 경제를 활성화 하고 인구 유입을 촉진하는 다양한 정책을 추진해야 해.

수도권과 지방이 균형 있게 발전하려면 정부와 시민이 함께 노력해 야 하고 지방 발전을 위한 다양한 정책과 사회적 지원이 지속적으로 이 루어져야 할 거야.

1. 수도권에 사람들이 많이 모여드는 이유가 아닌 것은?
   ① 양질의 일자리가 많아서
   ② 교육의 기회가 많아서
   ③ 자연경관이 아름다워서
   ④ 편리한 생활환경이 있어서
   ⑤ 교통이 편리해서

2. 다음 글을 읽고 빈칸에 알맞은 말을 써 보자.

> 2020년 기준으로 전라남도와 경상북도 같은 지방 지역의 인구는 매년 감소하고 있으며, 이는 지방의 경제 발전에 큰 타격을 주고 있습니다. 지방의 인구 감소는 지역 발전을 저해하고, 사회적 자원의 불균형을 초래하고 있습니다. 전문가들은 이렇게 수도권에 많은 사람들이 몰려드는 현상을 _________ 현상이라고 부릅니다.

3. 만약 내가 지방 도시의 시장이라면 더 많은 사람들이 지방으로 이주하도록 하기 위해 어떤 정책을 시행할 것인지 3가지 이상 써 보자.

4. 수도권 집중 현상을 막기 위해 우리나라가 취할 수 있는 가장 효과적인 정책 하나를 선택하고 그 이유와 함께 구체적으로 어떻게 시행할 것인지 설명해 보자.

**정책 예시** 지방 일자리 창출, 교육 인프라 개선, 주거 지원 확대, 교통 인프라 개선

 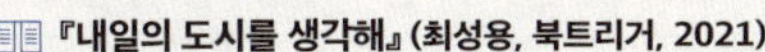

### 더 알고 싶어 119

📖 도서   ▷ 영상   🔍 사이트

📖 『**내일의 도시를 생각해**』 (최성용, 북트리거, 2021)
도시가 사라지는 이유와 다시 살아나는 방법을 이야기하는 책이야. 인구 감소와 지역 불균형 문제를 통해 우리 사회가 '고립된 섬'이 되지 않으려면 무엇이 필요한지 생각해 보자.

▷ **지방소멸 공포, 인구 감소 해결 못하면 30년 뒤 '전남·경북' 사라질 수 있다 (14F 일사에프)**
도시와 농촌의 인구 불균형이 심화되면 어떤 일이 생길까? 우리나라의 지역 소멸 위기를 데이터와 현실 사례로 생생하게 보여 주는 영상이야.

🔍 **주거생활 인프라 혁신으로 지속가능 도시 건설 (국토교통부 블로그)**
정부가 추진 중인 지속 가능한 도시 정책과 인프라 혁신 방안을 소개하는 공식 자료야. 사람이 떠나는 도시를 '살고 싶은 도시'로 바꾸기 위한 노력과 전략에 대해 알아보자.

# 영국에는 '외로움' 담당 장관이 있다고?

## 도시 문제: 인간 소외 현상

영국 정부는 외로움으로 고통받는 사람들이 900만 명에 달하자
2019년 '외로움부'를 만들었어. 전문가들은 우리나라도 영국처럼 외로움 문제가
매우 심각하다고 이야기하고 있어. 도대체 외로움 문제는 왜 일어나는 걸까?

**학습 키워드**  #인간 소외 현상 #도시 문제 #도시화 #산업화 #1인 가구 증가
**교과 연계**  초5 〉 사회 〉 1. 국토와 우리 생활
중2 〉 사회 〉 Ⅷ-3 도시화 과정과 도시 문제
고등학교 통합사회

## 인간 소외 현상의 원인

옛날 우리 조상들은 이웃집 숟가락이 몇 개인지까지 알 정도로 이웃과 어울리며 살았어. 그런데 오늘날은 어떻게 변했을까? 산업화, 도시화로 인해 도시에 많은 사람들이 살게 되자 개인의 자유와 사생활을 존중하는 개인주의가 널리 퍼지게 되었어. 과거와 달리 개인 중심 생활이 보편화되니까 이웃과의 교류가 줄어들어서 사람들이 외로움을 느끼게 된 거지. 2023년 국제보건기구[WHO]는 외로움이 하루에 담배 15개비를 피우는 것만큼 건강에 해롭다고 발표하기도 했어. 사람의 몸과 마음을 해롭게 하는 외로움은 '인간 소외 현상' 때문에 종종 발생한다고 해. 그렇다면 '인간 소외 현상'이 무엇일까?

인간 소외 현상은 사람들이 사회나 공동체에서 멀어지면서 고립되

는 현상을 뜻해. 서로의 존재를 느끼지 못하고 '혼자'라고 느끼는 상황인 거지. 전문가들은 '인간 소외 현상'의 원인 중 하나로 '도시화'를 지목하고 있어. 전문가들은 왜 도시화를 인간 소외 현상의 원인으로 지목하는 걸까? 그 이유를 한번 자세히 살펴볼까?

첫째, 지나친 익명성 때문이야. 도시에는 많은 사람들이 한꺼번에 모여 살고 있지만 옛날처럼 서로를 잘 알지는 못해. 같은 아파트에 사는 이웃과 인사도 나누지 않고, 옆집에 누가 사는지 모르는 경우도 많아. 이처럼 서로가 누군지 알지 못하는 환경이 되면 사람들은 고립감을 느낄 수밖에 없어.

둘째, 사람들과 관계를 맺는 데 필요한 시간이 부족해졌어. 도시 생활은 매우 빠르게 돌아가기 때문에 사람들은 일과 학업에 치여 친구나 가족과 시간을 보내는 것조차 힘들어 해. 바쁘게 살다 보면 자신을 돌볼 시간도, 다른 사람과 관계를 맺을 시간도 내기 어렵기 때문이야.

2020년 통계청 보고에 따르면, 경기도에서 서울로 매일 출퇴근하는 인구의 수는 125만 명이고 통근 소요 시간은 평균 1시간 15분이나 된다고 해. 교통 체증으로 인한 긴 통근 시간은 사람들을 피곤하게 만들고, 사회적 활동에 참여하는 걸 더 어렵게 만들고 있어.

## 인간 쇼외 현상을 해결하려면

인간 소외 현상으로 인한 외로움은 단순한 감정 문제가 아니야. 외로움은 우울증이나 불안, 스트레스 증가를 일으킬 수 있기 때문이지. 또한 신체 건강에도 악영향을 미쳐서 심장병, 면역력 저하 같은 다양한 질병을 유발할 수도 있어. 그렇다면 외로움의 원인이 되는 인간 소외 현상을 어떻게 해결할 수 있을까?

첫째, 사람들이 서로 만날 수 있는 공동체 프로그램을 운영하는 방법이 있어. 서울시에서는 '마을 공동체 사업'을 통해 이웃과 소통할 수 있는 자리를 마련하고 있어. 지역 주민들이 함께 모여서 음식을 만들어 먹기도 하고, 관심사가 비슷한 사람들끼리 동호회를 만들어 운영하기도 하지. 사람들이 함께 모여서 다양한 활동을 하고 소통하다 보면 소외감을 줄일 수 있기 때문이야.

둘째, 공공 공간을 이용해서 사람들이 소통할 수 있는 장소를 만드는 방법이지. 뉴욕시의 '타임스퀘어 재생 프로젝트'가 대표적인 사례야. 이 프로젝트를 시작하기 전 타임스퀘어는 자동차가 많이 오가는 곳이었어. 뉴욕시는 타임스퀘어에 차량이 들어오는 걸 제한해서 사람들이 걸어서 방문할 수 있는 곳으로 만들었어. 그 결과, 이전보다 많은 시민과 관광객이 타임스퀘어를 방문하게 되면서 서로 이야기를 주고받는 기회가 더 많아졌다고 해.

셋째, 온라인 플랫폼을 활용하는 방법도 있어. 최근에는 인스타그램, 카카오톡 오픈 채팅, 네이버 밴드 같은 온라인 플랫폼에서 소통하는 사람이 많아졌어. 온라인 플랫폼을 활용해 인간 소외 현상을 개선한 사례로는 '소셜 다이닝Social dining'이 있어. 소셜 다이닝은 관심사가 비슷한 사람들끼리 만나서 함께 식사하며 관계를 맺는 방식이야. 1인 가구가 늘어나면서 혼자서 밥을 먹는 '혼밥' 문화가 흔해진 지금, 소셜 다이닝은 혼밥의 외로움을 해소하고 사람들과 교류하는 즐거움을 주고 있어.

도시에서의 인간 소외 현상은 우리 모두가 관심을 가져야 할 문제야. 우리 스스로 서로를 이해하고 돕는 사회를 만들 수 있다면 외로움과 소외감을 줄여서 보다 행복한 삶을 살아갈 수 있을 거야.

1. 도시화로 인한 인간 소외 현상의 원인을 바르게 설명한 것은?

① 이웃과의 교류 증가 　　② 가족 간의 관계 강화

③ 사람들 사이의 익명성 증가 　　④ 공동체 활동 증가

⑤ 자연과의 조화 유지

2. 다음 글을 읽고 빈칸에 알맞은 말을 써 보자.

> 인간 소외 현상은 사람들이 사회나 공동체에서 멀어지고 고립되는 현상을 말합니다. 여기에는 사람들이 서로의 존재를 느끼지 못하고 '혼자'라고 느끼는 상황을 포함합니다. 전문가들은 인간 소외 현상의 원인들 중 하나로 ________(을)를 지목합니다.

3. 도시화로 인한 인간 소외 현상을 극복할 수 있는 방안을 3가지 이상 써 보자.

---

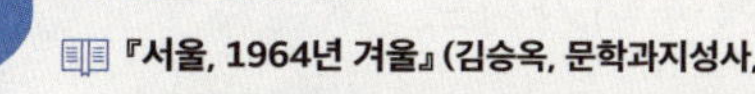

### 더 알고 싶어 119　　　　📖도서　▷영상　🔍사이트

📖 『서울, 1964년 겨울』 (김승옥, 문학과지성사, 2019)
　고독한 인물들의 하루를 따라가며 도시 속 외로움과 인간의 단절을 깊이 느낄 수 있는 소설이야. 사람이 많아도 외로울 수 있다는 사실을 통해 관계의 본질을 생각해 보자.

▷ 혼밥·혼술이 대세라지만… 사회적으로 불거진 '외로움'(SBS 뉴스)
　혼자 사는 사람이 늘어나며 생기는 사회적 고립과 외로움의 문제를 다룬 뉴스야. '외로움 담당 장관'이 생긴 이유를 통해 국가가 마음의 복지를 고민해야 하는 이유를 알아보자.

🔍 보건복지상담센터 129
　혼자라서 힘든 순간 상담과 도움을 받을 수 있는 공공 서비스를 안내하는 사이트야. 누군가에게 도움을 청하는 건 약한 게 아니라 자신을 돌보는 용기라는 걸 기억하자.

# 장사 좀 되네?
# 이제 나가 줄래?

## 도시 문제: 젠트리피케이션

서울에 사는 A씨는 성실하게 식당을 꾸려 나가던 사장이었어.
그런데 2018년 6월 7일, 갑자기 A씨가 B씨를 폭행했어.
평범한 식당 사장인 A씨는 갑자기 왜 B씨를 폭행했을까?

**학습 키워드**　#도시 문제 #도시화 #산업화 #젠트리피케이션 #땅값 상승

**교과 연계**　초5 〉 사회 〉 1. 국토와 우리 생활
　　　　　중2 〉 사회 〉 Ⅷ-3 도시화 과정과 도시 문제
　　　　　고등학교 통합사회

## 젠트리피케이션 때문에 일어난 사고

　A씨와 B씨의 갈등을 이해하기 위해서는 B씨와 A씨 사이에 어떤 일이 있었는지 먼저 확인하는 게 필요해. A씨가 운영하던 식당이 맛집으로 크게 성공하자 식당이 들어선 건물의 주인이었던 B씨는 A씨에게 이렇게 요구했어.

　"297만 원이었던 월세를 4배 올리겠소. 매달 1,200만 원을 월세로 내게 지불하시오. 또 3,000만 원이던 보증금도 3배 올려 1억 원을 받아야겠소. 이 돈을 낼 수 없다면 내 건물에서 나가시오."

　A씨는 갑자기 크게 오른 임대료를 낼 능력이 없었어. 건물에서 나갈 수 없다는 A씨의 저항에 B씨는 소송을 걸었고 법원은 A씨에게 가게를 B씨에게 넘기고 나가라고 판결했지. 결국 A씨는 지난 20년 동안 알뜰살뜰

돈을 모아 마련한 가게를 하루아침에 잃게 됐어. 이에 분노한 A씨가 건물주인 B씨를 폭행한 거였어.

이 사건의 배경에는 '젠트리피케이션'이라는 현상이 숨어 있어. 젠트리피케이션은 '부동산 가치가 빠르게 올라서 높아진 임대료에 부담을 느낀 사람들이 그 지역을 떠나는 현상'을 뜻해. 젠트리피케이션이 어떻게 발생하는지 살펴볼까?

성공의 꿈을 안고 예술가나 소규모 상인 등이 임대료가 저렴한 외곽 지역에 하나둘씩 가게를 차려. 이들이 열심히 노력한 결과 이 동네는 다른 지역에서는 찾아 보기 힘든 독특한 매력을 가진 곳으로 탈바꿈하지. 입소문이 퍼지면서 차츰 이 동네를 찾아오는 사람들이 늘어나고 덕분에 상권도 크게 발달하게 되었어. 이로 인해 동네 땅값이 올라가자 가게에 세를 내준 건물주들은 이렇게 생각했어.

'땅값이 올랐으니까 임대료를 더 받아야겠다!'

하지만 동네를 발전시킨 예술가나 상인들에게는 건물주들이 요구하는 임대료를 낼 여유가 없어 동네를 찾아서 떠나기 시작했지. 대신 이 동네에는 대기업 프랜차이즈 매장처럼 더 많은 돈을 낼 수 있는 새로운 상인들이 들어왔지. 그러면서 차츰 이 동네만이 가지고 있던 독특한 분위기나 문화도 사라지게 됐어. 이것이 바로 젠트리피케이션이 생기는 과정이야.

젠트리피케이션의 문제점은 크게 3가지를 꼽을 수 있어.

첫째, 기존 주민들과 상인들이 높은 임대료를 감당하지 못해 떠나는 거야. 젠트리피케이션으로 떠나는 사람들이 많아지면 기존의 공동체가 해체되면서 사람들 간의 신뢰와 연대감이 무너질 수 있어. 둘째, 지역만의 독특한 개성이 사라지면 상권이 몰락하기도 해. 임대료가 오르면 결국 그 지역은 대형 프랜차이즈나 상업적인 공간들로 채워지게 돼. 그러면 그 지역만의 독특한 개성을 경험하고 싶었던 사람들의 발길이 끊기면서 지역 경제의 침체로 이어질 수 있지. 마지막으로 젠트리피케이션은 사회적 불평등을 심화시킬 수 있어. 높은 임대료 때문에 원래 그 지역에 살던 저소득층 주민들은 다른 곳으로 이사를 가야 하고, 새로운 지역에서도 비슷한 문제를 겪을 가능성이 커져. 이는 사회적 갈등을 유발하고, 지역 사회의 결속력을 약화시킬 수 있지.

## 젠트리피케이션을 해결하려면

그렇다면 젠트리피케이션을 막으려면 어떤 방법들이 있을까?

먼저, 정부나 지방자치단체에서 임대료가 너무 빨리 오르는 것을 막는 제도를 만들 수 있어. 예를 들어 임대료가 일정 수준 이상 오르지 못하게 하거나 정부가 임대료의 일부를 대신 내주는 방법이 있지. 이렇게 하면 가게를 운영하던 사람들이 갑자기 쫓겨나지 않고 계속 장사를 할 수 있어. 하지만 건물 주인의 권리도 소중하기 때문에 무조건 막을 수는 없어. 그래서 건물주가 자발적으로 협력할 수 있도록 세금을 깎아 주거나 건물 수리비를 지원해 주는 방법을 쓸 수도 있어. 이렇게 하면 건물주도 손해 보지 않고 가게 주인도 안정적으로 가게를 운영할 수 있지.

중요한 건 주민들이 직접 지역 발전에 참여하는 거야. 주민들이 힘을 모아 협동조합이나 지역 기업을 만들면 동네 분위기를 지키면서도 다 같이 이익을 나눌 수 있지.

젠트리피케이션은 단순히 돈 문제만이 아니야. 지역의 문화, 사람들의 삶이 함께 걸린 문제야. 그래서 모두가 이 문제의 심각성을 알고 서로의 의견을 모아야 해. 이렇게 사회적 협력과 연대를 통해 젠트리피케이션의 나쁜 영향을 줄이면 동네가 오래도록 살기 좋은 곳으로 발전할 수 있을 거야.

1. 본문에서 젠트리피케이션의 문제점 3가지를 찾아 정리해 보자.

2. 몇몇 전문가들은 젠트리피케이션이 지역 사회에 긍정적인 영향을 끼치기도 한다고 주장해. 젠트리피케이션의 장점 3가지를 조사하여 정리해 보자.

3. 다음 글의 연예인 A씨와 가게를 운영하는 B씨의 갈등을 통해 젠트리피케이션 문제를 설명하고 이를 해결할 수 있는 방법을 제시해 보자.

> 연예인 A씨는 서울의 한 건물을 구입했다. 건물에는 20년 동안 맛집을 운영하는 B씨가 가게를 꾸려 나가고 있었다. A씨는 자신의 건물에서 가게를 운영하는 B씨가 계약 기간이 만료되었음에도 나가지 않고 있음을 알게 됐다. A씨는 계약을 연장할 뜻이 없으며 B씨에게 가게 자리를 비우라고 통보했다. 하지만 B씨는 오랜 기간 장사해 온 터를 떠나면 자신의 경제적 기반 전체가 무너지기 때문에 가게를 비울 수 없다고 주장했다. A씨는 B씨가 A씨가 연예인인 점을 이용해 'A씨는 갑질하는 건물주, B씨는 갑질의 희생양'으로 언론 플레이를 하고 있다고 주장한다. A씨와 B씨의 갈등을 보도하던 언론에서는 "장사가 잘 되어 동네 상권이 활성화되면 건물주들이 임대료를 올려 기존에 살던 사람들을 나가게 만든다."고 비판했다.

👍 **더 알고 싶어 119**　　　📖 도서　▶ 영상　🔍 사이트

📖 『**젠트리피케이션 쫌 아는 10대**』(장성익, 신병근, 풀빛, 2019)
　'장사가 잘되면 쫓겨나는 가게'의 현실을 통해 도시 속 불평등과 상생의 필요성을 알려 주는 책이야. 돈보다 공존을 생각하는 도시의 변화가 왜 필요한지 함께 고민해 보자.

▶ **젠트리피케이션 (지식트리)**
　임대료 상승으로 사라지는 동네 가게들의 이야기를 쉽게 이해할 수 있는 영상이야. 도시가 발전하면서도 모두가 행복하려면 어떤 균형이 필요할까? 생각해 보자.

# 오래된 도시를 되살리는 방법이 있다고?

**도시 재생 사업: 주민의 삶의 질과 공동체 의식을 회복하는 역할**

매년 미국과 스코틀랜드에서 열리는 TED 강연은 세계적인 유명 인사들이 참여하기로 유명한 행사야. 이 강연 무대에 2021년 한국의 개항로 프로젝트를 이끈 이창길 대표가 나왔다고 해. TED는 왜 이창길 대표를 초대했을까?

**학습 키워드**　#도시재생사업 #개항로프로젝트 #재개발

**교과 연계**　초5 〉 사회 〉 1. 국토와 우리 생활
　　　　　　　중2 〉 사회 〉 Ⅷ-4 살기 좋은 도시
　　　　　　　고등학교 통합사회

## 인천 개항로 프로젝트의 성공

인천 개항로는 1883년 개항 이후로 100년이 넘는 시간 동안 인천의 중심지였던 곳이야. 하지만 1990년대부터 도시가 낙후되고 다른 지역이 개발되면서 사람들의 관심 밖으로 점차 밀려나게 되었지.

"제가 이 일을 시작하게 된 건 그 거리에서 무언가를 하지 않으면 곧 사라질 거라는 불안 감 때문이었습니다. 내가 이곳을 지키지 않는다면 이곳 역시 그저 그런 아파트로 채워지겠구 나. 저는 개항로에 얽히고설킨, 그런 거미줄 같은 삐뚤삐뚤한 골목에서 매력을 느꼈습니다."

이창길 대표는 소외된 개항로를 지키기 위해 '개항로 프로젝트'라 는 도시 재생 사업에 뛰어들었어. 이 프로젝트에는 젊은 사람들뿐만 아

니라 오랜 기간 한 자리
를 지켰던 노포 상인들
도 적극적으로 참여했
지. 60년 이상 간판 글
씨를 써 온 할아버지가
새롭게 생긴 가게의 간
판 글씨를 쓰기도 하고,

50년 이상 제면소를 운영하던 사장님은 '개항면'이라는 새로운 면발을
개발하기도 했어. 40년 넘게 극장 간판을 그리던 페인트 가게 사장님은
'개항로 맥주'의 홍보 모델로 선뜻 나서기도 했지. 노포만이 주는 특별
한 감성에 반한 젊은 사람들이 개항로로 모여들기 시작했어. 상권이 다
시 활성화되자 거리는 다시 활기를 띠고 있어.

개항로 프로젝트를 성공적으로 이끈 공로로 TED 강연에 초대받은
이창길 대표는 자신이 세계적인 강연 무대에 오를 수 있었던 이유를 이
렇게 설명했어.

"개항로 프로젝트가 시작된 이후 아무것도 없는 거리에 약 60여 개의 팀이 개항로에 터를
잡았습니다. 다시 말씀드리면 아무것도 없던 거리, 그 공간에 약 60여 개의 새로운 공간들
이 만들어진 겁니다. 사람들이 오가기 시작했고, 젊은 사람들이 취업, 창업도 하고 한마디로
천지개벽을 했습니다. 이런 긍정적인 변화가 사람들에게 울림을 주었고, 이것이 제가 이곳
에 나올 수 있었던 직접적인 이유라고 생각합니다."

## 도시 재생 사업이 성공하려면

개항로 프로젝트는 도시 재생 사업의 대표적인 사례야. '도시 재생

사업'이란 도대체 무엇일까? 도시 재생 사업은 '쇠퇴한 구도심에 새로운 기능을 도입해서 낙후됐던 도시를 쓸모 있고 아름답게 재정비하는 사업'을 말해. 몇 년 전부터 소외받은 구도심 지역을 대상으로 한 도시 재생 사업이 활발하게 이루어지고 있어. 지역의 전통문화가 바탕이 된 전주 한옥 마을, 도심에 가려진 자연환경을 드러낸 서울 청계천, 낙후된 지역에 젊은 예술가들을 불러 모아 문화의 거리를 만든 서울 인사동이 대표적인 도시 재생 사업들이야.

도시 재생 사업을 하면 어떤 좋은 점이 있을까?

첫째, 낡고 위험한 건물들을 새로 짓거나 고쳐서 사람들이 더 안전하게 이용할 수 있어. 오래된 건물로 인해 발생할 수 있는 화재나 건물 붕괴 같은 안전사고를 미리 예방할 수 있지.

둘째, 공원이나 녹지 공간을 늘려서 사람들이 쉴 수 있는 곳이 많아지고, 환경도 깨끗해져. 사람들이 산책하거나 운동할 수 있는 공간이 많아지면 건강에도 좋고, 도시가 더 아름다워지는 거지.

셋째, 새로운 가게나 일자리들이 생기면서 지역 경제가 활발해지고, 사람들이 더 많이 방문하게 돼. 이를 통해 지역 주민들이 더 많은 일자리를 찾을 수 있고, 지역 상권도 발전하게 되는 거지.

도시 재생 사업은 단순히 낡은 건물을 고치고, 새로운 공간을 만드는 것에서 그치는 게 아니야. 지역 주민들의 삶의 질을 향상시키고, 공동체 의식을 회복하는 중요한 역할을 하기 때문이지. 주민들이 스스로 자신의 지역을 발전시키기 위해 참여하고 함께 협력하면 더 큰 성취감을 느낄 수 있어. 따라서 개항로 프로젝트와 같은 성공적인 도시 재생 사업을 앞으로도 꾸준히 만들어야 할 거야.

1. 도시 재생 사업의 특징이 아닌 것을 모두 골라 보자.

   ① 종합적인 도시 기능을 개선하는 것이 목적이다.

   ② 살고 있는 주민들을 중심으로 이루어지는 사업이다.

   ③ 돈이 되는 노후 지역을 중심으로 진행되는 사업이다.

   ④ 공공의 지원이 필요한 낙후 지역을 중심으로 진행되는 사업이다.

   ⑤ 낡은 주택, 건물과 같은 물리적인 환경을 정비하는 사업이다.

2. 개항로 프로젝트와 같은 도시 재생 사업이 왜 중요한지 그리고 이를 통해 얻을 수 있는 장점이 무엇인지 설명해 보자.

3. 내가 개발하고 싶은 낙후 도시 한 곳을 선정하고 어떤 도시로 바꾸고 싶은지 써 보자.

### 더 알고 싶어 119

📖 도서　▶ 영상　🔍 사이트

📖 **『지속가능한 세상에서 도시는 생명체다!』**(배성호, 주수원, 이상북스, 2023)
도시를 하나의 '살아 있는 존재'로 바라보며 낡은 도시가 새롭게 살아나는 과정을 설명한 책이야. 사람과 자연, 기술이 함께 숨 쉬는 지속 가능한 도시의 미래를 상상해 보자.

▶ **개항로 프로젝트 Lee Changkil (TEDxTalks)**
도시 재생 전문가 이창길이 들려 주는 '오래된 공간을 새롭게 쓰는 법'이 담긴 강연이야.

▶ **과거와 현재의 조화, 로컬 브랜드 "인천 개항로"**(중소벤처기업부)
낡은 거리를 청년 창업가들이 되살려 낸 실제 사례야. 옛것을 지키면서도 새롭게 바꾸는 로컬 비즈니스의 따뜻한 혁신을 만나 보자.

# 일본에
# '유령 도시'가 있다고?

## 인구와 지방소멸: 인구 구조의 변화로 인해 생기는 경제 및 사회 문제

최근 일본에서는 '유령 도시'가 크게 증가하고 있대.
지방 도시에 빈집이 많이 생기면서 생긴 현상이라고 해.
심지어 집을 공짜로 준다고 해도 아무도 가려는 사람이 없대. 왜 이런 현상이 생기는 걸까?

**학습 키워드**   #인구  #인구 문제  #인구 구조 변화  #지방소멸
**교과 연계**     초5 〉 사회 〉 1. 국토와 우리 생활
                 중2 〉 사회 〉 Ⅶ-3 인구 문제
                 고등학교 통합사회

## 인구가 사회에 미치는 영향

인구란 '특정 지역에 사는 사람들의 수'를 말해. 인구는 정치, 경제, 문화, 환경 등 여러 분야에 큰 영향을 미치지. 그래서 한 사회의 인구 크기와 구조는 그 사회의 현재와 미래를 결정하는 매우 중요한 요소라고 할 수 있어. 그러면 인구가 사회에 미치는 영향을 자세히 살펴볼까?

첫째, 인구는 정치적인 결정과 정책에 직접적인 영향을 미쳐. 예를 들어 한 지역에 어린이보다 노인이 더 많다면 노인을 위한 정책이 어린이를 위한 정책보다 더 많이 진행될 거야. 저출산, 고령화, 이민 정책처럼 인구 관련 문제가 항상 사회적 논의의 중심이 되겠지? 국가의 예산과 자원은 한정적이라서 인구수와 사회 구조를 고려할 수밖에 없기 때문이야.

둘째, 인구는 경제 활동의 핵심이야. 활발하게 경제 활동을 할 수 있

는 젊은 사람이 많을수록 국가 경제가 성장할 잠재력이 높아질 거야. 적극적으로 경제 활동을 할 수 있는 젊은 인구가 많을수록 생산과 소비 활동이 활발해지기 때문이지. 반면, 인구가 줄어들거나 노인들이 많아지면 경제 성장에 부정적인 영향을 미칠 수 있어. 일할 수 있는 젊은 사람보다 일할 수 없는 노인들이 늘어나면 생산과 소비 활동이 크게 감소하기 때문이지. 따라서 국가 경제가 발전하려면 젊은 인구가 많은 것이 유리해.

셋째, 인구는 사회 구조와 생활 양식에도 큰 영향을 미쳐. 젊은 사람들이 교육, 문화, 스포츠 등 다양한 분야에서 활발하게 활동해야 사회는 더 역동적이고 창의적인 분위기를 유지할 수 있기 때문이야. 하지만 청장년 인구보다 노인 인구가 늘어나면 노인 인구를 위한 서비스와 정책이 더 중요해지겠지? 노인들에게는 의료, 주거 등 다양한 복지 정책이 필요하고, 여기에 많은 예산이 투입되어야 하니까 말이야. 만약 노인 부양으로 인한 사회적 부담이 증가한다면 젊은 세대와 고령 세대 간의 세대 갈등이 심각해질 수도 있어.

## 지방소멸과 유령 도시

일본의 지방소멸 문제를 인구 측면에서 살펴볼까? 전문가들은 일본의 지방소멸이 크게 3가지 인구문제 때문에 일어난다고 보고 있어.

첫째 원인은 저출산이야. 2024년 일본 후생노동성 발표에 따르면 도쿄의 출산율은 0.99명이야. 이는 2명의 부부가 결혼하더라도 자녀를 한 명도 두지 않는다는 뜻이지. 일본 정부도 최선을 다해 출산 독려 정책을 펼치고 있지만, 사회적으로 아기를 낳지 않으려는 분위기가 점점 강해지고 있어. 그 결과 일본의 인구는 13년 연속 감소하고 있지.

둘째 원인은 청년 인구의 지방 이탈이야. 일본의 지방 도시에서 많은 사람들이 일자리를 찾아 대도시로 떠나고 있어. 젊은 사람들이 도쿄 같은 대도시로 떠나버리는 바람에 지방 도시에 남아 있는 사람들은 나이가 많은 사람이 대부분이야. 젊은이들은 공짜로 집을 준다고 해도 아무도 유령 도시에 있는 집에 살려고 하지 않아. 그 결과 일할 사람이 사라지고 빈집이 크게 늘어난 지방 도시를 더는 유지하기가 어려워진 상황이야.

마지막 원인은 수도권 집중이야. 수도권에 경제적 자원이 풍부하고 일자리가 집중되어 있다 보니 많은 젊은이들이 수도권으로 모여들게 됐어. 이에 반해 지방은 수도권에 비해 일자리가 매우 부족한 상황이지.

전문가들은 수도권과 지방의 격차가 벌어지면 벌어질수록 지방 인구가 감소하면서 지방소멸 현상이 일어난다고 보고 있어. 일본 정부는 지방소멸 문제를 해결하기 위해 다양한 노력을 기울이고 있어.

먼저, 지방에 더 많은 일자리를 만들기 위해 기업들을 유치하고 있어. 기업이 지방으로 이전하면 세금 혜택을 주거나 규제를 완화하는 등의 지원을 하고 있지. 또한 지방 도시의 관광 산업을 발전시키기 위해 최선을 다하고 있어. 관광객이 늘어나면 지역 경제가 활성화되고, 새로운 일자리도 생길 수 있기 때문이야. 일본 지방 도시들은 다양한 관광 상품을 개발해 관광객들을 끌어들이기 위해 최선을 다하고 있어.

지방소멸 문제는 일본만의 문제가 아니야. 우리나라에서도 수도권 집중 현상과 저출산으로 인해 경상북도 고령군, 강원도 화천군과 태백시 등 한국판 유령 도시가 조금씩 생기고 있어. 우리도 일본의 사례를 공부하며 미래에 닥쳐올 지방소멸 문제에 대한 해답을 찾기 위해 더욱 노력해야 해.

1. 일본의 지방 소멸 문제의 주된 원인은 무엇일까?

   ① 관광 사업의 부족　　② 높은 출산율　　③ 청년들의 지방 이탈
   ④ 수도권의 인프라 부족　　⑤ 촌락 인구의 증가

2. 우리나라에서 일어나고 있는 '한국판 유령 도시' 사례를 찾아 정리해 보자.

3. 우리나라의 지방소멸 문제를 해결하기 위한 사회적 방안, 경제적 방안을 각각 2가
   지씩 제안하고 이 방안들이 지역 사회에 어떤 영향을 미칠 수 있는지 설명해 보자.

 **더 알고 싶어 119**　　　　📖 도서　▷ 영상　🔍 사이트

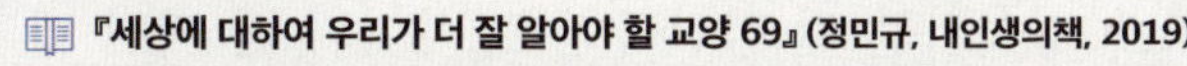 📖 **『세상에 대하여 우리가 더 잘 알아야 할 교양 69』** (정민규, 내인생의책, 2019)
   지방 인구 감소와 도시 소멸 문제를 청소년 눈높이에서 설명한 책이야. '유령 도시'가 생기는
   이유를 통해 도시의 지속 가능성과 인구 균형의 중요성을 생각해 보자.

▷ **지방소멸, 한국이 더 심각하다? (지식한입)**
   일본뿐 아니라 한국에서도 비슷한 현상이 벌어지고 있음을 알려 주는 영상이야. 학교가 사라지
   고 마을이 텅 비는 현실 속에서 우리가 준비해야 할 미래를 고민해 보자. 

# 세계 최초의 멸종 예정 국가가 '대한민국'이라고?



"나라에 아이가 없어서 아이돌 연습생을 못 구하겠어요." 아이돌 연습생 부족은 저출산 문제의 극히 일부에 불과해. 지금의 대한민국은 학교, 산부인과, 소아과가 줄어들고, 늘어나는 노인을 부양하느라 나라의 허리가 휠 정도야. 한국의 저출산 문제, 그 원인은 뭘까?

| | |
|---|---|
| **학습 키워드** | #인구 #인구문제 #저출산 #출산율 |
| **교과 연계** | 초5 〉 사회 〉 1. 국토와 우리 생활<br>중2 〉 사회 〉 Ⅷ-3 인구 문제<br>고등학교 통합사회 |

## 지구상에서 제일 먼저 쇼멸되는 나라

2024년 EBS 다큐멘터리 인구 대기획 〈저출생〉 10부 예고편에 등장한 조앤 윌리엄스 캘리포니아대학교 교수는 한국의 2023년 출산율을 보고 큰 충격을 받았어.

"이 정도로 낮은 수치의 출산율은 들어 본 적도 없어요. 대한민국 완전히 망했네요. 와!"

조앤 윌리엄스 교수가 확인한 2023년 한국 출산율은 0.72명이었어. 한국의 출산율은 조앤 윌리엄스 교수가 출산율을 확인한 지 1년 뒤 0.6명으로 더 낮아지며 전 세계에서 가장 낮은 수치를 기록했어. 2024년 OECD 출산율이 1.59명이라는 걸 감안하면 그 차이가 더 커진 게 놀라워. 이 사실을 알게 된 조앤 윌리엄스 교수는 큰 전쟁이나 전염병 없이 이런 낮은 수치는 있을 수 없다면서 숫자 자체가 '국가비상사태'라고 평가했어.

'저출산'이란 한 나라에서 아기가 태어나는 비율이 매우 낮은 현상을 뜻해. 일반적으로 여성 한 명이 평생 낳은 평균 자녀의 수가 2명 이하일 때 저출산이라고 보고 있어. 한 사회의 인구 크기와 구조는 그 사회의 현재와 미래를 결정하는 매우 중요한 요소야. 한 나라 안에서 사망하는 사람 수는 늘어나는데 태어나는 사람의 수는 꾸준히 줄어든다면 어떻게 될까? 당연히 인구가 급격히 줄어들겠지? 옥스퍼드 대학교의 데이비드 콜먼 교수는 한국의 저출산 문제를 연구한 끝에 이렇게 발표했어.

"한국은 지구상에서 제일 먼저 소멸되는 나라가 될 것입니다."

## 저출산이 사회에 미치는 문제

국민 없는 국가는 존재할 수 없어. 그래서 콜먼 교수의 말처럼 최악의 경우, 저출산으로 인해 나라 자체가 사라질 수도 있어. 저출산 현상이 더 길어졌을 때 생기는 문제점 3가지를 함께 살펴볼까?

첫째, 저출산은 인구를 감소시킬 거야. 저출산이 계속되면 아기가 태어나는 수가 적어지기 때문에 나라 전체의 인구가 줄어들게 돼. 쉽게 말해, 사람들이 점점 줄어들어서 도시나 마을이 텅 비게 될 수 있다는 거야. 학교에 다니는 학생이 적어져서 학교가 문을 닫고, 가게나 회사도 손님이 줄어들어 운영하기 어려워질 거야. 실제로 지방에서는 저출산 때문에 소아과나 산부인과의 수가 빠르게 줄어들고 있어. 이렇게 저출산이 장기화된다면 일자리가 줄어들고, 경제가 어려워져 우리 생활도 힘들어질 수 있어.

둘째, 저출산은 경제에 악영향을 미칠 거야. 경제는 사람들이 일을 하고 버는 돈으로 물건을 사거나 서비스를 이용하는 활동을 통해 돌아가고 있어. 그런데 인구가 줄어들면 일할 사람도, 물건을 살 사람도 적어지는 거야. 그러면 당연히 경제가 활기를 잃게 되겠지? 세금으로 나라 살림을 꾸리는 정부도 세금이 덜 걷혀서 국가를 운영하기 어려워질 수 있어. 그 예로 국민들이 젊었을 때 일해서 모은 돈을 노인이 되었을 때 매달 조금씩 돌려주는 국민연금 제도가 무너질 위기에 처해 있어. 세금을 내는 사람 수가 줄어들고 연금을 받아야 하는 고령층은 늘어나고 있기 때문이야. 정부는 국민연금이 고갈될 위기를 극복하기 위한 다양한 방법을 준비하고 있어.

셋째, 저출산은 고령화 문제를 심화시킬 거야. '고령화'란 나이가 많은 사람들이 많아지는 현상을 뜻해. 아기가 적게 태어나고, 사람들의 수명이 길어지면 젊은 사람보다 나이 든 사람이 많아지겠지? 그러면 여러 가지 사회 문제가 일어나게 돼. 먼저 노인을 돌보기 위해 많은 돈과 자원이 필요해질 거야. 병원비나 노인 돌봄 서비스 비용이 많이 들기 때문이지. 또한 젊은 사람 수가 줄어들어서 노인을 돌봐 줄 사람이 부족해질 거야. 마지막으로 노인들을 돌보는 비용이 늘어나면서 정부가 다른 중요한 일에 쓸 돈이 부족해져서 전체적인 나라 살림이 어려워질 수 있어.

이처럼 저출산은 인구 감소, 경제적 어려움, 고령화 문제 등을 일으켜 사회 전반에 악영향을 미치게 돼. 저출산 문제를 해결하기 위해서는 아기를 낳고 기르기 좋은 환경을 만들어서 젊은 사람들이 결혼과 출산을 포기하지 않도록 도와주는 정책이 반드시 필요해.

1. 저출산이 장기화될 경우 생길 수 있는 문제점이 아닌 것은?

   ① 인구 감소 　　② 경제 성장 　　③ 고령화 심화 　　④ 학교 폐교
   ⑤ 국민연금 재정의 어려움

2. 국민들이 젊을 때 일하면서 낸 돈을 모아, 노인이 되어 일을 하지 못하게 됐을 때 매달
   조금씩 돌려주는 사회보험 제도가 무엇인지 써 보자.

3. 다음 글을 읽고 기업이 사내 어린이집 설치를 반대하는 이유에 대한 생각과 저출산
   문제 해결을 위해 기업이 어떤 역할을 해야 할지 설명해 보자.

> (가) 2023년 한 기업이 직장 내 어린이집을 설치하려던 계획을 갑자기 취소했다.
> 이 기업의 고위 임원은 사원들과의 온라인 미팅에서 '어린이집 운영비보다 벌
> 금이 싸다. 어린이집은 소수의 사람들이 누리는 복지 아닌가?'라는 발언을 하
> 며 사내 어린이집 개설을 반대했다.
>
> (나) "저출산 문제는 단순히 가족과 가정의 문제가 아니다. 이는 직장의 문제로 직장
> 들이 사회 변화를 따라잡지 못하고 있다." 2023년 노벨 경제학상을 수상한 클
> 로디아 골딘 교수는 저출산 문제를 해결하기 위해서는 기성 세대의 인식 변화
> 가 중요하며 이를 해결하기 위해서는 기업 문화가 바뀌어야 한다고 주장했다.

### 👍 더 알고 싶어 119

📖 도서 　▶ 영상 　🔍 사이트

📖 『청소년을 위한 사회문화 탐구 에세이』 (구장화, 해냄, 2024)
출산율, 가족 구조, 사회 제도 같은 현실 문제를 청소년의 시선으로 풀어낸 책이야.

▶ "애국자 되려다 내가 망해요" 대한민국 출산율의 이유 있는 추락 ② (비디오머그)
출산율이 왜 계속 떨어지는지 경제적·사회적 요인을 실제 인터뷰와 사례로 보여 주는 영상이야.

🔍 대한민국 성평등가족부 블로그 정부가 추진 중인 가족 정책과 출산·양육 지원 제도를 소개하
는 공식 자료야. 인구 문제를 해결하기 위한 국가의 다양한 시도와 사회적 책임을 살펴보자.

# 가난한 노인, 우리의 미래가 될까?



시급 945원. 하루 노동 시간 평균 11시간. 하루 이동거리 평균 15km.

겨울에 동상에 걸려 손가락이 떨어져 나갈 수 있음.

일하는 데 필요한 안전 장비 없음. 너희라면 이런 일을 할 거야?

**학습 키워드** #인구 #인구 문제 #고령화 #초고령사회 #노인 빈곤

**교과 연계** 초5 〉 사회 〉 1. 국토와 우리 생활
중2 〉 사회 〉 Ⅶ-3 인구 문제
고등학교 통합사회

## 폐지 줍는 가난한 노인들

시급 945원. 하루 노동 시간 평균 11시간. 하루 이동 거리 평균 15km. 폐지 줍는 노인들이 처한 현실이야. 우리는 이러한 노인들의 모습을 통해 우리 사회가 겪고 있는 심각한 '노인 빈곤' 문제를 실감할 수 있어. 왜 이런 문제가 일어나고 있는지 자세히 알아볼까?

노인 빈곤 문제를 이해하기 위해서는 고령화와 초고령사회에 대해 알아야 해. 고령화는 사회 전체에서 노인 인구의 비율이 점점 증가하는 현상을 뜻해. 왜 노인 인구 비율이 증가하는 걸까?

첫째, 의료 기술이 발전해서 사람들이 오래 살게 되었기 때문이야. 둘째, 아이를 낳는 사람들이 줄어들어서 젊은 인구가 노인 인구에 비해 상대적으로 적어졌기 때문이야. 국제연합UN에서는 한 사회의 고령화 정

도를 65세 이상 인구가 총인구에서 차지하는 비율에 따라 구분하고 있어. UN의 기준에 따르면 전체 인구 중 65세 이상 인구가 7%가 넘는 사회를 고령화사회, 14%가 넘는 사회를 고령사회, 20%가 넘는 사회를 초고령사회라고 해. 전문가들은 2025년이 되면 한국은 고령사회를 넘어 초고령사회가 될 거라고 보고 있어. 우리나라 사람 대부분이 노인이 된다는 뜻이지.

초고령사회가 되면서 우리나라는 어떤 문제를 겪고 있을까?

첫째, 노인 빈곤 문제가 심해지고 있어. 폐지 줍는 노인들을 통해 알 수 있듯이 많은 노인들이 먹고 살기 위해 열악한 환경에서 일하고 있어. 늙은 탓에 일할 곳도 마땅치 않고, 연금도 충분하지 않아서 경제적으로 매우 어려운 상황에 놓여 있는 거지. 2023년 OECD 한눈에 보는 연금 2023 보고서에 따르면 한국은 2009년부터 줄곧 노인 빈곤율 1위를 차지하고 있어. 전 세계적으로 노인 소득 빈곤율이 40%를 넘는 나라는 한국밖에 없는 실정이야.

둘째, 노인 건강 문제야. 나이가 들면 자연스럽게 건강이 나빠지기 마련이잖아. 하지만 가난한 노인들은 아픈 몸을 이끌고도 일해야 하는 경우가 많아. 병원에 가고 싶어도 돈이 없어서 가지 못하는 바람에 건강이 더 나빠지는 일이 벌어지고 있지.

셋째, 노인 소외 문제야. 2022년 통계청 보고에 따르면 65세 이상 인구 중 혼자 사는 노인 비율은 20.%로 노인 다섯 명 중 한 명이 혼자 살고 있는 셈이야. 이런 상황에서 노인들은 우울증에 걸리거나 외롭게 홀로 죽어가는 고독사를 겪을 수도 있어. 살기가 너무 힘든 가난한 노인들이 극단적인 선택을 하는 일도 늘어나고 있다지 뭐야.

# 노인 빈곤 문제가 심각한 이유

우리나라의 노인 빈곤 문제는 왜 이렇게 심각할까? 그 이유는 크게 세 가지를 들 수 있어.

첫째, 연금이 부족하기 때문이야. 미국, 일본, 독일 등 다른 선진국들에 비해 산업화가 늦게 진행된 우리나라는 연금 제도가 비교적 늦게 도입된 편이야. 그리고 과거에는 회사나 공장에서 근로자들의 국민연금 가입을 제대로 챙겨 주지 않았어. 또한 생계 문제나 연금 제도에 대한 이해가 부족해서 많은 노인들이 연금에 가입하지 못했거나 가입 기간이 짧은 편이야. 그 결과 많은 노인들이 충분한 연금을 받지 못하는 실정이야.

둘째, 자녀가 노인이 된 부모를 돌볼 힘이 부족하기 때문이야. 과거에는 노부모가 자녀들의 집에 들어가서 자녀들의 소득에 의지해 사는 경우가 많았어. 하지만 도시화, 산업화로 인해 핵가족으로 많이 바뀌면서 부모님을 부양하는 자녀들이 줄어들고 있어. 오늘날 젊은 세대는 높은 생활비와 교육비, 주택 마련 비용 등으로 인해 부모를 부양할 여유가 없어. 이러한 상황은 노인 빈곤 문제를 더욱 악화시키고 있지.

마지막으로 일자리가 부족하기 때문이야. 한국의 고령화 속도는 OECD 국가들 중에서 가장 빠른 편이지만 나이 많은 노동자가 필요한 곳은 많지 않아. 노인들은 여전히 일하고 싶지만 이들이 일할 자리는 부족한 거지. 고령 노동자에 대한 낮은 수요와 높은 공급은 임금 경쟁을 심화시키고 있어. 이 때문에 노인들은 낮은 임금을 받고 일할 수밖에 없단다.

젊은 우리가 보기에 노인 빈곤 문제는 남의 일처럼 느껴질 지도 몰라. 하지만 우리도 언젠가 늙게 될 거야. 그러니 우리의 미래를 위해서라도 노인 빈곤 문제를 해결하기 위해 꾸준히 노력을 기울여야 해.

1. 다음 빈칸에 들어갈 내용을 써 보자.

> 국제연합(UN)에서는 한 사회의 고령화 정도를 65세 이상 인구가 총인구를 차지하는 비율에 따라 구분합니다. UN의 기준에 따르면 전체 인구 중 65세 이상 인구가 ________%가 넘는 사회를 고령화사회, ________%가 넘는 사회를 고 령사회, ________%가 넘는 사회를 초고령사회라고 말합니다.

2. 과거에 비해 노인 인구가 늘어난 까닭 2가지를 써 보자.

3. 다음 글을 읽고 정년 연장에 대한 자신의 입장을 근거를 들어 설명해 보자.

> 대한민국에서 노인의 기준이 되는 특정 나이가 있는 것은 아니다. 하지만 1981년 제정된 노인 복지법에서 정한 경로 우대 기준은 65세다. 현재 우리나라는 이 법에 따라 노인 복지 제도를 운영하고 있다. 하지만 요즘 65세를 노인이라고 생각하는 사람들은 많지 않을 것이다. 통계청 보고에 따르면 1981년 한국 남성의 기대 수명은 62.4세였지만, 2021년에는 80.6세로 늘어났다. 여성도 70.9세에서 86.6세로 기대 수명이 늘어났다. 기대 수명은 약 16.9년이 늘었지만 노인 기준은 1981년에 제정된 법 기준에서 벗어나지 못하고 있다. 2025년을 기점으로 대한민국은 초고령 사회가 될 것이다. 저출산으로 인해 젊은 노동 인력을 확보할 수 없는 상황이기 때문에 정년 연장을 통해 노동력을 확보하자는 주장이 등장했다. 하지만 정년 연장은 임금 체계 개편, 노인 복지 제도 변경 등 함께 고려해야 할 문제가 많아 사회적 합의가 꼭 필요하다.

### 더 알고 싶어 119

📑 도서　▷ 영상　🔍 사이트

📑 『**오베라는 남자**』(**프레드릭 배크만, 다산책방, 2023**) 고독하고 까칠한 노인 오베의 이야기를 통해 노년의 외로움과 인간의 따뜻한 연결을 느낄 수 있는 소설이야. 도움을 주고받는 관계 속에서 가난보다 더 큰 결핍이 '관심의 부재'임을 깨달아 보자.

▷ **노인 빈곤율 1위 / 우리의 미래가 될까? (지식한입)**
우리나라 노인 3명 중 1명이 빈곤층이라는 현실을 다루며 고령화 사회의 그늘을 보여 주는 영상이야. '현재의 노인 문제'가 아니라 '우리의 미래' 문제라는 사실을 깊이 생각해 보자.

🔍 **희망조약돌** 어려운 이웃을 돕고 노인 복지와 나눔 활동을 실천하는 시민단체 사이트야. 작은 관심과 행동이 노인의 삶을 바꾸는 희망의 시작이 될 수 있어.

# 인구가 너무 늘어서
# 걱정인 나라가 있다고?

**세계 인구 문제: 서로 다른 인구 문제로 고민하는 개발도상국과 선진국**

2024년 우리나라 출산율은 0.76명으로 저출산 문제가 매우 심각해지고 있어.
그런데 지구 반대편의 어느 나라에서는 '아이를 제발 그만 낳아 달라!'고 외친다고 해.
이 나라는 어디일까?

**학습 키워드**  #세계 인구 문제 #이민 문제 #고령화 #출산율 #난민, #브렉시트
**교과 연계**  초6 〉 사회 〉 3. 지속가능한 지구촌
　　　　　　　중2 〉 사회 〉 Ⅶ-3 인구 문제
　　　　　　　고등학교 통합사회

## 인구 증가로 어려움을 겪는 개발도상국

　이집트의 압둘 파타흐 엘 시시 대통령은 내각 회의에서 '출산 규제
책이 시행되지 않으면 재앙이 초래될 수 있다. 이집트의 인구 증가 속도
가 너무 빠르다.'라고 말해서 큰 주목을 받았어. 그도 그럴 것이 이집트
는 2008년부터 꾸준히 인구가 증가하면서 2020년에 이미 인구 1억 명
을 돌파했거든. 전문가들은 지금 속도로 이집트 인구가 계속 늘어난다
면 2023년에는 이집트 인구가 1억 2,800만 명이 될 것이라고 전망했어.

　일할 수 있는 젊은 사람들이 많아지면 경제 활동에 큰 도움이 되는
것이 사실이야. 하지만 이집트는 아직까지 경제 개발이 제대로 이루어
지지 않은 나라이기 때문에 빠르게 늘어나는 인구를 감당하기가 어려
운 실정이야. 늘어나는 인구 모두를 부양할 수 있는 돈이 없기 때문이지.

사실 인구 증가 문제는 이집트만의 문제가 아니야. 나이지리아, 인도, 파키스탄과 같은 대부분의 개발도상국에서는 인구가 빠르게 증가하는 문제를 겪고 있어. 빠른 인구 증가는 높은 출산율과 낮은 사망률 때문에 일어나는 거야. 인구 증가로 어려움을 겪는 개발도상국들은 크게 2가지 문제 때문에 골머리를 앓고 있어. 첫째, 자원 부족 문제야. 인구가 급증하면 식량, 물, 주택, 의료, 교육 같은 기본 자원이 부족해져. 먹을 식량도 부족해지고, 깨끗한 물을 구하기도 어려워지면 생활하는 데 많은 어려움을 겪을 수 있어. 둘째, 심각한 빈곤과 기아 문제에 마주치게 돼. 인구 증가 속도에 비해 일자리가 만들어지는 속도가 느리면 많은 사람들이 일자리를 구하기 힘들어져. 2024년 출산율 2.03명인 인도의 출생아 수는 전 세계 출생아 수의 거의 20%를 차지할 정도야. 인도는 높은 출산율 덕분에 노동 가능 인구가 한 달에 거의 200만 명이 늘어나고 있어. 일할 수 있는 젊은 인구가 꾸준히 늘어나는데 이들이 일할 수 있는 일자리가 없어서 인도의 20~24세 청년 실업률이 45%에 달할 정도라고 해. 10명 중 4~5명이 실업자라는 뜻이지. 개발도상국은 경제 구조가 불안정하고 사회 안전망이 제대로 갖춰져 있지 않아서 실업으로 인한 빈곤과 기아 문제가 심각하게 나타나고 있어.

## 고령화 문제를 겪는 선진국

이에 반해 선진국들은 주로 고령화 문제를 겪고 있어. 평균 기대 수명이 늘어나고 출산율이 낮아지면서 인구 중 노인 비율이 증가하는 고령화는 사회에 다양한 영향을 미치게 돼. 첫째, 노동력이 부족해지는 문제야. 경제 활동에 참여할 수 있는 젊은 사람들이 줄어들면서 선진국들의 경제 성장 속도는 둔화될 수밖에 없어. 둘째, 연금과 의료비 부담이 커지는 문제야. 노인 인구가 많아지면 연금과 의료 서비스가 필요한 사람들이 많아져서 정부와 사회 전체에 큰 재정 부담이 가해지지. 셋째, 세대 간 갈등이 심각해지는 문제야. 소수의 젊은 세대가 다수의 노인 세대를 부양하다 보니 그 부담 때문에 세대 간 갈등이 일어나곤 해.

## 인구 문제 때문에 벌어지는 국가 간의 갈등

선진국과 개발도상국이 겪는 인구 문제가 다르다 보니 갈등이 생기기도 해. 대표적인 사례로 '이민 문제'가 있어. 개발도상국 사람들은 더 나은 삶을 누리기 위해 선진국으로 이주하고 싶어 해. 특히 중동과 아프리카 사람들이 자국의 불안한 정치 상황과 경제적 어려움 때문에 유럽으로 많이 이민을 가고 있어. 그런데 독일이나 프랑스처럼 인도적 차원에서 난민을 받아들이는 나라도 있지만 경제적 부담과 사회적 불안정 때문에 난민을 거부하는 나라도 있어. 대표적인 국가가 바로 영국이야. 영국은 본래 유럽 연합<sup>EU</sup> 소속 국가로 난민과 이주민들을 받아들이려고 노력했어. 하지만 시리아 내전 등으로 너무 많은 난민이 이주하자 영국의 경제적, 사회적 부담이 크게 증가한 거야. 그러자 난민 반대 여론이 커졌고 2016년 영국이 유럽 연합에서 탈퇴하는 브렉시트<sup>Brexit</sup> 사건이 발생했지.

세계 인구 문제는 복잡하고 다양한 입장이 섞여 있어. 이 문제를 해결하려면 국제 사회의 협력이 필수적이지. 각 나라가 자국의 인구 문제를 해결하는 동시에 국제적인 차원에서 인구 문제를 다루는 협력 체제를 구축해야 하기 때문이야. 그래서 유엔 같은 국제기구가 중심이 되어서 각국의 정책을 조율하고 지원해야 해. 전 세계 국가가 이를 위해 노력한다면 인구 문제로 인한 좋지 않은 영향을 줄이고 지속 가능한 미래를 만들어 갈 수 있을 거야.

1. 다음 중 개발도상국에서 겪는 인구 문제로 옳은 것은?

   ① 고령화로 인한 경제적 부담     ② 출산율 감소로 인한 인구 감소

   ③ 자원 부족으로 인한 경제적 어려움   ④ 급격한 이주민 증가

   ⑤ 세대 간 갈등

2. 다음 글을 읽고 자신이 생각하는 인구 문제를 해결할 수 있는 방법을 써 보자.

> 영화 〈다운사이징〉에서는 인구 문제와 환경 문제를 해결하기 위해 인간의 크기를 줄이는 '인간 축소 프로젝트'를 진행했다. 1억 원의 재산이 120억 원의 가치가 되어 왕처럼 살 수 있다는 말에 많은 사람들이 프로젝트에 참여했다. 덕분에 사람들이 배출하는 쓰레기의 양이 크게 감소했고, 식량, 식수 등 각종 자원을 효율적으로 관리할 수 있게 됐다.

3. 선진국과 개발도상국 사이에 발생하는 이민 문제를 국제적으로 해결할 수 있는 방법을 3가지 이상 써 보자.

### 더 알고 싶어 119

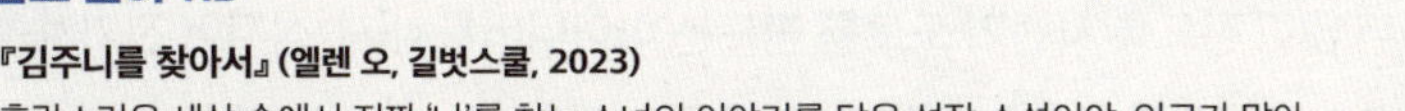


📖 『김주니를 찾아서』 (엘렌 오, 길벗스쿨, 2023)
혼란스러운 세상 속에서 진짜 '나'를 찾는 소녀의 이야기를 담은 성장 소설이야. 인구가 많아 경쟁이 치열한 사회 속에서도 자신의 가치를 잃지 않는 법을 생각해 보자.

▷ 국토 4%에 인구 95%가 산다, 모든 게 부족한 나라 이집트 (크랩 KLAB)
좁은 땅에 너무 많은 사람이 몰리면 어떤 일이 생길까? 이집트의 사례를 통해 인구 과잉이 불러오는 주거, 일자리, 자원 문제를 현실적으로 살펴보자.

▷ 작아진 몸의 모험 (Btv '영화당')
인구가 너무 많아진 세상을 풍자적으로 표현한 영화 이야기를 다룬 프로그램이야. 몸이 작아진다는 설정을 통해 자원의 한계와 인간의 욕심을 되돌아보자.

# 기술로 도시를 살기 좋은 곳으로 만드는 스마트 도시 개발자

**도시가 지금보다 똑똑해진다면 우리의 삶도 훨씬 편리해지겠지? 스마트 도시 개발자는 기술을 이용해 도시를 더 편리하고, 안전한 곳으로 만드는 일을 해. 스마트 도시 개발자가 어떻게 우리를 도와주는지 자세히 알아볼까?**

### 스마트 도시는 어떤 곳일까?

혹시 '스마트 도시'라는 말을 들어 본 적 있니? 스마트 도시는 우리가 더 편리하고 안전하게 살 수 있도록 첨단 기술이 도와주는 도시를 말해. 이 도시를 설계하고 만드는 사람이 바로 스마트 도시 개발자야.

스마트 도시 개발자는 도시를 더 똑똑하고 살기 좋은 곳으로 만드는 일을 해. 도시에서는 사람들이 안전하고 편리하게 이동할 수 있는 게 중요하잖아? 예를 들어 도로에 설치된 센서가 차의 움직임을 실시간으로 파악해서 교통 신호를 조정하거나, 특정 구역에 사고가 발생하면 이를 빨리 알려 주는 시스템을 개발하지. 또 사람들이 버스가 언제 오는지 정확히 알 수 있도록 스마트폰과 연결된 시스템을 만들기도 해. 그뿐만 아니라 쓰레기 처리도 더 똑똑하게 할 수 있어. 쓰레기통에 센서를 달아서 얼마나 쓰레기가 차 있는지 알려 주고, 가득 차기 전에 쓰레기를 수거하게 하는 거야. 이렇게 하면 도시가 더 깨끗해지고, 환경도 더 좋아질 수 있어. 이런 것들이 바로 스마트 도시에서 일어나는 일들이야.

스마트 도시는 환경 보호에도 큰 역할을 해. 요즘 도시에 사람들이 많이 모이다 보니 교통 혼잡, 에너지 부족, 쓰레기 문제 같은 어려움이 늘어나고 있어. 스마트 도시 개발자들은 태양열이나 풍력 같은 친환경 에너지를 사용하는 건물을 설계하거나, 자동차 대신 자전거를 더 많이 타도록 자전거 도로를 만드는 아이디어를 내지. 심지어 전기차를 여러 사람이 공유해서 사용할 수 있는 시스템도 만들고 있어.

스마트 도시는 안전도 챙겨. 예를 들어 갑작스러운 폭우나 지진 같은 자연재해가 발생하면, 사람들이 빠르게 대피할 수 있도록 미리 경고 시스템을 만들기도 해. 그리고 도시 곳곳에 설치된 카메라와 센서를 통해 위험한 상황을 감지하고, 즉시 도움을 받을 수 있게 해 주고 있지. 이렇게 스마트 도시는 사람들의 일상생활을 더 안전하고 편리하게 만들어 줘.

왜 스마트 도시가 필요할까? 그 이유는 도시에 사람들이 계속 모이고 있기 때문이야. 도시로 사람들이 많이 모이다 보니 교통이 막히고, 쓰레기가 넘치고, 에너지가 부족해지는 문제가 점점 더 커지고 있지. 이런 문제를 해결하지 않으면 도시에서 살기가 점점 힘들어질 거야. 그래서 스마트 도시는 이런 문제를 기술로 해결하기 위해 만들어졌어.

우리나라에서도 이미 스마트 도시를 만들기 위한 노력이 시작되고 있어. 서울에서는 지하철역에 에너지 절약 시스템을 설치했고, 교통 혼잡을 줄이기 위해 도로 상황을 실시간으로 알려 주는 앱을 개발했어. 또 세종시에서는 스마트 가로등과 교통 신호 시스템을 운영하고 있대. 이런 시스템들은 스마트 도시 개발자들이 기획하고 만들어 낸 결과야.

## 스마트 도시 개발자가 되려면

그렇다면 스마트 도시 개발자가 되려면 어떤 공부를 해야 할까? 가장 중요한 것은 기술과 창의력이야. 스마트 도시 개발자는 컴퓨터 프로그래밍, 데이터 분석 그리고 인공지능(AI) 같은 첨단 기술을 다룰 줄 알아야 해. 그래서 학교  에서 수학, 과학, 기술 과목을 열심히 공부하는 것이 중요해. 특히 코딩을 배우면 스마트 도시를 설계하고 운영하는 데 큰 도움이 될 거야.

또한 도시를 설계하고 환경을 생각하는 마음도 필요해. 도시를 이해하기 위해 지리와 환경을 공부하거나, 도시가 어떻게 만들어지는지 배우는 사회와 건축 관련 지식도 중요해. 대학에서는 도시공학, 컴퓨터 공학, 데이터 과학 같은 학과에서 스마트 도시와 관련된 공부를 할 수 있어.

스마트 도시 개발자는 도시를 더 똑똑하고 편리하게 만들면서도, 환경과 사람들을 모두 생각하는 직업이야. 이 직업은 기술과 창의력이 함께 필요한 멋진 일이지. 어때? 너도 미래에 이런 도시를 만드는 일을 해 보고 싶지 않니? 우리가 꿈꾸는 도시를 상상하면서, 기술로 더 나은 세상을 만들어 갈 수 있는 멋진 기회를 얻게 되길 바랄게!

3부
모두를 위한 권리!
함께 만드는 세상
인권과 민주주의에 대해 생각해 보기
119

# 일본에 특별한 동물원이 있었다고?

인권의 의미: 인간이라면 누구나 마땅하게 누려야 할 가장 기본적인 권리

"박람회장에 조선 동물 두 마리가 있는데 아주 우습다."
1907년 3월, 일본은 일본 국왕 재위 40주년을 기념하며 도쿄권업박람회를 열었어.
다양한 볼거리, 즐길거리가 많았던 박람회장에서 사람들의 관심을 한몸에 받은
특별한 '조선 동물' 두 마리가 있었는데, 어떤 동물이었을까?

**학습 키워드**  #인권 #천부인권설 #시민혁명 #미국독립선언 #프랑스 인권 선언
**교과 연계**  초5 〉 사회 〉 2. 인권 존중과 정의로운 사회
중2 〉 사회 〉 I -1 인권 보장과 헌법
고등학교 통합사회

## 인간 동물원의 비극

당시 경제적으로 많은 어려움을 겪던 일본은 박람회를 성공적으로 운영해서 많은 돈을 벌길 바랐어. 그래서 박람회를 흥행시킬 수 있는 방법을 고민한 끝에 선택한 방법이 '조선인 전시'였지. 일본은 "심부름만 하면 돈을 벌 수 있다."는 달콤한 거짓말로 속여 조선인 남녀 둘을 일본으로 데려갔어. 일본의 간악한 속임수를 몰랐던 둘은 동물원 난간 안에 갇혀 일본인들의 구경거리 신세가 됐지. 갓을 쓰고 도포를 입은 조선인 남자와 치마와 저고리를 입은 조선인 여자가 바로 박람회의 특별한 '조선 동물' 두 마리였던 거야.

같은 나라 사람이 일본인들의 구경거리가 된 것을 본 조선 유학생들은 큰 충격을 받았어. 그런데 '인간 동물원'은 일본에만 있었던 것이 아

니야. 독일, 영국, 벨기에 같은 제국주의 열강들도 국민들에게 여흥거리
로 제공했던 비인간적인 행사였어. 이들 모두 힘없는 나라를 '발전시켜
주겠다'는 이유로 식민지로 삼았던 역사가 있는 나라들이야.

　일본과 서양 열강들만 인간 동물원과 같은 비인간적인 행동을 한 게
아니야. 우리나라도 1894년 갑오개혁으로 신분 제도가 폐지되기 전까지
엄격한 신분 사회였어. 신분 제도가 폐지되기 전까지 노예와 비슷한 노
비가 존재했고, 노비는 사람이 아닌 개인의 재산으로 취급되었지. 그래
서 노비를 매매, 증여, 상속하는 일이 흔했고, 노비가 낳은 자식은 평생
노비로 살아가야 했어.

## 인간다울 권리

　근대 이전의 사회에서는 동·서양을 막론하고 신분, 성별, 국적 등
에 따른 차별이 당연했어. 하지만 "모든 사람들은 태어나면서부터 하늘
이 준 권리를 갖는다. 하늘은 모든 사람들에게 누구나 자유롭고 평등하
며 행복을 추구할 수 있는 권리를 부여했다."라는 사상이 널리 퍼지며 세
상 사람들은 '인간다울 권리'에 주목하게 됐어.

　인권은 인간이라면 누구나 마땅히 누려야 할 가장 기본적인 권리야.
이 권리는 인간이 그 자체로 존귀하며 신분, 인종, 성별 등 그 어떠한 이
유로도 차별받지 않고 존중받아야 한다는 정신에서 출발하지. '인간다울
권리', 즉 인권을 강조한 천부인권설 덕분에 미국, 프랑스 등 세계 각지
에서 기존의 신분 질서에 반발하는 시민혁명이 일어났어.

　시민혁명의 대표적인 사례인 '프랑스 대혁명'에 대해 좀 더 자세
히 알아볼까? 시민혁명이 일어나기 전 프랑스는 무역과 상공업을 통해
막대한 부를 축적한 '부르주아(자본가)' 계급이 새로운 세력으로 등장했

어. 부르주아 계급은 국가에 세금을 많이 내는 만큼, 그에 걸맞은 정치적 권리를 보장받길 바랐지. 하지만 왕과 귀족들은 이를 원치 않았어. 왕과 귀족들 눈에는 부르주아 계급이 일반 평민들과 크게 다르지 않았기 때문이야. 부르주아 계급을 비롯한 민중들은 왕과 귀족들이 다스리는 신분 사회보다 자유롭고 평등한 사회 속에서 살고 싶었어. 그 결과, 부르주아 계급을 중심으로 새로운 사회를 만들기 위한 혁명이 일어났어. 민중들은 당시 국왕이었던 루이 16세와 왕비 마리 앙투아네트를 단두대 위에 세웠어. 국왕의 목을 베고 시민 중심의 새로운 세상을 만든 이 사건을 '프랑스 대혁명'이라고 해. 그 후 시민이 주축이 된 국민의회는 '인권 선언(인간과 시민의 권리 선언)'을 채택했어.

프랑스 대혁명의 영향으로 천부인권설은 전 세계로 빠르게 퍼져 나갔어. 신분 질서를 지키려는 귀족 세력과 인간다울 권리를 주장하며 자유롭고 평등한 사회를 꿈꾸던 시민 세력이 충돌하며 많은 사람들이 희생되었지. 그 희생 덕분에 갖가지 차별 제도가 폐지되면서 '인권'이 바로 선 사회가 만들어진 거야.

1. 일본 동물원에 조선인을 전시한 이유는 무엇일까?

    ① 조선인들이 일본 문화를 배우기 위해서
    ② 조선인들이 자원해서 일본에 갔기 때문에
    ③ 일본이 박람회를 성공적으로 운영하여 돈을 벌기 위해서
    ④ 조선인이 동물원 관리를 위해 필요해서
    ⑤ 조선인들이 일본에 있는 가족을 만나기 위해서

2. 프랑스 대혁명의 결과로 국민 의회가 채택한 문서는 무엇일까?

3. 만약 인간 동물원에서 조선인을 보게 된 일본인이라면 어떤 생각이나 느낌이 들었을지 써 보자.

4. 일본이 조선인을 동물원에 전시한 사건이 왜 문제가 되는지 써 보자. 그리고 오늘날 인권을 존중하기 위해 내가 할 수 있는 일을 2가지 써 보자.

---

### 더 알고 싶어 119

📖 도서　▶ 영상　🔍 사이트

📖 『역사 속 인권 이야기』(정용주, 정현희, 리젬, 2015)
　　과거 사람을 전시물로 취급했던 '인간 동물원'의 비극을 통해 인권이 왜 중요한지 깨닫게
　　해 주는 책이야. 타인을 존중하는 마음이야말로 문명사회의 기본임을 생각해 보자.

▶ EBS 역사채널e - 어떤 전시회
　　실제 일본에서 일어난 '인간 전시 사건'을 다루며 차별과 편견의 잔혹함을 보여 주는 영상이
　　야. 역사 속 사건을 통해 지금 우리가 지켜야 할 인권의 가치에 대해 배워 보자.

# 버스 자리를 양보하지 않으면 체포된다고?



1955년 12월, 미국 몽고메리의 한 버스에서 백인에게 버스 자리를 양보하지 않았다는 이유로 로자 파크스라는 흑인이 경찰에 체포되었어. 버스 자리를 양보하지 않았다고 경찰에 체포되다니! 그가 체포될 수밖에 없었던 당시 미국의 상황을 알아볼까?

| | |
|---|---|
| **학습 키워드** | #인권 #인종 차별 #인권의 역사 #마틴 루터 킹 #인권 운동 |
| **교과 연계** | 초5 〉 사회 〉 2. 인권 존중과 정의로운 사회 |
| | 중2 〉 사회 〉 I -1 인권 보장과 헌법 |
| | 고등학교 통합사회 |

## 미국의 흑인 인권 운동

민중이 앞장선 시민혁명으로 왕과 귀족이 지배하는 봉건 사회가 무너진 뒤 우리 사회는 어떻게 변했을까? 모두가 인간답게 생활했다면 참 좋았겠지만 그렇지 않았어. 시민혁명으로 새로운 사회가 탄생했지만, 새로운 사회에서도 가난한 노동자, 농민, 여성, 흑인 등은 제대로 된 인권을 보장받지 못했던 거야. 인권의 사각지대에 놓인 사람들은 인권을 보장받기 위해 운동을 벌이며 끊임없이 노력해야 했어.

인권 운동의 대표적인 사례는 20세기에 일어난 미국의 흑인 인권 운동이야. 미국에서는 1950~1960년대까지도 흑인에 대한 차별이 공공연하게 이뤄지고 있었어. 미국 남부의 여러 주에서는 흑인과 백인이 다니는 학교를 구분했고 심지어 화장실, 버스 같은 공공장소에서도 흑인 자리와 백인 자리를 철저하게 나눌 정도였지. 이 말도 안 되는 상황은 '학교, 공원, 식당, 극장, 공동묘지, 버스 등 공공장소에서 흑인과 백인을 분리해야 한다'는 '인종 분리법' 때문이었어. 백인에게 버스 자리를 끝까지 양보하지 않아서 로자 파크스라는 흑인이 경찰에 체포되는 일이 벌어지기도 했지.

"난 버스 요금을 냈고, 그러니 일어나야 할 이유가 없었어요. 백인들과 마찬가지로 내가 이 자리에 앉은 것은 헌법이 보장하는 내 권리예요. 그런데 내가 움직이지 않자 그들은 날 때리려고 했어요. 그건 내 인생에서 가장 굴욕적인 경험이었죠."

로자 파크스가 경찰에 체포되자 목사 출신 흑인 인권 운동가인 마틴 루터 킹과 몇몇 사람들은 전단 한 장을 뿌렸어. 전단에는 흑인 인권을 보호하기 위해 버스 승차 거부 운동에 참여하자는 내용이 적혀 있었지.

전단지를 읽은 흑인들은 '버스 승차 거부 운동'에 참여하기 시작했어. 흑인들은 버스를 타는 대신 30km가 넘는 출근길을 다 함께 걸어갔지. 버스 승차 거부 운동에 동참하기 위해 택시 기사들은 버스 요금만 받고 사람들을 태워 주었고, 차가 있는 흑인들은 목적지가 비슷한 사람들을 모아 함께 출근길에 오르기도 했대. 마틴 루터 킹 목사를 비롯한 흑인들은 비폭력 인권 운동을 통해 자신의 권리를 찾길 바랐어.

## 마틴 루터 킹 목사의 명연설

흑인 인권 운동에 반대하는 몇몇 백인들은 KKK단 같은 백인 우월주의 단체를 만들었어. KKK단에 참가한 백인들은 미국 각지에서 흑인들을 무자비하게 폭행하거나 살해하겠다고 협박하기도 했어. 백인들의 탄압에도 마틴 루터 킹 목사는 비폭력 흑인 인권 운동을 포기하지 않았

어. 대신 1963년 8월 28일, 인류 역사에 길이 남을 명연설을 통해 인권
의 소중함을 주장했지.



모든 사람들이 인간답게 살아가는 사회를 꿈꾸던 흑인 인권 운동
덕분에 흑인들의 권리는 꾸준히 늘어났어. 흑인 인권 신장에 대한 열망
덕분에 2008년 버락 오바마는 흑인 최초로 미국 제44대 대통령으로 당
선됐지.

흑인 한 명이 한 나라의 대통령이 되었다고 해서 흑인 차별 문제가
완전히 뿌리 뽑힌 것은 아니야. 2020년 한 흑인 소년이 흑인 차별 문제
에 항의하는 의미로 경찰 앞에 무릎을 꿇었어. 조지 플로이드라는 흑인
이 경찰에 의해 무자비하게 제압당하다가 목숨을 잃었기 때문이야. 소년
이 무릎을 꿇자 한 백인 소녀가 소년 앞에 무릎을 꿇고 경찰 앞을 막아
섰어. 흑인 소년을 보호하기 위해서였지. 경찰이 다가오자 소녀는 소년
을 보호하기 위해 소년을 끌어안았어. 많은 사람들은 소년과 소녀의 모
습을 통해 인권을 지키기 위해서는 사회 구성원 모두가 끊임없이 최선을
다해야 한다는 걸 깨달았어.

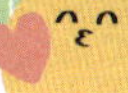

1. 로자 파크스가 버스에서 체포된 이유는 무엇일까?

① 버스 요금을 내지 않아서　　② 백인 승객에게 자리를 양보하지 않아서

③ 버스 안에서 소란을 피워서　　④ 버스 운전기사와 싸워서

⑤ 버스를 잘못 탄 이유로

2. 버스 승차 거부 운동과 같은 인권 운동 사례를 찾고 육하원칙에 따라 정리해 보자.

| | |
|---|---|
| 사건명 | |
| 누가 | |
| 언제 | |
| 어디서 | |
| 무엇을 | |
| 어떻게 | |
| 왜 | |

3. 다음 인물 중 한 사람이 되어 '버스 승차 거부 운동'이 일어난 날의 가상 일기를 써 보자.

- ⊞ 비폭력 인권 운동을 이끄는 흑인 인권 운동가 마틴 루터 킹 목사
- ⊞ 버스 승차 거부 운동을 지지하는 흑인 택시 기사
- ⊞ 인종 차별을 옹호하며 흑인들의 저항을 부정적으로 바라보는 백인 우월주의자
- ⊞ 차별 속에서도 버스 승차 거부 운동에 동참한 흑인 청소년

**더 알고 싶어 119**　　📖 도서　▷ 영상　🔍 사이트

📖 『사람이 사는 미술관』(박민경, 그래도봄, 2025)
예술 작품 속 인권 이야기를 통해 사람의 존엄성과 공감의 힘을 배울 수 있는 책이야. 타인을 배려하는 마음이 법보다 더 큰 힘을 가진 이유를 생각해 보자.

▷ **영화 〈히든 피겨스〉** 인종차별 시대에 NASA에서 활약한 흑인 여성들의 실화를 그린 영화야. 차별 속에서도 꿈을 포기하지 않은 용기와 정의의 의미를 느껴 보자.

🔍 **국가인권위원회** 교통, 교육, 직장 등에서 인권이 어떻게 보호받아야 하는지 알려 주는 사이트야. 모든 사람의 권리가 존중받는 사회를 만들기 위해 우리가 할 수 있는 일을 찾아 보자.

# 영국과 아일랜드가 난민 문제로 다툰다고?



2024년 아일랜드는 난민들의 대규모 망명 신청으로 큰 혼란을 겪고 있어. 2023년 난민들의 망명 신청 건수가 13,277건으로 2021년 대비 415배나 증가한 것 때문이지! 아일랜드는 그 원인으로 영국을 지목하고 있어. 도대체 무슨 일이 일어난 걸까?

**학습 키워드**　#인권 #난민 #난민 인권 #인권 운동 #르완다법

**교과 연계**　초5 〉 사회 〉 2. 인권 존중과 정의로운 사회
　　　　　　　중2 〉 사회 〉 Ⅰ-1 인권 보장과 헌법
　　　　　　　고등학교 통합사회

## 유럽의 난민 인권 문제

난민은 전쟁, 박해, 폭력, 기아 등의 이유로 자신이 살던 나라를 떠나야 했던 사람들이야. 난민이 생기는 이유는 다양해. 이슬람 무장 단체인 탈레반을 피해 우리나라로 온 아프가니스탄 난민처럼 종교, 정치적인 문제 때문에 박해받은 경우도 있고, 내전을 피해 유럽으로 떠난 시리아 난민처럼 전쟁, 자연재해로 인해 삶의 터전을 잃은 경우도 있어.

난민들은 인권 존중의 관점에서 새로운 나라에서도 안전하게 인간다운 삶을 살 수 있는 권리를 갖고 있어. 세계 인권 선언에 따라 난민들이 보장받아야 할 대표적인 권리로는 안전하게 살 권리, 교육받을 권리, 의료 서비스를 받을 권리 등이 있지.

유럽의 난민들은 시리아 내전, ISIS, 탈레반 등 이슬람 극단주의 단

체의 탄압이나 정치적 불안정을 피해 중동, 아프리카에서 온 사람들이 대부분이야. 1951년 '난민의 지위에 관한 협약', 1967년 '난민의 지위에 관한 의정서'에 서명한 유럽연합 회원국들로 이주하면 해당 나라로부터 난민 보호를 받을 수 있기 때문이지.

난민을 수용하는 건 인도주의적 의무야. 하지만 난민들이 새로운 나라에 정착하는 과정에서 여러 어려움을 겪게 돼. 첫째, 난민 수용 시설의 부족 문제야. 아무리 잘 사는 나라라고 하더라도 많은 난민이 한꺼번에 들어오면, 이들을 수용할 시설을 준비하기 어려워. 이 경우 난민들은 열악한 환경에서 생활하게 될 거고, 건강과 안전이 위협받게 돼. 둘째, 사회적 통합의 문제야. 난민들은 새로운 사회에 적응하는 과정에서 언어, 문화 차이로 인해 어려움을 겪게 돼. 새로운 사회에 잘 적응하려면 적절한 교육과 직업 훈련이 필요한데 모든 난민에게 이를 제공하는 것은 쉽지 않은 일이지. 셋째, 반난민 정서 문제야. 난민을 수용한 국가의 일부 국민들은 난민이 자국민의 일자리, 복지를 빼앗아 간다고 생각하기도 해. 때로는 난민이 테러나 범죄를 일으켜 자국민에게 피해를 끼친다고 주장하기도 하지. 난민에 부정적인 분위기는 난민 수용 문제를 해결하기 어렵게 만들고 있어.

## 아일랜드와 영국의 난민 갈등

아일랜드는 왜 난민 문제로 영국과 다투는 걸까? 난민이 아일랜드로 갑작스럽게 들어온 이유는 영국이 실시한 '르완다 플랜' 때문이었어. '르완다 플랜'은 영국에 온 난민들을 비행기에 실어 영국에서 6,500km 떨어진 아프리카의 르완다로 보내 버리려는 난민 이주 법안이야.

영국 정부는 앞으로 영국에 불법으로 들어오는 사람들은 모두 르완다에서 망명 신청 절차를 밟게 하겠다고 발표했어. 이 법안이 시행되

면 약 5만 2천여 명의 난민이 영국을 떠나 르완다에서 난민 신청 심사를 받게 돼. 국제 인권 단체들은 영국의 르완다 플랜에 적극적으로 항의하고 법적인 문제를 제기했어. 하지만 영국 의회와 왕실은 2024년 4월 말 르완다 플랜을 승인했지.

영국 정부의 르완다 플랜 발표에 르완다로 떠나고 싶지 않았던 난민들은 가까운 아일랜드로 도망쳤지. 아일랜드는 유럽연합[EU] 소속 국가라서 난민을 함부로 다른 나라로 이주시킬 수 없었기 때문이야. 난민이 갑작스럽게 많아지자 아일랜드 정부는 크게 당황했어. 이미 아일랜드는 우크라이나 전쟁으로 인한 난민 유입으로 주택 부족 위기를 겪고 있었기 때문이야. 난민 수용 시설이 부족해서 많은 난민이 텐트를 치고 노숙하는 상황에서 대규모 난민이 들어오자 아일랜드 정부는 영국에 적극 항의했어. 난민의 수가 지나치게 많아져서 아일랜드의 경제와 사회에 큰 부담이 되고 있었기 때문이야.

난민들을 제3국으로 이주시키려는 움직임은 영국만의 것이 아니야. 독일, 이탈리아는 알바니아에, 덴마크는 르완다에 난민을 보내는 것에 대해 논의하고 있어. 이제 난민은 한 나라의 문제가 아니라 전 세계적인 문제가 되었어. 영국과 아일랜드가 난민 이주 문제로 갈등을 겪고 있는 것은 난민의 인권을 보호하기 위한 방법을 찾는 과정에서 생기는 문제야. 모든 난민이 안전하게 생활할 수 있도록 전 세계가 협력하고, 인권을 최우선으로 고려하는 정책을 반드시 마련해야 해. 난민이 인간다운 삶을 살 수 있도록 지원하는 것은 우리 모두의 책임이기 때문이야.

1. 다음 중 난민 수용 과정에서 발생할 수 있는 문제로 옳지 않은 것은?

   ① 수용 시설 부족     ② 사회적 통합 문제     ③ 반난민 정서

   ④ 기후변화     ⑤ 언어와 문화 차이

2. 다음 글에서 설명하는 영국의 법안을 써 보자. _______________________

> 영국이 자국으로 들어온 난민들을 비행기에 실어 영국에서 6,500km 떨어진 아프리카의 르완다로 보내 버리려는 난민 이주 법안입니다. 이 법안이 시행되면 약 52,000명의 난민들이 영국을 떠나 르완다에서 난민 신청 심사를 받게 됩니다.

3. 우즈베키스탄으로 강제 이주당한 고려인들이 새로운 환경에 적응하기 위해 어떠한 노력을 했는지 조사하고 그 결과를 정리해 보자.

4. 난민 문제 해결을 위해 국제 사회의 협력이 중요한 까닭을 3가지 써 보자.

### 더 알고 싶어 119

📖 도서    ▷ 영상    🔍 사이트

📖 **『지구촌 슬픈 갈등 탐구생활』 (이두현 외 5명, 파란자전거, 2024)**
세계 여러 지역의 분쟁과 갈등을 통해 난민 문제의 복잡한 원인과 현실을 이해하게 해 주는 책이야. 지구촌의 문제를 내 일처럼 생각하는 세계시민의 시선을 가져 보자.

▷ **유럽 난민 문제 (JTBC 비정상회담 67회)** 각국 청년들이 난민 문제를 토론하며 공존의 해법을 찾는 대화를 보여 줘. 다른 입장을 듣는 것이 평화의 첫걸음임을 느껴 보자.

🔍 **국제엠네스티 한국 지부** 전 세계 인권과 난민 보호를 위해 활동하는 국제단체의 공식 사이트야. 인류의 보편적 권리가 왜 모두에게 중요하지 알아보자.

# 여자는 식당에서
# 돈을 낼 수 없다고?

## 성별과 인권: 성별에 상관없이 존중받아야 할 인간의 기본적인 권리

"아무도 우리를 제대로 된 사람 취급하지 않아요. 우리는 아프가니스탄에서 태어났으니까요.
우린 이렇게 역사 속에서 천천히 죽어가겠죠." 한 소녀가 SNS에 올린 영상에
전 세계 사람들은 큰 충격에 빠졌어. 소녀의 나라, 아프가니스탄에서는
무슨 일이 벌어지고 있는 걸까?

**학습 키워드**  #여성 인권  #인권 운동  #성별  #성차별

**교과 연계**  초5 〉 사회 〉 2. 인권 존중과 정의로운 사회
중2 〉 사회 〉 I -1 인권 보장과 헌법
고등학교 통합사회

## 아프가니스탄의 여성 인권 변화

2021년, 아프가니스탄에서 20년 동안 전쟁을 치렀던 미국이 군대를 철수시켰어. 미군이 철수하기가 무섭게 탈레반이 아프가니스탄의 수도 카불에 진입했고 아프가니스탄 정부는 탈레반에 항복했지. 공포에 질린 아프가니스탄 국민들은 탈레반을 피해 도망가기 시작했어. 공항에선 사람들이 떠오르는 비행기에 매달리다 사망하는 사건도 생겼지. 도대체 탈레반이 어떻길래 이토록 두려워하며 피하려고 했던 걸까?

탈레반은 이슬람 무장 단체로 1996~2001년까지 아프가니스탄을 지배했던 세력이야. 당시 탈레반은 사람들에게 엄격한 이슬람 율법을 지킬 것을 요구했어. 여성을 남성보다 못한 존재이자 남성의 소유물로 취급하기도 했지. 아프가니스탄의 여성들은 전신을 모두 가리는 부르카를

써야 했고 남성 없이는 외출도 하지 못했어. 강제 결혼은 다반사였고 직장에서 일하는 것도 금지되었지. 식당에서 돈을 낼 수도 없었어. 탈레반은 여성이 남성 앞에 서서 주도적인 모습을 보이는 것은 이슬람 율법에 어긋난다고 생각했거든. 탈레반이 권력을 잡고 있던 기간 동안 여성의 인권은 제대로 존중받지 못했어.

탈레반은 2001년 9.11 테러를 일으킨 '오사마 빈 라덴'을 보호하다 미국의 침공을 받아 권력을 빼앗겼어. 미국은 아프가니스탄이 민주주의 국가로 성장할 수 있도록 많은 돈을 투자했지. 미국이 아프가니스탄을 점령하는 동안 아프가니스탄 여성들은 참정권을 가졌고 교육을 받으며 꿈과 끼를 마음껏 키울 수 있었어. 탈레반이 사라지자 비로소 사람답게 살아갈 수 있는 인권을 누릴 수 있게 된 거야. 그러던 2021년, 20년 동안 천문학적인 비용을 투자했는데도 아프가니스탄에서 얻은 것이 없자 미국은 탈레반과 평화 협정을 맺었어. 미군이 철수한다는 소식을 듣자마자 탈레반은 빠르게 수도 카불로 진격했지. 미군 철수 발표 4개월 만에 아프가니스탄 정부는 무너지고 탈레반이 다시 권력을 잡았어. 국제 사회의 눈치를 보던 탈레반은 여성 인권을 존중하는 정책을 하겠다고 약속했지만 여러 여성 인권 탄압 정책을 실시하며 그 약속을 제대로 지키지 않았어.

## 탈레반과 여성 인권 문제

탈레반이 다시 권력을 잡으면서 아프가니스탄 여성들에게 어떤 문제가 생겼을까? 먼저, 교육받을 권리가 축소됐어. 학교에서는 남녀가 따로 수업을 들어야 했고 여학생은 여성 교사의 수업만 들을 수 있었지. 수업이 끝난 다음에도 여학생은 남학생이 모두 집으로 돌아간 후에야 귀가할 수 있었어. 여성들은 점점 정치적, 사회적, 경제적 활동에서 고립되기

시작했어.

여성이 직업을 가질 권리도 축소됐어. 탈레반은 여성들이 직업을 갖는 것을 금지시키고 경제 활동에 제대로 참여할 수 없도록 막았거든. 탈레반의 탄압으로 아프가니스탄의 많은 여성이 굶주림에 시달리고 있어.

여성들의 표현과 이동의 자유 또한 빼앗겼어. 탈레반은 여성들이 남성 보호자 없이 집 밖을 나가지 못하게 했다고 해. 여성이 외출할 때는 반드시 전신을 가리는 망토 ‘아바야’와 눈을 제외한 얼굴을 덮는 가리개 ‘니캅’을 쓰도록 명령했지. 옷의 색깔도 반드시 검은 색이어야 했어. 표현과 이동의 자유는 개인의 존엄성과 자율성을 보장하는 기본적인 권리임에도 탈레반은 이슬람 율법에 따른다는 이유로 이를 무시했지.

게다가 여성들은 법 앞에서 평등한 대우를 받지 못했어. 가정폭력, 강간 등의 범죄를 신고하려면 반드시 남성 보호자의 동의가 필요했지. 또한 남성은 일방적으로 이혼을 요구할 수 있었지만 여성은 엄격한 조건을 맞춰야 이혼을 할 수 있었어. 이혼 후 자녀의 양육권은 대부분 남성에게 주어졌고 여성들은 자녀들을 볼 권리조차 제한됐지.

인권은 인종, 성별, 국적에 관계없이 인간이라면 누구나 마땅하게 누려야 할 기본적인 권리야. 그렇기에 ‘여성은 남성보다 못한 존재이자 남성의 소유물’이라는 탈레반의 주장은 명백히 인권을 침해하는 행위이며 국제 인권 규범에도 위배되는 일이야. 국제 사회는 아프가니스탄 여성들의 기본적인 인권을 보호하기 위해 적극적으로 대응하고 있어.

1. 다음 글에서 설명하는 것이 무엇인지 써 보자.

> 이것은 머리부터 발끝까지 천으로 감는 이슬람의 여성 복장 중에서도 가장 폐쇄적인 복장으로 눈을 포함해 전신을 모두 가린다. 탈레반은 1996~2001년 동안 아프가니스탄을 지배하면서 여성들에게 이 의상을 착용하도록 강요했다.

2. 아프가니스탄에서 탈레반의 여성 인권 침해를 해결하기 위해 개인이나 단체가 할 수 있는 일 3가지를 써 보자.

3. 탈레반이 여성들의 직업 활동을 제한하는 것이 왜 문제가 되는지, 이러한 제한이 아프가니스탄 사회에 어떤 영향을 미치는지 써 보자.

 **더 알고 싶어 119**

📖 도서   ▷ 영상   🔍 사이트

📖 『**어린 페미니스트 와즈다**』 (하이파 알 만수르, 김문주, 상수리, 2020)
　자전거를 타고 싶은 사우디 소녀의 이야기를 통해 성평등과 자유의 가치를 배울 수 있어. 작은 용기가 세상을 바꾸는 힘이 된다는 걸 느껴 보자.

▷ **팔려가는 아프간 소녀들, 강제조혼의 이유는?** (KBS 세계는 지금 제242회)
　소녀들이 겪는 현실을 통해 인권과 교육의 불평등이 얼마나 깊은 상처를 남기는지 보여 주는 영상이야. 세상의 차별을 바꾸기 위한 우리의 역할을 함께 생각해 보자.

# 나라를 멸망시키는 기후 위기, 파키스탄은 어떻게 될까?

## 환경과 인권: 환경 파괴와 기후변화가 우리를 위협한다

2023년 파키스탄 기후변화 장관 말리크 아민 아슬람 칸이 "기후변화는 역사상 가장 심각한 인권 침해입니다. 오늘날 파키스탄이 살아 있는 인권 침해의 증거입니다!"라고 했어. 파키스탄에 무슨 일이 있길래 그러는 걸까?

**학습 키워드**　#자연재해　#기후변화　#환경권　#인권 침해

**교과 연계**　초6 〉 사회 〉 2. 통일 한국의 미래와 지구촌의 평화
중2 〉 사회 〉 X-1 전 지구적 차원의 기후 변화
고등학교 통합사회

## 파키스탄의 환경 문제

오늘날 인권의 의미는 문화권, 주거권 등 삶의 다양한 권리를 보장하는 방향으로 확장되고 있어. 최근에는 '환경권'이 새롭게 주목받고 있지.

환경권은 '모든 사람들이 건강하고 깨끗한 환경에서 인간답게 살 수 있는 권리'를 뜻해. 하지만 기후변화로 인해 발생한 자연재해로 많은 사람들의 환경권이 침해당하고 있는 실정이지.

2023년 파키스탄에서는 3개월 내내 폭우가 쏟아져 대홍수가 일어났어. 그 결과, 파키스탄 국토의 3분의 1이 물에 잠겼고, 약 1천 명의 사상자와 3천만 명 이상의 이재민이 발생했어. 파키스탄 정부는 이 상황을 해결하기 위해 국가 비상사태를 선포했고, 세계 각국에 도움을 요청했어. 사상 최악의 대홍수에 경악한 세계의 국제기구들은 각종 구호 물품

을 빠르게 파키스탄에
전달했어.

파키스탄은 여름에
많은 비가 한꺼번에 내리
는 우기가 있어서 원래부
터 홍수에 취약한 나라야.
그러나 전문가들은 2023
년 파키스탄 대홍수의 원
인으로 '이상기온으로 인한 극심한 폭염'을 지적했어. 폭염 때문에 대기 중
에 평상시보다 더 많은 수증기가 발생해 폭우가 쏟아졌다는 거지. 파키스
탄의 기후변화 장관은 선진국들이 수십 년간 탄소를 배출했는데도 그로
인한 기후변화의 피해는 파키스탄과 같은 개발도상국들이 감당하고 있
다고 비판했어. 기후변화는 해가 갈수록 심각한 자연재해를 세계 곳곳에
서 자주 일으키고 있어. 이는 단순히 환경 문제로 그치는 것이 아니라, 수
많은 사람들의 생존권을 위협하는 문제가 된 거야. 기후변화가 구체적으
로 어떻게 파키스탄 국민들의 인권을 침해했을까?

첫째, 기후변화는 인간의 생존권을 위협해. 파키스탄의 대홍수로 수
백 명이 목숨을 잃었고, 수천 명이 집을 잃었어. 대홍수로 식량과 물이
부족해지면서 많은 사람들이 생존의 위협을 받고 있어. 세계식량계획[WFP]
에서 대홍수 이후 영양실조로 인한 아동 사망이 50% 이상 증가했다고
발표했을 정도야.

둘째, 기후변화는 사람들의 주거권을 침해하고 있어. 대홍수로 인해
많은 사람들이 집을 잃었지만, 약 50만 명만 임시 대피소에서 생활하고
있어. 임시 대피소에 들어가지 못한 사람들은 도로나 고지대에 위치한

열악한 간이 주거 시설에서 생활하고 있어.

셋째, 기후변화는 사람들의 건강권을 침해하고 있어. 대홍수로 인해 주거 환경이 더러워지면서 콜레라, 장티푸스, 피부병 같은 온갖 전염병이 사람들 사이에 퍼져 나갔어. 세계 각국의 많은 사람들이 파키스탄에 도움의 손길을 보냈지만 너무 많은 사람들이 다치거나 병에 걸려서 파키스탄 사람들은 충분한 의료 서비스를 제공받지 못했어.

## 그레타 툰베리의 환경 메시지

기후변화로 환경권이 침해되는 상황에서 스웨덴의 청소년 환경 운동가인 그레타 툰베리는 2019년 9월 23일 미국 뉴욕 유엔본부에서 열린 2019 유엔 기후행동 정상 회의에 참석해서 기후변화에 제대로 대응하지 않는 국제 사회를 향해 일침을 날렸어.

> "사람들은 고통받고 있습니다. 죽어가고 있어요. 생태계 전체가 무너지고 있습니다. 우리는 대멸종의 시작점에 있습니다. 그런데 여러분이 이야기할 수 있는 건 오직 돈과 영원한 경제 성장의 신화에 대한 것뿐입니다. 도대체 어떻게 그럴 수 있습니까? 여러분이 우리를 실망시키는 선택을 한다면 우리는 결코 용서하지 않을 것입니다."
>
> — 그레타 툰베리(2019 유엔 기후 행동 정상 회의 연설 )

그레타 툰베리의 메시지는 우리가 지금 대책을 마련하지 않으면 우리가 사는 지구가 우리 자녀들이 살아갈 수 없는 곳이 될 수도 있다는 경고야. 따라서 환경 문제에 대처하는 일은 지금 세대뿐만 아니라 미래 세대의 인권을 보호하기 위한 선택이기도 해. 그러니 우리의 행동이 미래 세대의 삶을 결정하는 중요한 역할을 한다는 것을 깨닫고 환경 보호에 힘써야 해.

1. '환경권'의 의미를 바르게 설명한 것은?

　① 모든 사람들의 교육을 보장하는 권리
　② 모든 사람들이 건강하고 깨끗한 환경에서 인간다운 삶을 살 수 있는 권리
　③ 모든 사람들에 대한 형사재판 절차를 보장하는 권리
　④ 모든 사람들의 의견 표명과 표현의 자유를 보장하는 권리
　⑤ 모든 사람들의 종교와 신념의 자유를 보장하는 권리

2. 기후변화로 인한 환경 파괴로 인권이 침해된 사례 2가지를 조사하여 정리해 보자.

3. 기후변화와 환경 파괴가 미래 세대의 인권에 어떤 영향을 미치는지 설명하고 이를 해결하기 위해 우리가 할 수 있는 일 3가지를 적어 보자.

**더 알고 싶어 119**　　　　📖 도서　▶ 영상　🔍 사이트

📖 **『십대를 위한 기후변화 이야기』** (반기성, 메이트북스, 2021)
지구 온난화와 기후 위기가 인간의 생존과 국가의 미래에 어떤 영향을 주는지 알려 주는 책이야. 파키스탄의 현실을 통해 기후 정의의 중요성을 생각해 보자.

▶ **투발루 장관의 수중 연설 "물에 잠겨도 국가로 인정받나요?"** (KBS 뉴스)
기후 변화로 나라가 사라질 위기에 처한 투발루의 절박한 목소리를 전하는 영상이야. 지구촌이 함께 해결해야 할 기후 연대의 필요성을 느껴 보자.

🔍 **초록우산 어린이재단** 기후로 고통받는 아동과 지역을 지원하는 환경·인권 캠페인을 소개하는 사이트야. 작은 실천으로 지구를 지키는 주인공이 되어 보자.

# 청소년의 SNS 사용을 금지시킨다고?



인스타그램, 틱톡, 페이스북과 같은 SNS는 오랜 기간 자유로운 의사소통, 정보 공유 등 사람들의 활발한 사회적 활동을 지원했어. 하지만 최근에는 유럽과 미국에서 SNS의 문제점을 지적하며 청소년을 SNS로부터 보호해야 한다는 목소리가 커지고 있어.

**학습 키워드**  #인권 #SNS #인권 침해 #표현의 자유 #개인정보보호

**교과 연계**  초5 〉도덕 〉4. 밝고 건전한 사이버 생활
중2 〉도덕 〉Ⅰ-1 정보 통신 윤리
고등학교 통합사회

## 청소년의 SNS 사용을 제한하는 이유

미국의 유타주는 2025년 3월부터 청소년 SNS 사용을 제한하는 법을 통과시켰어. 이 법에 따르면 18세 미만 청소년들은 틱톡, 인스타그램, 페이스북 같은 SNS에 가입할 때 반드시 부모의 동의를 받아야 한대. 또한 부모는 자녀의 SNS 계정에 자유롭게 접속해서 자녀가 쓴 게시글을 지우거나 고칠 수도 있어. 밤 10시 30분부터 다음 날 새벽 6시 30분까지는 부모의 동의 없이 SNS에 접속도 할 수 없대. 청소년의 SNS 사용을 제한하는 움직임은 오하이오, 플로리다 등 미국 전역으로 확산되고 있어.

그러면 왜 청소년의 SNS 사용을 제한하는 걸까? 첫째, SNS는 청소년에게 우울증, 불안, 자존감 저하 등의 정신 건강 문제를 일으킬 수 있기 때문이야. SNS에서 다른 사람들의 화려한 삶을 보다 보면 자신과 그

들의 삶을 비교하게 되잖아. 그러면 청소년은 자신이 부족하다고 느끼면서 우울증과 불안감에 빠질 수 있어. 온라인에서의 괴롭힘 문제도 심각한 정신적 피해를 줄 수 있지. 둘째, 많은 청소년들이 밤늦게까지 SNS를 사용하면서 수면 장애를 겪는 경우가 늘어나고 있기 때문이야. 스마트폰이나 컴퓨터 화면에서 나오는 블루라이트는 수면 호르몬인 멜라토닌의 분비를 억제해서 잠들기 어렵게 만들어. 수면 부족은 피로와 집중력 저하, 학업 성적 저하 등의 문제를 일으킬 수 있지. 마지막으로 청소년의 SNS 중독 문제 때문이야. 끊임없는 SNS 알림은 청소년들이 계속 화면을 들여다보게 만들고 있어. SNS에 중독되면 학업과 일상생활에 제대로 집중하지 못하게 되지. 그러면 청소년들의 사회성 발달과 건강에 악영향을 미치게 될 거야.

## SNS 사용 제한을 둘러싼 의견들

SNS 업계와 몇몇 인권 단체에서는 청소년의 SNS 사용 제한에 강력하게 반발했어. 이들은 청소년의 SNS 사용을 제한하는 건 청소년의 인권을 침해하는 행동이라고 주장하지. 이들의 주장을 자세히 살펴볼까?

첫째, 청소년의 SNS 사용 제한은 표현의 자유를 침해하는 거야. 청소년들 또한 사람이기에 자신의 생각과 감정을 자유롭게 표현하고, 다른 사람과 소통할 권리가 있어. 그런데 SNS 규제가 도입되면 부모로 인해 표현의 자유가 제한될 수 있어. 부모의 허락을 받아야만 SNS에 접속할 수 있고, 부모가 자녀의 게시글을 지우거나 수정할 수 있기 때문이지.

둘째, 청소년의 SNS 사용 제한은 청소년들의 사생활을 침해하는 행동이야. 사생활 보호는 누구에게나 중요한 권리잖아? 부모가 자녀의 SNS 계정에 접속할 권리가 생기면 청소년들은 사적인 공간을 잃게 되겠지. 또한 부모가 자녀의 모든 행동을 감시하는 상황은 자녀에게 큰 스트레스를 줄 수 있어. 자녀는 부모의 감시를 피해 자신의 진짜 생각이나 감정을 숨기게 될 거야. 따라서 이러한 규제는 부모와 자식 간의 신뢰 관계에 부정적인 영향을 끼칠 수 있어.

셋째, 부모의 과도한 개입은 청소년들의 자율성과 자기 관리 능력을 떨어뜨릴 수 있어. 성인이 되기 전 단계인 청소년기에는 성숙한 어른으로 성장하기 위해 스스로 문제를 해결하고, 자율적으로 행동하려는 연습이 필요해. 하지만 부모가 지나치게 청소년의 말과 행동을 통제하면 청소년은 스스로 문제를 고민하고, 해결할 기회를 박탈당하게 되지. 그래서 청소년의 SNS 사용 제한을 반대하는 사람들은 SNS 사용을 제한하기보다 청소년이 SNS를 올바르게 사용할 수 있도록 교육하는 것이 더 중요하다고 강조하고 있어.

청소년의 SNS 사용 제한은 청소년들의 안전을 지키기 위해서이지만 청소년들의 표현의 자유와 사생활 보호 같은 인권을 침해할 수도 있어. 따라서 이 문제는 단순히 규제가 좋다, 나쁘다로 판단할 수 있는 것이 아니야. 청소년들의 건강과 인권을 균형 있게 고려한 적절한 대책을 마련하는 것이 중요해. 청소년들이 건강하게 자라기 위해서는 어떤 것이 더 중요한지, 어떻게 해야 청소년들의 권리를 보호하면서도 안전을 지킬 수 있을지 사회적으로 더 많은 논의가 필요한 상황이야.

1. 유타주에서 2025년 3월부터 시행되는 청소년 SNS 사용 제한법에 대한 설명으로 올바른 것은?

① 18세 미만 청소년은 SNS 가입 시 부모의 허락이 필요하지 않다.

② 부모는 자녀의 SNS 계정에 접속할 수 없다.

③ 밤 10시 30분부터 새벽 6시 30분까지 부모의 동의 없이는 SNS에 접속할 수 없다.

④ 오하이오와 플로리다에서만 유사한 법안이 검토되고 있다.

⑤ 청소년들은 SNS에 자유롭게 글을 올리고 수정할 수 있다.

2. 청소년의 SNS 사용 제한에 대한 찬성과 반대 입장의 근거를 본문에서 찾아 정리해 보자.

| | |
|---|---|
| 찬성 | |
| 반대 | |

**더 알고 싶어 119**

📖 도서　▷ 영상　🔍 사이트

📖 『우리 엄마는 SNS 중독』 (조아라, M&Kids, 2022)
SNS에 빠진 가족의 이야기를 통해 디지털 세상의 유혹과 책임을 배우는 책이야. 좋아요보다 중요한 건 진짜 나답게 사는 법임을 깨달아 보자.

▷ 미, 청소년 SNS 규제, "술이나 담배만큼 해로울 수 있어" (JTBC 뉴스룸)
SNS가 청소년의 정신 건강과 자존감에 미치는 영향을 다룬 영상이야. 디지털 시대에 필요한 스스로를 지키는 힘을 길러 보자.

🔍 서울시인터넷중독예방상담센터 인터넷과 스마트폰 사용에 어려움을 느낄 때 도움을 받을 수 있는 전문 기관이야. 건강한 디지털 습관을 길러서 현명한 온라인 시민이 되어 보자.

# 세계적인 억만장자라면 세금을 더 내야 할까?

"제발 저희가 세금을 더 낼 수 있는 기회를 주세요!" 2019년 투자 전문가이자 억만장자인 조지 소로스를 비롯한 세계의 슈퍼리치 18명은 세금을 더 내고 싶다고 강력하게 주장했어. 이들은 왜 세금을 더 내고 싶다고 이야기했을까?

**학습 키워드**   #사회 불평등 #부의 재분배 #글로벌 부유세

**교과 연계**   초6 〉 사회 〉 2. 통일 한국의 미래와 지구촌의 평화
중2 〉 사회 〉 X-1 전 지구적 차원의 기후 변화
고등학교 통합사회

## 부의 재분배를 위한 글로벌 부유세 도입

2024년 4월 25일 세계 주요 20개국 중심으로 진행하는 G20 정상 회의가 브라질에서 열렸어. 이 회의에서 나온 여러 안건 중 사람들의 시선을 사로잡은 건 '글로벌 부유세'였어. 글로벌 부유세는 세계적인 부자들에게 매년 자신이 가진 돈의 일부를 세금으로 내도록 하는 제도야. 왜 이런 제도를 만든 걸까?

첫째, 환경 문제에 대한 부자들의 책임을 묻기 위해서야. 부자들은 막대한 돈을 벌기 위해 탄소가 많이 배출되는 사업에 투자해 왔어. 국제 구호 기구 옥스팜에 따르면, 마이크로소프트의 빌 게이츠나 아마존의 제프 베이조스 등 전 세계 슈퍼리치 12명이 배출한 탄소량이 연간 1,700만 톤에 달한다고 해. 이 양은 미국 210만 가구가 배출하는 양과 같아. 탄소

배출량이 많아지면 기후 문제에 악영향을 끼치기 때문에 글로벌 부유세를 찬성하는 사람들은 부자들의 책임을 물어야 한다고 주장하고 있어.

둘째, 소득 불평등 문제를 해결하기 위해서야. 옥스팜의 연구에 따르면, 팬데믹이 있었던 2020년 이후 세계 최고 부자 5명의 재산은 2배 늘어난 반면 전 세계 50억 명은 더 가난해졌다고 해. 글로벌 부유세를 찬성하는 사람들은 소득 불평등 문제를 해결하고, 부의 재분배를 실현하기 위해서는 글로벌 부유세를 도입해야 한다고 주장하지.

프랑스의 경제학자 가브리엘 쥐크만은 현재 전 세계에는 약 3,000명의 슈퍼리치들이 있고, 이들이 적어도 13조 달러(약 1경 7,900원)의 재산을 소유하고 있다고 보고 있어. 그래서 그는 부자들에게 최소 2%의 소득세를 걷어서 평범한 사람들의 인권 향상에 사용해야 한다고 주장했어. 2%의 글로벌 부유세를 거두면 해마다 약 2,500억 달러(약 340조 원)에 달하는 자금을 확보할 수 있거든. 전 세계적인 환경 오염을 줄이고, 빈부 격차를 해소하는 데 이 돈을 사용하자는 것이 이들의 생각이야.

## 글로벌 부유세 도입을 둘러싼 찬반론

글로벌 부유세에 대한 의견은 억만장자들 사이에서도 엇갈리고 있어.

"불평등이 한계에 이르렀고 경제·사회·생태적 위험이 날로 심각해지는 만큼 지금 행동이 필요하다."

디즈니의 상속자 에비게일 디즈니, 록펠러 가문의 발레리 록펠러, 미션 임파서블과 같은 굵직한 영화에 출연한 배우 사이먼 페그 등 전 세계 250명의 슈퍼리치들은 '자랑스러운 지불Proud to pay'을 외치며 글로벌 부유세를 찬성했어. 반면, 글로벌 부유세에 반대하는 사람들은 이 제도가 도입되면 부자들이 세금을 내지 않기 위해 재산을 다른 나라로 빼돌릴 수 있다고 경고했어. 이렇게 되면 국내 산업에 투자하려는 사람들이 줄어들 것이고, 국가 산업 활동이 위축되면 기업들 역시 고용을 줄이게 되겠지. 일자리가 줄어들면 실업자가 늘어나서 보통 사람들의 생활이 더욱 어려워질 수 있다는 주장이야.

"부자들이 세금을 내지 않으려는 계획을 불법으로 만들어야 한다는 점은 동의합니다. 하지만 실제로 과도한 정부 지출의 부담을 떠맡게 될 사람은 급여세를 피할 수 없는 중산층 이하의 임금 근로자입니다."

테슬라의 CEO이자 세계적인 억만장자인 일론 머스크는 부유세가 결국 가난한 사람들에게 부담으로 돌아갈 수 있다고 경고했어. 부유세가 도입되면 부자들이 세금을 내지 않기 위해 새로운 방법을 찾게 될 것이고, 법을 잘 모르는 가난한 사람들은 불필요한 세금을 내지 않는 방법을 몰라서 더 많은 세금을 내게 될 수 있다는 것이 그의 주장이야.

글로벌 부유세를 찬성하는 사람들은 이 제도가 빈부 격차를 줄이고, 환경 문제를 해결하는 데 도움이 된다고 주장해. 반면, 반대하는 사람들은 글로벌 부유세가 경제에 부정적인 영향을 미칠 수 있고 부자들이 세금을 피하기 위해 다른 방법을 찾을 수 있다고 우려하지. 따라서 글로벌 부유세 도입 문제는 다양한 측면에서 신중하게 고려되어야 해. 다양한 이들의 의견을 반영해서 균형 잡힌 제도가 될 수 있도록 만들어야 할 거야.

1. 다음 지문을 읽고 글로벌 부유세 도입에 대한 자기 생각을 논리적으로 써 보자.

**조건** (가)의 내용을 바탕으로 글로벌 부유세의 정의와 도입 목적을 설명할 것, (나)의 내용을 참고하여 글로벌 부유세 도입에 대한 찬성과 반대 의견을 정리하고 자신의 입장을 쓸 것,

(가) 글로벌 부유세는 전 세계적으로 막대한 자산을 보유한 초고액 자산가들에게 일정 비율의 세금을 부과하여 그 재원을 사회적 불평등 해소와 기후 위기 대응 등 공공 목적에 활용하자는 제도입니다. 2024년 4월, 브라질, 독일, 스페인, 남아프리카공화국 등 4개국 재무장관은 전 세계 억만장자 약 3,000명을 대상으로 2%의 부유세를 부과하면 연간 약 430조 원의 재원을 확보할 수 있다고 발표했습니다. 이 재원은 빈곤 퇴치, 기후 변화 대응, 의료 서비스 확대 등 전 세계 공공 문제를 해결하는 데 사용될 수 있습니다. 이러한 부유세 도입은 전 세계 부의 1%가 전체 부의 절반 이상을 차지하는 상황에서 부의 불평등을 완화하기 위한 방안으로 논의되고 있습니다.

(나) 글로벌 부유세 도입에 대한 찬성과 반대 의견은 다양합니다. 찬성하는 측은 글로벌 부유세가 극심한 부의 불평등을 완화하고, 확보된 재원을 통해 빈곤 퇴치와 기후 변화 대응 등 공공 목적에 사용할 수 있다고 주장합니다. 또한 부유한 개인들이 조세 회피를 통해 낮은 세율을 적용받는 경우가 많으므로 부유세를 통해 공정한 과세를 실현할 수 있다고 강조합니다. 반면 반대하는 측은 부유세가 부자들이 세금을 피해 자산을 해외로 이전하게 만들어 실효성이 떨어질 수 있다고 우려합니다. 2024년 아르헨티나의 하비에르 밀레이 대통령은 글로벌 부유세가 조세 주권을 침해하고 경제 성장에 부정적인 영향을 미칠 수 있다고 주장하며 이를 반대했습니다.

## 더 알고 싶어 119
📑 도서　▷ 영상　🔍 사이트

📑 『자본주의 사회, 빈부격차는 당연한 걸까?』(태지원, 글담, 2024)
부와 가난이 왜 생기는지 그리고 공정한 경제란 무엇인지를 쉽게 풀어낸 책이야. 부자에게 세금을 더 걷는다는 건 정의와 공존의 문제임을 생각해 보자.

▷ 부유세는 정당한가요? (EBS 위대한 수업) 경제학자들이 말하는 부의 재분배와 세금의 윤리적 의미를 다룬 강의야. '공평함'과 '동기부여' 사이의 균형점을 찾아 보자.

🔍 OECD 세계 각국의 세금 제도와 경제 불평등 관련 통계를 제공하는 공식 기관이야. 우리 사회의 부의 흐름을 데이터로 이해해 보자.

# 경찰은 범인을 체포할 때 왜 미란다의 원칙을 말해야 할까?

**인권과 헌법의 관계: 모든 국민의 인권과 권리를 보호하는 가장 중요한 법**

"10대 어린 소녀를 납치, 성폭행한 범죄자가 어떻게 무죄입니까!"
많은 사람의 반발에도 미국 연방대법원은 성폭행범인 에르네스토 미란다에게 무죄를 선고했어. 법원은 왜 자신의 범죄 사실을 인정한 성폭행범에게 무죄 판결을 선고했을까?

**학습 키워드**   #헌법 #인권 #미란다의 원칙 #기본권
**교과 연계**   초5 〉 사회 〉 2. 인권 존중과 정의로운 사회
중2 〉 사회 〉 Ⅰ-1 인권 보장과 헌법
고등학교 통합사회

## 범죄자와 미란다의 원칙

"당신은 묵비권을 행사할 수 있으며, 당신이 한 발언은 법정에서 불리하게 사용될 수 있습니다. 당신은 변호인을 선임할 수 있으며, 질문을 받을 때 변호인에게 대신 발언하게 할 수 있습니다. 변호인을 선임하지 못할 경우 국선 변호인이 선임될 것입니다. 이 권리가 있음을 인지했습니까?"

어디서 많이 들어 본 말 같지 않니? 이 말은 범죄 영화나 드라마에서 경찰이 범인을 체포할 때 하는 말이야. 경찰이 범인을 체포할 때 이 말을 해야 하는 까닭은 '미란다의 원칙'을 지켜야 하기 때문이지.

미란다의 원칙은 경찰이 사람을 체포할 때 그 사람이 갖고 있는 권

리를 알려 줘야 한다는 규칙이야. 범인을 잡기에도 바쁜 경찰이 왜 이 말을 체포되는 사람에게 말해 줘야 할까? 그 이유는 미란다의 원칙이 모든 사람들이 공정한 법적 절차를 밟을 수 있도록 보장하고, 특히 법을 잘 모르는 사람이나 사회적 약자의 인권을 보호하는 역할을 하기 때문이야.

미란다의 원칙에는 경찰이 체포된 사람에게 반드시 알려 줘야 할 몇 가지 중요한 내용이 들어 있어.

첫째, '묵비권'이야. 묵비권은 침묵할 권리를 뜻해. 모든 사람에게는 자신을 보호하기 위해 자신에게 불리한 말을 하지 않을 권리가 있어. 둘째, 본인이 한 말이 법정에서 불리하게 사용될 수 있다는 걸 알 권리가 있지. 셋째, 변호사를 선임할 권리야. 모든 사람은 법적인 문제를 해결할 때 법률 전문가인 변호사의 도움을 받을 권리가 있어. 변호사의 도움이 없을 때는 경찰의 질문에 답할 필요가 없지. 또한 변호사를 고용할 돈이 없을 때는 나라가 국선 변호사의 도움을 받을 수 있도록 지원해 줘야 해. 어떤 사람이 이 3가지 권리를 제대로 안내받지 못한 상태에서 자백할 경우, 이 사람의 말은 법정에서 증거로 사용할 수 없어.

흉악한 범죄자인 에르네스토 미란다가 무죄 판결을 받은 이유가 이것 때문이야. 미란다가 경찰에 체포될 당시, 경찰은 앞서 말한 3가지 권리를 제대로 안내하지 않았어. 그래서 미란다는 자신의 범죄를 인정하는 대신, 체포 과정에서 자신이 제대로 된 인권 보호를 받지 못했다고 주장했지. 미국 연방 대법원은 미란다의 주장을 받아들여서 그에게 무죄를 선고했어. 그 대신 미란다가 저지른 다른 범죄의 증거를 찾아서 징역 10년을 선고했지. 이 일은 범죄자의 권리를 보장하더라도 범죄자들이 법 질서를 어지럽히는 행동은 허락할 수 없다는 법원의 강력한 의지가 있었기에 가능했어.

## 미란다의 원칙을 보장하는 이유

사소한 절차 때문에 나쁜 범죄자에게 무죄를 선고하는 것이 맞을까? 법에서 '미란다의 원칙'을 보장하는 이유는 범죄자 한 명을 단죄하는 것보다 힘없고 법을 잘 모르는 사람들의 인권을 보호하는 것이 더 중요하다고 생각했기 때문이야. 모든 사람들의 인권을 보호하고, 공정한 재판을 받을 수 있도록 보장하는 것이 바로 미란다의 원칙인 거지.

헌법은 모든 국민의 인권을 보호하는 가장 중요한 법이야. 헌법은 국민이 공정한 대우를 받을 수 있도록 다양한 권리를 보장하고 있어. 그래서 우리나라도 모든 국민의 인권을 보호하기 위해 미란다의 원칙을 채택하고 있지.

> "누구든지 고문을 받지 아니하며, 형사상 자기에게 불리한 진술을 강요당하지 아니한다."
>
> – 대한민국 헌법 제12조

대한민국 헌법 제12조는 체포된 사람이 자신의 권리를 충분히 이해하고, 자신을 지키기 위해 자신의 권리를 주장할 수 있도록 보장하는 대표적인 사례야.

인권은 모든 사람이 태어나면서부터 갖고 있는 가장 기본적인 권리야. 헌법은 이러한 인권을 보호하기 위해 존재하지. 미란다의 원칙은 헌법이 보장하는 인권을 실질적으로 보호하기 위한 중요한 법적 절차이고 말이야. 미란다의 원칙을 통해 우리는 모든 사람이 공정한 법적 절차를 밟을 수 있도록 보장하는 것이 매우 중요하다는 것을 알 수 있어.

1. 미란다의 원칙에 따라 경찰이 체포된 사람에게 반드시 알려 줘야 하는 권리로 옳지 않은 것은?

① 묵비권
② 변호사를 선임할 권리
③ 체포된 후 가족에게 전화할 권리
④ 변호사가 없을 때 국가로부터 변호사의 도움을 제공받을 권리
⑤ 자신이 한 발언이 법정에서 불리하게 사용될 수 있다는 것을 알 권리

2. (나)의 관점에서 봤을 때 (가)의 판결에서 생길 수 있는 문제가 무엇인지 설명하고, 그럼에도 미란다의 원칙이 지켜져야 하는 까닭을 써 보자.

> (가) 1963년 3월 미국 애리조나 경찰은 10대 소녀를 납치, 성폭행한 에르네스트 미란다를 체포했다. 에르네스트 미란다는 재판에서 자신의 범죄 사실을 인정했다. 하지만 미란다는 경찰이 묵비권, 변호사 선임권 등 자신이 마땅히 누려야 할 권리를 제대로 안내하지 않았다고 항의했다. 미란다의 주장을 받아들인 법원은 미란다에게 무죄를 선고했다.
>
> (나) 누구든지 고문을 받지 아니하며, 형사상 자기에게 불리한 진술을 강요당하지 아니한다(대한민국 헌법 제12조).

## 더 알고 싶어 119

📑 도서    ▷ 영상    🔍 사이트

📑 『생각이 크는 인문학 13 헌법과 인권』 (김은식, 올파소, 2016)
헌법과 인권의 기본 개념을 청소년 눈높이로 풀어낸 책이야. 범죄자도 권리를 가진다는 법 앞의 평등을 배워 보자.

▷ 법대로만 하라는 법 있나요? (JTBC 차이나는 클라스)
법과 정의의 경계를 이야기하며 '정의로운 판단이란 무엇인가'를 질문하는 프로그램이야. 법이 왜 감정보다 앞서야 하는지 생각해 보자.

🔍 법률N미디어 실제 사례로 배우는 법률 상식과 인권 보호 제도를 소개하는 블로그야. 법이 우리를 지키는 최후의 안전망임을 알아보자.

# 독일 택시들이 가장 무서워하는 게 초등학생이라고?

## 더 나은 민주 사회를 만들기 위한 시민의 정치 참여

초등학생들이 시위의 효과를 높이기 위해서 시위 장소를 전략적으로 교통의 요지에서 하는 바람에 통행이 제대로 이루어지지 않기 때문이래. 독일 초등학생들의 정치 활동이 어떻게 이루어지는지 자세히 알아볼까?

**학습 키워드**　#민주주의　#시민 참여　#시위　#정치 참여
**교과 연계**　초6 〉 사회 〉 1. 우리나라의 정치 발전
　　　　　　　중1 〉 사회 〉 IX-2 민주 정치의 발전
　　　　　　　고등학교 통합사회

## 시민의 정치 참여가 중요한 이유

"KEIN MENSCH IST ILLEGAL(불법적인 사람은 없다)!"

2014년 거리로 몰려든 초등학생들이 외친 구호야. 학교에 있어야 할 초등학생들이 왜 시위에 참여했을까? 독일 베를린에서 북아프리카 난민 일부를 자국으로 돌려보내기로 결정했기 때문이야.

독일의 초등학생 시위는 사회에 큰 영향을 끼쳤어. 학생들이 시위에 참여한 다음 날, 독일 교사 연합회에서 학생들의 시위를 지지하는 성명을 발표했고, 각종 언론에서는 초등학생들이 왜 거리로 나오는지를 집중적으로 다뤘어.

독일에서 인구가 가장 많은 노르트라인베스트팔렌주의 교육법에서는 성숙한 민주 시민을 양성하기 위해 학교가 학생들에게 반드시 정치

활동에 참여할 기회를 제공해야 한다고 이야기하고 있어. 학생들의 목소리에 어른들이 귀를 기울이고 사회가 바뀌는 것을 경험하게 함으로써 민주주의에서 시민 참여가 매우 중요하다는 걸 가르칠 수 있다고 생각하기 때문이야. 덕분에 이 지역 학생들은 어른들의 적극적인 지지 속에서 다양한 정치적 의견을 이야기하며 민주 시민이 갖춰야 할 소양을 차근차근 배우고 있어.

그렇다면 민주주의 사회에서 시민의 정치 참여가 왜 중요할까?

첫째, 정치 참여는 시민이 자신의 목소리를 낼 수 있는 기회이기 때문이야. 민주주의는 모든 사람들이 공평하게 각자의 의견을 말하고, 사회의 중요한 문제를 함께 해결하는 제도야. 따라서 민주주의 사회에서 시민이 투표, 시위와 같은 정치 활동에 참여하는 것은 자신의 권리를 지키는 중요한 방법이지.

둘째, 정치 참여는 더 나은 사회를 만드는 데 중요한 역할을 하기 때문이야. 시민이 적극적으로 정치에 참여하면 정부는 보다 다양한 의견을 듣고, 많은 사람에게 도움이 되는 정책을 만들 수 있어.

셋째, 시민이 정치에 관심을 갖고 참여하면 정부도 더 책임감 있게 행동하게 되기 때문이야. 시민은 투표를 통해 자신을 대표하는 사람을 선택할 수 있어. 우리가 선거에서 선택한 대표자가 잘못된 행동을 한다면 시민은 선거를 통해 대표자를 바꿀 수 있지. 선거는 정부가 시민의 요구에 맞게 투명하고 공정하게 일하도록 만드는 중요한 방법이야.

## 자유롭고 민주적인 사회를 만들기 위해

시민의 정치 참여가 제대로 이루어지지 않았을 때 어떤 일이 벌어질까? 1983~1985년 사이에 에티오피아와 보츠와나는 식량 부족으로 큰 고통을 겪었어. 그런데 에티오피아에서는 100만 명이 굶주림으로 목숨을 잃었지만, 보츠와나에서는 단 한 명의 희생자도 생기지 않았어. 똑같이 식량 부족 문제를 겪었는데 왜 두 나라의 사정이 달랐던 걸까? 에티오피아는 가뭄으로 인해 3년 동안 곡물 생산량이 빠르게 줄어들었어. 곡물 생산량이 줄어들자 사람들은 식량을 구입하는 데 이전보다 많은 돈을 써야 했지. 하지만 에티오피아 사람들은 폭등한 곡물 가격을 감당할 만한 능력이 없었어. 당시 에티오피아 정부는 군부가 쿠데타로 권력을 잡고 있었는데, 자신들의 권력 유지에만 신경 쓰고 국민의 굶주림을 구제하는 데는 관심을 기울이지 않았어. 반면 보츠와나 정부는 취약 계층에게 직접 음식과 생필품을 나눠 줬어. 그리고 대규모 일자리를 공급해서 국민들을 기근으로부터 구해 냈지. 그 결과 에티오피아는 100만 명이 식량 부족으로 죽었지만, 보츠와나에서는 단 한 명도 굶주림으로 죽지 않았어.

보츠와나는 1966년 영국으로부터 독립한 민주 국가야. 자원 문제로 내전이 일어나는 아프리카의 다른 국가들과 달리 보츠나와는 사회가 보다 나은 방향으로 성장할 수 있도록 시민의 적극적인 정치 참여를 보장하고 있어. 그 덕분에 보츠나와에서 생산되는 다이아몬드를 모든 국민에게 민주적으로 배분할 수 있었지. 그 결과, 보츠와나는 다른 아프리카 국가들과 달리 빠른 속도로 경제 성장을 이뤄 낼 수 있었어.

소수의 사람들이 권력을 독점한다면 대다수 시민의 생존과 안전은 위협받을 수밖에 없어. 그래서 자유롭고 민주적인 사회를 만들기 위해 시민 모두가 적극적으로 정치 활동에 관심을 갖고 참여해야 하는 거야.

1. 민주주의 사회에서 시민들의 정치 참여가 중요한 이유로 틀린 것은?

　① 시민들의 안전과 생존을 보장하기 위해

　② 시민들에게 자신의 생각을 말할 기회를 제공하기 위해

　③ 정부가 문제 해결에 필요한 모든 결정을 독단으로 내리기 위해

　④ 정치 참여를 통해 시민들이 많은 돈을 벌 기회를 제공하기 위해

　⑤ 시민들의 감시 속에 정부가 책임감 있게 행동하도록 독려하기 위해

2. 해결하고 싶은 사회 문제 한 가지와 그렇게 생각한 이유를 써 보자.

　내가 해결하고 싶은 사회 문제

　해결하고 싶은 이유

3. 다음 글을 읽고 플라톤의 주장이 가지는 문제점과 시민 참여 중심의 민주주의가 가지는 장점을 써 보자.

> 고대 그리스의 철학자인 플라톤은 모든 사람들이 똑같이 지혜롭거나 도덕적으로 뛰어난 것은 아니라고 생각했습니다. 그래서 많은 사람들이 참여하는 민주주의에서는 잘못된 결정이 내려질 가능성이 크다고 보았습니다. 또한 사람들이 자신의 이익을 우선시하다 보면 공정하고 올바른 결정을 내리기 어렵다고 생각했습니다. 그래서 플라톤은 민주주의 대신 철학자들이 이끄는 철인 통치를 지지했습니다. 지혜롭고 도덕적인 철학자가 나라를 이끌면 더 나은 사회를 만들 수 있을 거라고 믿었기 때문입니다.

 **더 알고 싶어 119**　　　📖 도서　▷ 영상　🔍 사이트

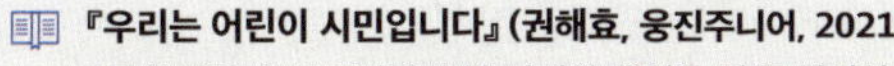 📖 『우리는 어린이 시민입니다』 (권해효, 웅진주니어, 2021)
　초등학생이 스스로 지켜야 할 권리와 책임을 다룬 책이야. '교통 안전'이나 '타인을 배려하는 행동'이 어린이 시민으로서의 첫걸음이라는 걸 배울 수 있어.

🔍 세이프 키즈 코리아
　게임·영상·퀴즈를 통해 어린이 스스로 교통안전을 배우는 콘텐츠가 가득해. 우리도 독일처럼 어린이 시민으로서 지켜야 할 시민의식을 길러 볼까?

# 홍콩 사람들이 시위 중에 한국 노래를 부른다고?

## 많은 사람의 희생과 노력이 필요한 민주주의

2014년 홍콩 시민들은 경찰의 최루 가스, 물대포를 막기 위해 노란 우산을 쓰고 길거리로 나왔어. 그리고 1980년대 한국 노래인 〈임을 위한 행진곡〉을 부르며 행진했지. 홍콩 시민들은 왜 길거리에 나올 수밖에 없었을까?

**학습 키워드**  #민주주의  #시민 참여  #시위  #정치 참여

**교과 연계**  초6 〉 사회 〉 1. 우리나라의 정치 발전
중1 〉 사회 〉 IX-2 민주 정치의 발전
고등학교 통합사회

## 홍콩에서 불린 〈임을 위한 행진곡〉

5.18 민주화 운동은 1980년 5월 18일, 광주에서 시민들이 군사 독재 정권에 맞서 자유와 민주주의를 요구하며 일어난 시민 운동이야. 당시 군사 독재 정권은 광주 시민들의 평화로운 시위를 무력으로 진압하기 위해 군대를 보냈어. 군대가 민주주의를 꿈꾸는 시민들을 제압하는 과정에서 많은 사람들이 죽거나 다치는 일이 벌어졌지.

사랑도 명예도 이름도 남김 없이 한 평생 나가자던 뜨거운 맹세

동지는 간데 없고 깃발만 나부껴 새날이 올 때까지 흔들리지 말자.

세월은 흘러가도 산천은 안다. 깨어나서 외치는 뜨거운 함성

– 〈임을 위한 행진곡〉 중에서

〈임을 위한 행진곡〉은 5.18 민주화 운동 당시 돌아가신 분들을 추모하는 노래이자 우리나라 민주화 운동의 상징 같은 곡이야. 최근에는 미얀마, 캄보디아, 태국처럼 민주화를 열망하는 국가들 사이에서 많이 불리는 노래가 됐어. 홍콩 시민들 역시 경찰의 거친 진압에도 길거리에서 민주 사회를 꿈꾸며 〈임을 위한 행진곡〉을 불렀대. 홍콩 시민들이 민주화 운동에 뛰어들게 된 이유를 자세히 살펴볼까?

19세기 중반, 영국은 중국과의 무역 분쟁으로 아편 전쟁을 일으켰어. 중국과의 전쟁에서 승리한 영국은 전쟁 보상금으로 중국에게 '홍콩'을 내놓으라고 요구했지. 이후 홍콩은 오랜 기간 영국의 지배를 받았지만 1984년 맺어진 '중영 공동 선언'에 따라 1997년 7월 1일에 다시 중국에 반환됐어. 이때 영국과 중국은 홍콩 정치의 안정화를 위해 50년 동안 '일국양제' 원칙에 합의했지. 일국양제란 하나의 국가에 두 체제가 존재하는 방식이야. 일국양제 원칙에 따라 홍콩은 자본주의 체제를, 중국은 사회주의 체제를 유지했어. 그 덕분에 홍콩 시민들은 오랜 기간 민주주의와 자유를 누릴 수 있었지.

시간이 지나 중국 경제가 급성장하면서 상황이 바뀌었어. 중국 정부는 홍콩에서 범죄를 저지른 사람을 중국 본토로 데려갈 수 있도록 하는 내용을 담은 '범죄인 인도 법안'을 만들었어. 많은 홍콩 시민들은 이 법안이 통과되면 중국 정부가 홍콩 시민들의 자유를 억압하는 수단으로 사용할 거라 생각하게 되었어. 그래서 2019년 6월 16일, 약 200만 명의 시민이 〈임을 위한 행진곡〉을 부르며 거리로 뛰쳐나와 '범죄인 인도 법안'을 철회하라고 외쳤지. 하지만 중국의 영향 아래 있던 홍콩 경찰은 평화롭게 시위에 참가하던 시민들을 최루탄, 물대포, 고무탄 등을 사용해 진압하려고 했어. 이에 시민들은 민주주의에 대한 자신들의 의지를 세계에 알리기 위해 노란 우산을 쓰고 거리로 달려 나왔지. 홍콩 시민들의 시위 운동을 '우산 시위' 또는 '우산 혁명'이라고 부르는 이유야. 홍콩 정부의 강경한 대응에 많은 시민들이 다치거나 죽었지만, 시민들은 저항을 멈추지 않았어. 결국 홍콩 정부는 2019년 9월 법안을 철회했대. 이 상황을 지켜보던 중국은 중국 정부의 명령에 반발하는 사람들을 엄격하게 처벌하겠다는 내용을 담은 '홍콩 국가보안법'을 2020년 6월 만들었어. 홍콩 국가보안법으로 인해 홍콩의 많은 민주화 운동가들이 체포되거나 해외로 망명해야 했어. 이에 화가 난 홍콩 시민들은 중국의 억압에 저항하기 위해 오늘날까지 노력하고 있어.

## 정치에 적극적으로 참여하는 민주 시민

시민들이 적극적으로 정치에 참여하지 않는다면 정부는 시민들의 요구를 무시하고 자기들 뜻대로 독재 정치를 펼칠 가능성이 커져. 따라서 민주 시민들은 자신의 생각을 자유롭게 말하고, 정부의 결정을 감시하며, 필요할 때는 변경을 요구할 수 있어야 해. 우리가 지금 누리고 있는 자유와 민주주의는 많은 사람들의 희생을 바탕으로 만들어진 거야. 우리는 민주 시민으로서 자유와 민주주의를 지키기 위해 적극적으로 정치에 참여해야 해. 또한 민주주의 사회를 만들어가기 위해 세계 여러 나라 사람들과 함께 연대하며 힘을 합쳐야 해. 홍콩 시민들이 〈임을 위한 행진곡〉을 부르며 우리나라의 민주화 운동 정신을 기리는 것처럼 말이야.

1. 내가 만약 홍콩 시민이라면 어떤 노래를 부르며 시위에 참여하고 싶은지 노래와 그 까닭을 써 보자.

2. 지문을 읽고 시민의 정치 참여가 사회 변화에 어떻게 기여하는지 써 보자.

**조건** (가)와 (나)의 사례에서 시민들이 어떤 방식으로 정치에 참여했는지 비교할 것, 두 사례에서 시민 참여가 사회에 어떤 변화를 가져왔는지 쓸 것, 이러한 사례를 바탕으로 민주주의 사회에서 시민의 정치 참여가 왜 중요한지 자신의 생각을 논리적으로 서술할 것.

(가) 서울시 금천구는 청소년들의 정치 참여를 활성화하기 위해 '금천구 청소년의회'를 설립했습니다. 이 의회는 지역 청소년들이 직접 정치적 의사결정에 참여할 수 있는 기회를 제공합니다. 청소년들은 스스로 정당을 만들어 지역 사회의 문제를 해결하기 위한 정책을 제안합니다. 예를 들어 '인권을찾았당'은 학교 폭력 문제 해결과 인권 상담 창구 마련을 목표로 활동하며 실제로 여러 학교에 인권 상담 창구를 설치하는 성과를 냈습니다. 이러한 활동을 통해 청소년들은 정치 참여의 중요성을 깨닫고, 자신들의 목소리가 사회에 영향을 미칠 수 있음을 경험했습니다.

(나) 2015년부터 2016년까지 칠레 정부는 새로운 헌법을 만들기 위해 시민들이 직접 참여하는 과정을 진행했습니다. 이 과정에서 약 20만 명의 시민들이 자발적으로 모여 헌법에 포함되어야 할 사회적 권리에 대해 토론하고 의견을 제출했습니다. 이러한 참여는 칠레 역사상 가장 높은 수준의 시민 참여로 기록되었으며, 헌법 개정 과정에 시민들의 목소리가 직접 반영되는 계기가 되었습니다. 이 사례는 시민들이 정치 과정에 적극적으로 참여할 때, 국가의 근본적인 법과 제도에까지 영향을 미칠 수 있음을 보여 줍니다.

---

**더 알고 싶어 119**     도서    영상    사이트

『오월의 주먹밥』 (정란희, 김주경, 한울림어린이, 2022)
광주 민주화 운동을 어린이의 시선으로 풀어낸 이야기야. 홍콩 시위 속 한국 노래의 울림을 통해 자유와 민주주의의 보편적 가치를 느껴 보자.

민주화 기로에 선 홍콩, 어디로 가나 (JTBC 차이나는 클라스)
홍콩의 민주화 운동을 다양한 시각에서 다룬 영상이야. 민주주의를 지키기 위해 싸우는 사람들의 용기와 희망을 함께 느껴 보자.

# 기후 변화로부터 사람과 환경을 보호하는 기후 변화 대응 전문가

요즘 날씨가 점점 이상해지고 있다는 걸 느끼지 않니? 어떤 나라는 가뭄으로 물이 부족하고, 또 다른 나라는 태풍이나 홍수로 큰 피해를 보고 있어. 이런 문제를 해결하기 위해 노력하는 사람들이 바로 기후 변화 대응 전문가야. 기후 변화 대응 전문가가 무슨 일을 하는지 자세히 알아볼까?

## 기후 변화 대응 전문가가 하는 일

최근 여름에는 기록적인 폭염이 이어지고 겨울에는 예전보다 눈이 덜 오는 이상한 날씨가 계속되고 있어. 기후 변화는 단순히 날씨 문제로 끝나지 않아. 사람들이 먹을 물이나 식량이 부족해지고 집을 잃는 경우도 늘어나고 있어. 이런 문제를 해결하고 사람들이 안전하게 살아갈 수 있도록 돕는 사람들이 바로 기후 변화 대응 전문가야.

기후 변화 대응 전문가는 기후 변화로 인해 생기는 문제를 연구해. 예를 들어 가뭄이 심한 나라에서는 물을 아끼는 방법을 찾거나 농작물이 잘 자랄 수 있는 환경을 만들어 주지. 또 태풍이나 홍수 같은 자연재해가 자주 일어나는 지역에서는 집이나 마을을 안전하게 보호할 방법을 설계하기도 해. 이런 일을 통해 사람들의 삶을 지키고, 환경이 더 나빠지지 않도록 막는 것이 바로 기후 변화 대응 전문가의 역할이야.

기후 변화 대응 전문가는 환경뿐만 아니라 기후 변화 때문에 집을 잃고 떠도는 '기후 난민'들을 돕고 있어. 예를 들어 태평양에 있는 키리바시(Kiribati)라는 나라는 해수면이 점점 높아지는 바람에 사람들이 살 곳을 잃고 있어. 키리바시 정부는 나라 전체가 바다에 잠길 것을 대비해, 다른 나라로 이주하는 방안을 고민하고 있어. 기후 변화 대응 전문가는 이런 기후 난민들이 안전하게 살 수 있는 방법을 찾고, 그들의 생활을 돕는 정책을 만드는 데도 참여하지. 또한 기후 변화로 인해 점점 부족해지는 물과 식량을 어떻게 공정하게 나눌지 고민하고, 이를 위한 계획도 세우고 있어. 예를 들어 아프리카의 사헬(Sahel) 지역은 기후 변화로 가뭄이 심각해져 농사를 지을 수 없게 된 곳이야. 국제기구와 환경 전문가들은 이 지역에 물을 절약하는 농업 기술을 도입하거나, 사람들이 농사를 짓지 않아도 생계를 유지할 수 있는 지원을 제공하고 있어.

기후 변화는 단순히 날씨가 이상해지는 문제로 끝나지 않아. 많은 사람이 집과 생계를 잃고, 심지어 생명을 위협받기도 하거든. 기후 변화 대응 전문가는 단순히 문제를 연구하는 것에서 끝나는 게 아니라, 사람들을 보호하고 도와주는 중요한 역할을 하는 거야.

## 기후 변화 대응 전문가가 되려면

그럼 이 직업을 갖기 위해서는 어떤 준비가 필요할까? 학교에서는 과학, 수학, 사회 같은 과목을 열심히 공부해야 해. 특히 환경과 지리에 대한 지식을 배우는 것이 중요하지. 컴퓨터를 잘 다루는 것도 중요해. 데이터를 분석하거나 문제를 해결할 계획을 세울 때 컴퓨터를 많이 사용하기 때문이야. 대학에 가면 환경공학, 기후학, 도시공학, 국제학 같은 학과에서 더 깊이 공부할 수 있어. 또 기후 변화 대응 전문가는 세계적으로 연결된 문제를 해결해야 하기 때문에 외국어 능력과 다른 나라의 문화와 환경 문제를 이해하려는 노력도 필요하지.

어때? 기후 변화 대응 전문가는 지구와 사람 모두를 지키는 멋진 직업이라는 생각이 들지 않니? 혹시 너희도 미래에 이런 문제를 해결하는 전문가가 되고 싶다면 지금부터 작은 실천으로 환경을 보호하는 습관을 길러 보자! 예를 들어 쓰레기를 줄이거나 물을 아껴 쓰는 것도 좋은 시작이야. 우리가 함께 노력하면 더 나은 세상을 만들 수 있을 거야.

4부
돈은 어떻게
움직이고
세상을 바꿀까?
자본주의 사회를 이해하는 경제 이야기
119

# '돈 많은 백수'가 꿈이라고?



"돈이 정말 많은데 아무도 날 몰랐으면 좋겠어요." 요즘 '돈 많은 백수'가 꿈인 사람들이 많아졌어. 아무 일도 하지 않고 부자로 살려면 '돈'이 많이 필요하지. 돈이 있어야 내가 먹고 싶은 것, 갖고 싶은 것, 하고 싶은 것을 얻을 수 있거든.
그럼 언제부터 우리 사회가 '돈'을 중심으로 굴러가게 됐을까?

| | |
|---|---|
| **학습 키워드** | #자본주의  #산업혁명  #사회주의  #경제 대공황  #뉴딜,정책 |
| **교과 연계** | 초6 〉 사회 〉 2. 우리나라의 경제 발전<br>중2 〉 역사 〉 Ⅵ-2 자본주의와 사회 변화<br>고등학교 통합사회 |

## 자본주의는 어떻게 발전했을까?

돈을 원하는 사람들은 많지만 사람들의 욕망을 모두 채워 줄 만큼의 돈이 세상에 존재하진 않아. 그래서 사람들은 더 많은 '돈'을 차지하기 위해 서로 경쟁하고 있지. 그렇게 경쟁하다 보면 세상이 점점 발전하게 되는데 이렇게 남들보다 많은 돈을 가지고 싶다는 사람들의 욕망을 이용해서 세상을 발전시키려는 아이디어를 '자본주의'라고 해.

그렇다면 자본주의는 언제 생겼을까? 16~17세기에 스페인, 포르투갈, 영국처럼 강력한 왕권을 가진 나라들은 아프리카, 아메리카 등을 식민지로 만들었어. 식민지에서 가져온 다양한 물건들을 사고파는 과정에서 '돈'의 중요성을 깨달은 몇몇 사람들은 큰 부자가 되었지. 이렇게 상업을 통해 '돈'을 많이 모은 사람을 '자본가'라고 해. 이 과정에서 자본주의가 탄생했고 경제학자들은 이를 '상업 자본주의'라고 불렀어.

　17세기 말에서 18세기 초에는 증기기관 같은 기계가 발명되면서 짧은 시간에 많은 물건을 만들어 이동시킬 방법이 생겼어. 그러자 자본가들은 공장을 세웠고 많은 사람이 공장에서 일하기 위해 도시로 몰려들어 '노동자'가 되었지. 이를 '산업혁명'이라고 해. 상업 자본주의에서 '산업 자본주의'로 바뀌게 된 거지.

　산업 자본주의 시대 노동자들은 공장에서 열심히 일했지만 자본가만큼 돈을 벌지 못했어. 빈부 격차는 날로 커졌지. 게다가 몇몇 자본가는 더 많은 돈을 벌기 위해 노동자들을 일하기 힘든 환경에서 오랫동안 일을 시켰어. 이를 보고 칼 마르크스는 노동자들이 살기 편한 세상을 만들기 위한 새로운 아이디어를 제시했어. 공장 같은 생산 수단을 개인이 아닌 국가가 갖고 사회 구성원들이 생산한 물품을 필요에 따라 평등하게 나눠 가지자는 거였지. 이를 '사회주의'라고 해. 마르크스의 주장에 찬성하는 사람들이 빠르게 늘어나면서 러시아, 중국을 중심으로 사회주의가 전 세계에 퍼져 나갔어. 이는 산업 자본주의에 커다란 위협이 됐지.

　한편 산업 자본주의의 발달로 공장에서 많은 물건이 만들어졌지만 가난한 노동자들은 이를 살 돈이 부족했어. 물건을 팔지 못한 공장이 줄줄이 망하자 거기서 일하던 노동자들은 실업자가 되고 말았어. 1929년 미국을 중심으로 전 세계 사람들을 고통에 빠트린 경제 대공황이 시작된 거야. 자본주의에 큰 위기가 닥친 거지. 심각한 경제 문제를 해결하기 위해 미국의 테어도르 루즈벨트 대통령은 대규모 공공사업을 일으켜 사람들이 다시 일을 할 수 있도록 하는 뉴딜 정책을 실시했어. 그 덕에 경제 대공황은 1939년에 막을 내렸지. 사람들은 경제 대공황과 뉴딜 정책을 계기로 안정적인 자본주의 사회를 유지하려면 국가의 역할이 중요하다는 걸 깨달았어. 이후 산업 자본주의는 자유와 경쟁을 보장하되 정부의 역할을 강조하는 '수정 자본주의'로 바뀌게 되었어.

## 신자유주의와 서브 프라임 모기지 사태

하지만 1970년대 세계적인 경제 불황을 해결하는 과정에서 정부의 지나친 규제와 과도한 복지 정책이 효율적인 경제 활동에 방해가 된다는 인식이 널리 퍼졌어. 정부의 역할을 줄이고 기업의 자유로운 생산 활동을 지원해야 한다는 목소리가 커졌지. 이것이 '신자유주의'의 시작이야.

↑ 마거릿 대처

'철의 여인'이라는 별명을 가진 영국의 마거릿 대처를 중심으로 신자유주의는 전 세계로 퍼져 나갔어. 세계 여러 정부들은 과도하게 진행되던 복지 정책을 줄였고, 기업 경제 활동의 효율성을 떨어뜨리는 각종 규제를 없애고 노동자 보호 정책을 줄여 나갔지. 신자유주의는 2008년까지 전 세계 경제 정책의 핵심이었대.

2008년 미국에서 집을 담보로 집 주인들에게 돈을 빌려주는 회사들이 망하면서 서브 프라임 모기지 사태가 일어났어. 이 사건으로 빈부 격차가 커졌고 전 세계가 고통스러운 경제 위기의 수렁에 빠지게 됐지. 사람들은 신자유주의를 대신할 새로운 방식을 찾으려고 했어. 이러한 흐름에 맞춰 러시아의 경제평론가 아나톨 칼레츠키는 '다 함께 행복한 성장을 하는 따뜻한 자본주의'를 꿈꾸는 자본주의 4.0이 신자유주의 시대의 문제점들을 해결할 수 있다고 주장했어. 이처럼 자본주의는 시대의 흐름에 따라 기본적인 특성은 유지하면서 사람들의 입맛에 맞게 진화하고 있어.

1. 다음의 자본주의들을 순서에 맞게 배열해 보자.

> ㄱ. 수정 자본주의  ㄴ. 산업 자본주의  ㄷ. 상업 자본주의  ㄹ. 신자유주의

2. 다음 글에서 설명하는 인물의 이름을 써 보자.

> 미국의 제32대 대통령으로 미국 역사상 유일무이한 4선 대통령입니다. 이 대통령은 전 세계 경제를 공포에 빠뜨린 경제 대공황을 '뉴딜 정책'을 통해 해결했습니다. 카이로 선언을 통해 일본의 지배에 고통받는 한국을 자유독립국가로 인정하기도 했습니다.

3. 다음 이야기를 읽고 내가 만약 '노동자'라면 어떤 생각이 떠올랐을지 써 보자.

> 총리　탄광 사업은 그다지 경제에 도움이 되지 않아요. 이대로 가면 손해가 매우 클 겁니다. 보다 효율적인 경제 정책 운영을 위해 탄광을 폐쇄해야겠어요.
>
> 노동자　총리님! 저희 식구는 제가 탄광에서 일을 해야 먹고 살 수 있습니다. 탄광을 폐쇄하는 것을 노조를 대표하여 결사 반대합니다!
>
> 총리　어려운 경제 상황 속에서 나라 경제에 도움이 되지 않는 행동은 용납할 수 없어요! 이 파업은 불법입니다! 경찰은 신속하게 노조의 불법 파업 활동을 진압하세요!

### 더 알고 싶어 119

📖 도서　▷ 영상　🔍 사이트

📖 『**자본주의 4.0**』(아나톨 칼레츠키, 컬처앤스토리, 2011)
돈, 노동, 자유의 관계를 새롭게 해석한 책이야. '노동 없이 부를 얻는 사회'의 허상 속에서 진짜 경제적 자유가 무엇인지 생각해 보자.

▷ **신자유주의? 수정자본주의? 도대체 뭐야 (지식 읽어 주는 남자)**
자본주의의 흐름을 만든 역사와 인물을 통해 시장과 정부의 역할을 이해해 보자. '돈 많은 백수의 시대'가 정말 가능한 세상인지 판단해 볼까?

🔍 **(사)청소년금융교육협의회** 청소년이 돈의 가치와 금융의 원리를 올바르게 배울 수 있는 사이트야. 경제적 자유는 운이 아니라 금융 지식과 책임감에서 시작된다는 걸 알아보자.

# 이제 치킨 한 마리가 3만 원이라고?

## 물가와 인플레이션/디플레이션의 상관 관계

"치킨 값, 지금처럼 2만 원이 아닌 3만 원 정도가 돼야 한다고 생각한다."
한 치킨 프랜차이즈 업체 회장이 라디오에 출연해서 한 말이 큰 이슈가 된 적이 있었어.
1990년엔 7,300원이었던 치킨 가격은 2024년엔 배달비를 포함하면
3만 원에 가까워졌어. 치킨 가격은 왜 오르기만 할까?

**학습 키워드**　#인플레이션 #디플레이션 #물가 상승 #물가 하락 #양적완화
**교과 연계**　초6 〉 사회 〉 2. 우리나라의 경제 발전
　　　　　　중2 〉 역사 〉 Ⅵ-3 시장 가격의 변동
　　　　　　고등학교 통합사회

## 물가와 인플레이션의 관계

시장에서 판매되는 물건이나 서비스의 가격을 '물가'라고 해. 이 물가가 꾸준하게 상승하는 현상을 '인플레이션Inflation'이라고 하지. 경제가 발전하면 국민이 벌어들이는 돈도 많아져. 예전보다 많은 돈을 갖게 된 국민들은 더 많은 물건을 사게 되지. 물건을 사려는 사람은 많은데 파는 물건의 수가 적어지면 물건의 가격은 비싸져. 이 과정에서 물가가 상승하니까 인플레이션 현상이 생기는 거야.

인플레이션이 심해지면 빈부 격차가 더 커지게 돼. 인플레이션으로 돈의 가치가 떨어지고 물건의 가치가 올라가면 집, 땅, 금 등 값진 물건을 가진 사람들이 더 부자가 되지만 현금을 가진 사람이나 월급을 받는 사람들은 같은 금액으로 살 수 있는 물건의 수가 줄어들면서 가난해지

는 거지.

심각한 인플레이션 현상은 국가 경제 성장에도 나쁜 영향을 미치게 돼. 돈의 가치가 떨어지면 사람들은 저축을 하지 않아. 은행에 저축하는 것보다 부동산을 구입하는 것이 훨씬 더 많은 돈을 벌 수 있기 때문이야. 기업이 생산한 물건의 가격이 올라가면 해외에 물건을 팔 때 비싼 값에 팔 수밖에 없

↑ 지폐를 벽지로 사용하는 독일인

어. 저렴한 해외 수입품의 인기는 높아지고 국내에서 생산한 물건은 재고가 되어 창고에 쌓이게 될 거야. 기업의 돈벌이가 예전 같지 않으면 직원들에게 월급을 줄 돈이 부족해지고, 자연스레 일자리도 줄어들어 실업자가 늘어날 거야. 이렇게 심각한 수준의 인플레이션이 오랜 기간 이어지면 국가 경제 발전에도 좋지 않은 영향을 미치겠지.

## 디플레이션과 그 해결책

이와 달리 물가가 지속적으로 떨어지는 현상을 디플레이션Delfation이라고 해. 디플레이션은 나라 경제 상황이 나빠지고 국민소득이 줄어들 때 주로 나타나지. 일본이 오랜 기간 디플레이션을 겪은 산 증인이야. 한때 일본은 미국과 경쟁할 정도로 강력한 경제력을 가진 나라였어. 하지만 1989~1992년 동안 일본의 땅값은 50% 이상 떨어졌지.

디플레이션이 발생할 정도로 경제 상황이 좋지 않을 때 정부는 어

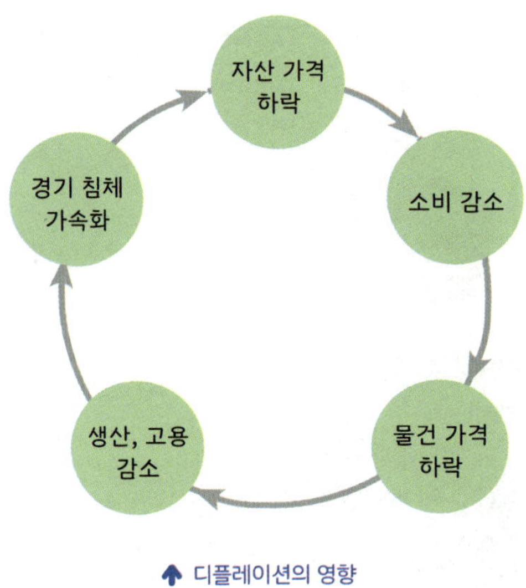



↑ 디플레이션의 영향

떤 해결책을 내놓을까? 디플레이션의 가장 큰 문제는 '시장에 돈이 부족하다'는 거야. 나라에 돈이 부족할 때 정부는 시장에 추가적인 돈을 투입하는데, 이때 시장에 돈을 투입하는 정책을 '양적완화'라고 해. 우리나라는 2020년 코로나19 팬데믹 때 경제를 살리기 위해 시장에 돈을 투입한 적이 있어. 전 국민에게 재난지원금으로 20만 원을 지급한 것도 그런 사례야.

양적완화로 가정에 돈이 풍부해지면 국민들은 다시 소비를 시작하겠지? 내려갔던 물가는 다시 상승하기 시작할 거고 나라 경제가 점차 회복되겠지. 다만, 양적완화를 할 때 주의할 점이 있어. 국가가 시장에 지나치게 많은 양의 돈을 투입하면 부작용으로 물가가 빠르게 오르게 될 수 있어. 그래서 시장에 추가적인 돈을 투입할 때는 세심하게 돈의 양을 조절하는 것이 필요해.

1. 다음 중 옳지 않은 것을 골라 보자.

   ① 물가가 오르는 현상을 '인플레이션'이라고 한다.
   ② 물가가 올라가면 같은 돈으로 살 수 있는 물건의 양이 늘어난다.
   ③ 디플레이션은 경제 상황이 나빠지고 국민소득이 줄어들 때 나타난다.
   ④ 우리나라는 나라에 돈이 부족할 때 '한국은행'에서 시장에 돈을 투입한다.
   ⑤ 중앙은행이 시장에 돈을 투입하는 정책을 '양적완화'라고 한다.

2. 일본은 한동안 '잃어버린 20년'이라 불릴 정도로 경제 성장이 더뎠어. 하지만 최근 상황이 바뀌었지. 다음 글을 읽고 일본 국민이 겪고 있는 경제 현상이 무엇인지 써 보자.

   > 최근 일본 음식점들은 치솟는 물가 때문에 고통을 겪고 있습니다. 나고야에서 탄탄면을 만드는 한 식당 사장은 이렇게 말했습니다. "예전에는 참깨 1kg에 920엔에 살 수 있었어요. 하지만 요즘은 참깨 가격이 너무 올라서 1150엔은 줘야 살 수 있어요. 참깨만 오른 게 아니에요. 인건비도 너무 올라서 가게에서 일하던 직원을 해고할 수밖에 없었어요." 일본은행 총재는 가파르게 오르는 물가 때문에 최대한 빠른 시일 내에 금리를 조정하겠다고 발표했습니다.

3. 디플레이션 현상이 발생하면 은행에서는 시장에 돈을 풀어 문제를 해결하려고 노력해. 그렇다면 인플레이션 현상이 발생했을 때 은행에서는 어떤 방법을 사용해 문제를 해결할까? 인플레이션의 해결 방법을 조사해서 적어 보자.

   -----------------------------------------------------------------

   -----------------------------------------------------------------

   -----------------------------------------------------------------

**더 알고 싶어 119**

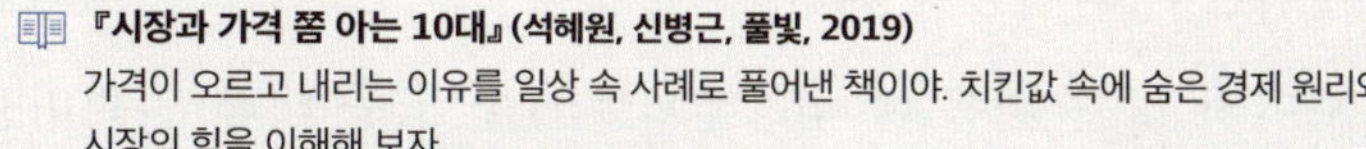

📖 도서　▶ 영상　🔍 사이트

📖 『**시장과 가격 쫌 아는 10대**』 (석혜원, 신병근, 풀빛, 2019)
가격이 오르고 내리는 이유를 일상 속 사례로 풀어낸 책이야. 치킨값 속에 숨은 경제 원리와 시장의 힘을 이해해 보자.

▶ **역대급 경제대공황이 다시 찾아온다? 다가오는 경제 위기 속 살아남는 법** (사피엔스 스튜디오)
경제 위기 속에서 기업과 개인이 어떻게 흔들리는지 보여 주는 영상이야. 가격 변화는 단순한 돈의 문제가 아니라 사회의 심리와 구조의 결과라는 걸 느껴 보자.

🔍 **기획재정부 어린이 경제교실**
물가, 수요와 공급 등 기초 경제 개념을 재미있게 배울 수 있는 사이트야. 치킨값을 통해 경제 흐름을 읽는 눈을 길러 보자.

# 땅에 떨어진 100달러를 주울까? 말까?



많은 사람이 줍는 것이 좋다고 대답했어. 『정의란 무엇인가』의 저자 마이클 샌델 교수 역시 그 의견에 동의했지. 다만 빌 게이츠라면 줍지 않는 것이 좋다고 말했어. 마이클 샌델 교수는 왜 그렇게 생각했을까?

**학습 키워드**  #기회비용  #합리적 선택
**교과 연계**  초6 〉 사회 〉 2. 우리나라의 경제 발전
중2 〉 역사 〉 VI-3 시장 가격의 변동
고등학교 통합사회

## 기회비용과 합리적인 선택

우리는 매일 선택의 순간과 마주치게 돼. 한 가지를 선택하면 선택받지 못한 나머지 선택지는 버려지지. 경제학에서는 이렇게 버려지는 선택지 중 가장 큰 가치를 가진 선택지를 '기회비용'이라고 말해. 이해하기 쉽도록 예를 들어 볼까? 중국집에서 짬뽕을 먹을지, 짜장면을 먹을지 고민하다가 짬뽕을 선택하면 짜장면은 버려지는 선택지, 즉 기회비용이 되는 거야.

경제학에서는 기회비용을 계산할 때 눈에 보이는 비용(예: 금전적 비용)과 눈에 보이지 않는 비용(예: 심리적 만족감)을 모두 더해 기회비용을 계산해. 10,000원짜리 짬뽕을 먹을지, 7,000원짜리 짜장면을 먹을지 고민하다가 짬뽕을 먹었다면 기회비용은 얼마일까? 앞서 말했듯 기회비용

은 눈에 보이는 비용과 눈에 보이지 않는 비용을 모두 더해야 계산할 수 있어. 짜장면 가격이 7,000원이고, 짜장면이 줄 수 있는 심리적 만족감이 3,000원이라면 기회비용은 10,000원인 셈이야.

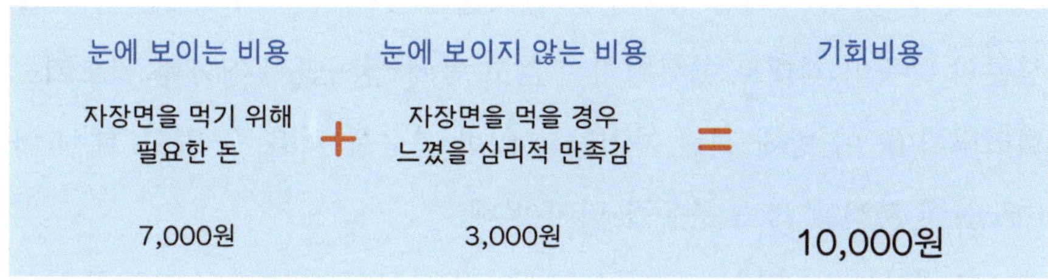


경제학에서 합리적인 선택은 '가장 적은 비용으로 가장 많은 이익을 얻을 수 있는 선택'을 뜻해. 그러니 기회비용이 가장 적은 선택이 경제학에서 말하는 합리적인 선택이 되겠지.

## 빌 게이츠가 100달러를 줍지 않는 게 이득인 이유

"어떤 사람이 빌 게이츠의 시간당 수입을 계산해 봤어요. 마이크로소프트 설립 이후에 빌 게이츠가 하루 14시간을 일했다고 가정하고 계산했는데, 그 시간으로 빌 게이츠의 자산을 나눴더니 150달러(한화로 약 20만 원)가 넘는 수입이 나왔어요. 1초에 150달러 이상 번 거죠. 그러니까 빌 게이츠가 출근하다가 길에 떨어진 100달러 지폐를 본다고 해도 줍는 데 시간을 들일 가치가 없다는 말이죠."

빌 게이츠가 허리를 굽혀서 지폐를 줍는데 필요한 시간이 2초라고 해볼까? 1초에 150달러니까 2초라면 300달러겠지? 언뜻 봐서는 300달러를 포기하고 100달러 지폐를 선택하는 게 합리적이라고 보긴 어려워.

빌 게이츠가 100달러를 줍는 것은 빌 게이츠 입장에서 경제적으로 비합리적인 선택일 거야. 하지만 빌 게이츠처럼 많은 사람들이 자신의 돈과 시간을 투자해서 선행과 기부에 앞장서는 것은 사회 전체에 도움이 되는 행동이지.

아기들이 앓는 여러 희귀병 중 선천성 대사 이상 증후군이라는 병이 있어. 선천성 대사 이상 증후군은 단백질을 구성하는 아미노산 중 몇몇 성분의 활동이 제대로 이루어지지 않고 몸에 쌓이면서 장애를 일으키는 희귀병이야. 이 병에 걸린 아기들은 일반 분유를 먹을 수 없고, 대신 아미노산이 조절된 특수 분유를 먹어야 해.

M 회사는 1999년부터 지금까지 이런 선천성 대사 이상 증후군 아기들을 위해 많은 손해를 감수하면서 특수 분유 8종을 만들고 있어. M 회사에 따르면 분유를 자동으로 생산하는 최소 단위가 1년에 2만 개여서 어쩔 수 없이 특수 분유를 2만 개 생산한다고 해. 하지만 실제 팔리는 양은 2,500개 정도뿐이래. 팔리지 않은 나머지 특수 분유들은 모두 폐기할 수밖에 없어. 누가 봐도 M 회사가 많은 손해를 감수하고 있는 상황이야. 그럼에도 M 회사는 25년 넘게 특수 분유를 만들고 있고, 앞으로도 그럴 것이라고 말했어. 만약 M 회사에서 경제적으로 합리적인 선택을 한다는 이유로 특수 분유 생산을 중단하면 선천성 대사 이상 증후군을 앓는 아기들은 당장 생명이 위태로워질 거야.

이처럼 사람들이 더불어 살아가는 세상에서는 항상 합리적인 선택만 할 수는 없어. 개인의 이익만 좇다 보면 인간의 존엄성, 생명 존중과 같이 사회를 유지하는 데 꼭 필요한 사회적 규범을 지킬 수 없기 때문이지. 그래서 경제적으로 합리적인 선택을 할 때는 공공의 이익도 함께 고려하는 것이 중요해.

1. 미국 서부 개척 시대에 일부 술집 사장들이 손님에게 공짜 점심을 제공한 이유는 무엇일까?

    ① 손님들을 친절하게 대접하기 위해서

    ② 술을 팔 손님들을 끌어들이기 위해서

    ③ 경쟁사와의 경쟁에서 우위를 점하기 위해서

    ④ 사회적 책임을 다하기 위해서

    ⑤ 지역 경제 활성화를 위해서

2. 다음 글을 읽고 기회비용을 계산하여 표를 완성해 보자.

> 은영이 아버지는 은영이에게 생일 선물로 뭘 받고 싶은지 물어 보셨다. 은영이는 자전거와 한정판 레고 중에서 고민했다. 은영이는 학교에서 합리적인 선택의 중요성을 배웠기 때문에 자신의 선택에 따라 기회비용이 어떻게 계산되는지를 확인하고 선물을 선택하기로 했다.

| 물품 | 눈에 보이는 비용 | 눈에 보이지 않는 비용 | 기회비용 |
| --- | --- | --- | --- |
| 자전거 | 16만 원 | 10만 원 | |
| 레고 | 17만 원 | 5만 원 | |

3. 위 글의 은영이가 어떤 선택을 하는 것이 합리적인지 물품 이름과 그 까닭을 써 보자.

### 더 알고 싶어 119

📖 도서  ▷ 영상  🔍 사이트

▷ **당신의 경제IQ를 높여라 (JTBC 차이나는 클라스)**
경제 속 '합리적 선택'이 항상 옳은 건 아닐 수도 있다는 사실을 알려 주는 강의야. 돈을 주울까 말까의 순간 도덕과 이익의 경계를 함께 고민해 보자.

🔍 **기획재정부 어린이 경제교실** 생활 속 경제 상황을 통해 올바른 경제 습관과 판단력을 기를 수 있는 사이트야. 현명한 소비자이자 정직한 시민으로 사는 법을 배워 보자.

# '보이지 않는 손'이 쥐어 준 초콜릿



마트나 백화점에 가면 초콜릿이 진열대에 한가득 쌓여 있는 걸 볼 수 있지.
온라인 쇼핑몰에서도 초콜릿을 살 수 있어. 그런데 만약 온·오프라인 매장 모두
초콜릿을 팔지 않는다면 초콜릿은 어디서 살 수 있을까?

**학습 키워드**　#시장 #시장경제 #생산 #소비 #시장의 기능 #시장의 종류
**교과 연계**　초6 〉 사회 〉 2. 우리나라의 경제 발전
　　　　　　중2 〉 역사 〉 VI-3 시장 가격의 변동
　　　　　　고등학교 통합사회

## 보이지 않는 손

18세기 영국의 정치경제학자이자 도덕철학자인 애덤 스미스는 우리 생활 속 경제 활동을 '보이지 않는 손'이라는 표현을 사용해서 설명했어.

경제학에서는 시장을 '소비자와 생산자가 만나 거래가 이루어지는 곳'이라고 정의하고 있어. 소비자는 상품을 구입하는 사람, 생산자는 상품을 제공하는 사람을 뜻해.

소비자는 질 좋은 상품을 싼 가격에 사는 것이 이익이고, 생산자는 좀 더 잘 팔리고, 비싼 상품을 생산하는 것이 이득이야. 각자 필요한 이익을 얻기 위해 소비자와 생산자 모두 시장에 참여하는 셈이지.

그런데 만약 생산자가 비슷한 품질의 상품을 너무 비싸게 판다면 소비자는 어떤 반응을 보일까? 아마 비슷한 품질의 다른 상품을 선택하고,

비싼 가격의 상품은 외면하겠지? 반대로 소비자가 상품을 너무 싸게 사려고 한다면 생산자는 소비자의 요구를 외면할 거고 말이야.

시장에 참여하는 소비자와 생산자는 '가격'을 기준으로 자신에게 가장 이익이 되는 선택을 해. 시장 활동은 자유롭기 때문에 누구에게 상품을 얼마에 팔라고 요구하거나 어떤 상품을 만들라고 지시하지 않아. 시장 활동은 정부가 명령하지 않아도 사람들 사이에서 활발하게 이루어지기 때문이야. 애덤 스미스는 가격의 시장 활동 조정 기능을 '보이지 않는 손'이라고 표현하면서 가격이 시장을 움직이는 힘이라고 생각했어.

## 시장의 다양한 기능

시장은 수요와 공급을 연결하는 기능 말고도 다양한 기능을 가지고 있어.

첫째, 시장은 한정된 자원을 효율적으로 활용할 수 있도록 유도하는 기능이 있어. 소비자는 비슷한 가격의 상품들이 여러 개 있다면 품질이 더 좋은 상품을 선택할 거야. 상품들의 품질이 비슷하다면 가격이 저렴한 상품을 선택하겠지. 따라서 생산자는 최대한 생산비를 적게 들여서

질 좋은 상품을 만들려고 노력할 거야.

둘째, 시장은 소비자와 생산자에게 시장 활동에 필요한 정보를 제공하는 역할을 해. 소비자와 생산자가 합리적인 선택을 하기 위해서는 상품의 가격과 정보가 필요한데, 시장은 이런 정보가 모이는 곳이거든. 소비자와 생산자 모두 정보를 많이 알고 거래하면 훨씬 더 효율적인 선택을 할 수 있기 때문이지.

셋째, 시장은 거래 비용을 낮추는 기능을 하고 있어. 거래 비용이란 거래하는 데 사용된 비용을 뜻해. 거래를 하기 위해 정보를 모으고, 거래할 사람을 찾고, 가격을 조정하는 등 거래하기 위해 필요한 모든 비용이 거래 비용이야. 예를 들어 시장이 없다면 우리는 초콜릿을 구하기 위해 직접 발 벗고 나서야 해. 초콜릿의 재료가 되는 카카오를 구하러 열대 지방까지 가야 할 거고, 카카오를 사서 직접 가공해서 초콜릿을 만들어야 할 테지. 마트에 가서 5분이면 해결될 일을 수개월에 걸쳐 해야 하는 거야. 하지만 시장이 있기 때문에 우리는 이런 수고스러운 일을 하지 않아도 돼.

시장은 어떤 대상이 거래되는 특정한 장소만을 가리키는 것이 아니야. 소비자-생산자 간의 거래 활동 자체가 바로 '시장'이기 때문이지. 그래서 거래 형태에 따라 보이는 시장과 보이지 않는 시장으로 구분할 수 있어. 보이는 시장은 '거래가 이루어지는 모습이 구체적으로 드러나는 시장'이야. 전통 시장, 백화점, 문구점, 슈퍼마켓처럼 오프라인 매장이 있는 곳이 '보이는 시장'이고 보이지 않는 시장은 '거래가 이루어지는 모습이 구체적으로 드러나지 않는 시장'이지. 쿠팡, 아마존처럼 전자상거래가 이루어지는 인터넷 쇼핑몰이 바로 보이지 않는 시장이야. 주식이 거래되는 주식 시장, 달러화, 유로화, 엔화 등과 같은 외환 거래 시장도 여기에 해당하는 시장이지.

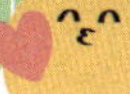

1. 다음 괄호에 들어갈 알맞은 표현을 써 보자.

> 시장은 __________(와)과 __________(이)가 만나 거래가 이루어지는 곳이다.

2. 애덤 스미스는 '보이지 않는 손'을 통해 소비자와 생산자 모두 이익을 챙길 수 있으므로 정부가 시장에 간섭할 필요가 없다고 주장했어. 애덤 스미스의 말대로 시장 활동에 정부의 개입이 정말 필요 없을까? 너희의 의견을 써 보자.

3. 다음 대화를 읽고 농부가 겪는 어려움을 두 가지 이상 제시해 보자. 그리고 이러한 어려움을 해결하는 시장의 기능을 한 가지 써 보자.

> 농부 　제가 가진 쌀과 당신의 생선을 바꿉시다.
> 어부 　저는 쌀보단 불을 땔 장작이 더 필요합니다.
> 농부 　제가 가진 쌀과 장작을 바꿀 수 있나요?
> 나무꾼 　죄송해요. 저는 쌀보다는 배가 더 필요해요.
> 농부 　생선 한번 먹기 힘드네! 이제 과수원 주인을 찾아가야 할까?

### 더 알고 싶어 119

📑 도서　▷ 영상　🔍 사이트

📑 『채사장의 지대넓얕 4 : 보이지 않는 손』 (채사장, 마케마케, 돌핀북, 2022)
경제의 기본 원리인 '보이지 않는 손'을 청소년 눈높이로 쉽게 풀어낸 책이야. 모두의 이익을 만드는 시장 시스템의 힘을 이해해 보자.

▷ 물건 가격은 누가 정하나요? (만화로 보는 맨큐의 경제학) 가격 결정의 비밀을 알려 주는 영상이야. 보이지 않아도 작동하는 시장 경제의 질서를 배워 보자.

🔍 (사)청소년금융교육협의회 경제 개념을 실생활과 연결해 배우는 사이트야. 경제 공부가 내 삶을 더 현명하게 설계하는 힘이 된다는 걸 느껴 보자.

# 똥물 위에서 진행하는 보트 경기에 참가하라고?

## 독과점과 시장 실패 그리고 정부의 개입

"올해 템즈강 입수는 금지입니다." 이 경고를 받은 대회는 190년 전통의 대회, 옥스브리지야. 옥스브리지는 옥스퍼드와 캠브리지 대학의 조정 경기 대결로 유명하지. 이 대회에서 승리한 팀은 템즈강에 입수하는 것이 대회 전통인데, 영국 정부가 이를 금지시킨 이유는 무얼까?

**학습 키워드**   #시장 #시장실패 #무임승차 #독과점 #공공재 #경쟁
**교과 연계**   초6 〉 사회 〉 2. 우리나라의 경제 발전
              중2 〉 사회 〉 Ⅲ-1 합리적 선택과 경제 체제
              고등학교 통합사회

## 민영화된 영국의 상하수도 회사

"경기가 끝나고 콜라 한 캔을 마셨어요. 위장에 있을지도 모를 박테리아를 없애려고요."

옥스브리지에 참가했던 한 조정 선수가 한 말이야. 템즈강에는 똥 같은 배설물은 물론 온갖 쓰레기들이 떠다니거든. 그 탓에 악취가 코를 찔러 도시 환경에 큰 피해를 끼치고 있어. 영국의 한 환경단체는 템즈강에서 기준치의 10배가 넘는 대장균이 발견됐다고 발표하기도 했어.

2024년 영국 정부는 이 문제를 해결하기 위해 템즈워터를 나라가 직접 관리하는 방향으로 논의를 진행하고 있어. 템즈강의 오염 문제는 국민의 건강과 직결되는 문제이기 때문이야.

템즈워터는 런던 시민들에게 물을 공급하는 영국 최대 상하수도

회사로 한국수자원공사
와 같은 역할을 하는 곳
이야. 우리나라는 한국
수자원공사를 나라에서
직접 운영하지만, 영국
은 템즈워터라는 민간
회사가 34년 동안 운영
해 왔어. 영국 정부는 왜

템즈워터를 국가가 아닌 민간 회사에서 운영하게 했을까?

　템즈워터의 운영권은 마가릿 대처 수상이 재임하던 시기에 '민영화'
됐어. 민영화는 국가가 소유하거나 관리하던 조직의 운영권을 민간 조직
이나 전문가에게 넘기는 것을 뜻해. 마가릿 대처 수상 집권 당시 영국은
경제적으로 매우 어려운 시기였어.

　"국가가 수도를 관리하는 것은 돈이 안 된다. 돈이 되지 않는다면 민
영화해서 효율적으로 수도를 관리하자!"

　1989년 영국 정부는 한 투자회사에 템즈워터를 76억 파운드(한화로
약 13조 원)에 팔았어. 시장의 힘이 수도를 효율적으로 관리해 줄 거라 믿
었기 때문이야. 하지만 민간으로 넘어간 템즈워터는 제대로 운영되지 않
았어. 오래된 파이프를 교체하지 않아서 물이 과하게 새도록 방치했고
지나치게 비싼 값에 물을 팔았을 뿐만 아니라 제대로 정화하지 않은 하
수를 템즈강에 흘려보내기까지 했어. 결과적으로 영국 정부가 템즈워터
를 민간 회사에 넘긴 결정은 '실패'라고 할 수 있어.

## 시장 실패에 대응하기 위한 방법

시장이 제 기능을 다하지 못한 이런 경우를 두고 경제학자들은 '시장 실패'라고 불러. 시장 실패가 일어나는 가장 큰 원인은 개인들의 '무임승차' 때문이야. 경제학에서 무임승차란 별도 비용을 쓰지 않고 이익을 챙기는 것을 뜻해.

템즈워터 입장에서는 파이프를 교체하거나 하수를 처리하는 데 드는 비용을 아끼는 것이 회사 성장을 위해 필요한 일이었을 거야. 어차피 템즈강에서 시민들에게 물을 공급하는 것은 자신들뿐이니 경쟁을 고민할 필요도 없었어. 그러니 최소한의 운영 비용을 투자해서 템즈워터 외에 물을 공급받을 선택지가 없던 시민들로부터 막대한 돈을 벌어들였던 거지.

현대 사회에서 정부는 시장 실패에 대비하기 위해 도로, 항만, 가로등, 국방, 치안과 같은 공공시설과 서비스를 직접 관리하고 있어.

그렇다고 모든 시설이나 서비스를 국가가 제공하는 것은 비효율적이야. 하나의 기관이 시설이나 서비스를 독점적으로 제공하는 것을 '독과점'이라고 하는데, 독과점이 생기면 경쟁이 이루어지지 않아. 독과점이 생기면 소비자는 보다 질 좋은 물건이나 서비스를 제공받지 못하게 돼. 경우에 따라 물건이나 서비스를 독점적으로 제공하는 회사의 횡포로 더 많은 돈을 내야 할 수도 있어. 그렇기 때문에 적절한 양의 공공재를 공급하면서도 자유롭게 경쟁할 수 있는 환경을 갖추는 것이 개인과 국가에게 가장 좋은 일이야.

1. 다음 중 옳지 않은 것을 모두 골라 보자.

① 모든 사람이 함께 사용하는 시설이나 서비스를 공공재라고 한다.

② 독과점은 여러 회사가 경쟁해 제품/서비스를 제공하는 상황에서 발생하는 현상이다.

③ 독과점이 생기면 경쟁이 촉진되어 소비자들에게 다양한 선택지를 줄 수 있다.

④ 공공재는 개인이 자유롭게 이용할 수 있는 자원이다.

⑤ 공공재를 제공하는 기관이 하나면 경쟁이 이루어지지 않아 효율성이 떨어질 수 있다.

2. 독과점이 일어날 때 생길 수 있는 문제점 2가지를 본문에서 찾아 써 보자.

3. 생활 속에서 독과점으로 인해 문제가 생긴 경우를 조사하고 조사 결과를 정리해 보자.

4. 시장실패와 독과점을 방지하기 위해 정부와 기업이 해야 할 역할을 써 보자.

 더 알고 싶어 119　　　　📖 도서　▷ 영상　🔍 사이트

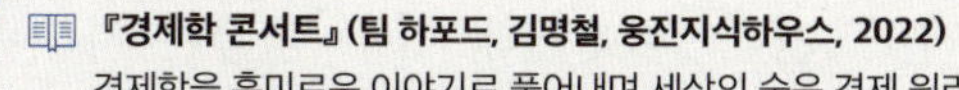

📖 『경제학 콘서트』 (팀 하포드, 김명철, 웅진지식하우스, 2022)

경제학을 흥미로운 이야기로 풀어내며 세상의 숨은 경제 원리를 보여 주는 책이야. 보기엔 이상하지만 모든 행동에는 경제적 이유가 있다는 걸 알아보자.

▷ 영화 〈파운더〉, 〈실리콘 밸리의 해적들〉

새로운 아이디어가 어떻게 경제적 성공으로 이어지는지 보여 주는 영화야. 경제는 돈이 아니라 사람의 선택과 혁신에서 시작된다는 걸 느껴 보자.

🔍 한국은행 멀티콘텐츠 경제교육 어린이

게임처럼 배우는 경제 교육 사이트야. 재미있게 배우며 경제 감각을 키워 보자.

# 중국에는 '생쥐족'이 산다고?

## 빈부 격차의 원인과 이를 해결하기 위한 정부의 노력

최근 중국에는 '생쥐족'이 새로운 사회 문제로 등장했어.
생쥐족은 하늘 높은 줄 모르고 치솟는 집값 때문에 아파트 지하실이나 방공호처럼
사람이 살기 어려운 곳에 사는 가난한 사람들을 표현하는 말이야.
어쩌다 중국에 이런 생쥐족이 생기게 됐을까?

**학습 키워드**  #빈부 격차  #지니계수  #사회주의  #자본주의

**교과 연계**  초6 〉 사회 〉 2. 우리나라의 경제 발전
중2 〉 사회 〉 Ⅲ-1 합리적 선택과 경제 체제
고등학교 통합사회

## 중국의 공동부유 정책

2021년 중국의 시진핑 국가 주석은 '다 함께 잘 산다.'는 뜻의 공동부유를 국가의 핵심 목표로 내세우기로 했어. 시진핑 주석이 국가 목표를 수정한 까닭은 무엇 때문일까?

사실 중국은 정부가 중요 생산수단인 농장, 기업을 소유하고 운영하고 있는 사회주의 국가야. 따라서 국가가 정한 기준에 따라 노동자들에게 임금과 생활 물품을 제공하지. 그 덕분에 사람들 사이에 빈부 격차가 크지 않은 편이야. 모두가 평등하게 잘 사는 사회를 만드는 것이 사회주의 국가의 목표이기 때문이지. 그런데 1980년대 이후 중국은 자본주의의 핵심 요소인 '시장경제'를 도입했어. 그 이유는 같은 사회주의 국가인 소련이 무너지고 미국, 유럽과 같은 자본주의 국가와의 경제 대결에

서 뒤처졌기 때문이야. 당시 중국 정부는 더 많은 경쟁과 자유로운 기업 활동을 통해 국민들이 이전보다 잘살 수 있는 기회를 제공하려고 했어. 시장경제에서는 누구든 자신의 능력에 따라 원하는 직업을 선택하고 경제 활동을 할 수 있어. 또한 자기가 노력한 만큼 많은 돈을 벌 수 있지. 그래서 사람들은 더 잘살고 싶다는 부푼 꿈을 안고 최선을 다해 경제 활동을 하게 되었어.

시장경제를 도입한 덕분에 중국의 경제는 빠른 속도로 성장할 수 있었어. 그 결과 미국 다음으로 막강한 힘을 가진 강대국이 되었지. 하지만 중국의 빈부 격차는 예전보다 훨씬 커졌어. 재산이 340억 원이 넘는 부자들이 7만 명에 달할 정도지만 14억 명에 달하는 중국 전체 인구 중 6억 명의 한 달 소득은 18만 원도 되지 않아. 상황이 이렇다 보니 중국 도시에 사는 가난한 사람들은 건물 지하실에서 여러 명이 같이 살거나 도시 외곽에 토굴을 파고 살기도 한대.

지니계수는 소득의 불균형 정도를 나타내는 수치로 0에서 1 사이로 소득의 불평등한 정도를 표시해. 2021년 중국의 지니계수는 0.7이었어. 전문가들은 지니계수가 0.5를 넘기면 빈부 격차에 지친 국민들이 폭동을 일으킬 수 있다고 경고했어. 그래서 시진핑 주석은 '다 함께 잘살자'는 공동부유 정책을 통해 빈부 격차를 해결하려고 했던 거야.

## 빈부 격차 때문에 생기는 문제

우리나라도 빈부 격차 문제에서 자유롭지 못한 실정이야. 2021년 세계 불평등 연구소는 한국의 빈부 격차 문제의 심각성을 경고했어. 보고서에 따르면 한국은 상위 10% 부자들과 하위 50%의 가난한 사람의 소득 격차가 14배에 달한다고 해. 우리나라보다 선진국인 프랑스가 7배,

독일이 10배인 것을 감안하면 우리나라의 빈부 격차는 매우 큰 편이야.

자본주의 사회에서 빈부 격차가 생기는 가장 큰 이유는 사람마다 가진 능력과 자원이 다르기 때문이야. 빈부 격차가 커지면 어떤 문제가 생길까? 첫째, 빈부 격차가 커지면 교육 기회의 차이도 커질 수 있어. 가난한 가정의 아이는 부유한 가정의 아이보다 낮은 수준의 교육을 받게 될 거야. 이로 인해 가난한 가정의 아이는 부유한 가정의 아이보다 낮은 수준의 일자리에 취업할 가능성이 높아지지. 둘째, 빈부 격차가 커지면 저출산을 선택하는 부부의 수가 늘어날 거야. 가난한 가정은 높은 물가와 적은 소득으로 자녀를 기르는 데 부담을 느끼게 되거든. 그래서 자녀를 낳지 않는 쪽을 선택할 확률이 높아. 셋째, 빈부 격차가 커지면 부자와 가난한 사람들 사이의 사회적 연대감이 떨어질 수 있어. 부자는 부자끼리, 가난한 사람은 가난한 사람들끼리 모이는 경향이 생기면 둘 사이의 사회적인 교류와 이해가 줄어들 거야. 이것이 오랜 기간 지속되면 사회 전체를 한데 묶는 힘이 약화될 수 있어. 빈부 격차 문제는 시장 중심의 자본주의 사회가 갖고 있는 구조적인 한계 때문이야.

이러한 한계에서 벗어나기 위해 정부는 다양한 정책을 통해 빈부 격차 문제를 해결하려고 노력하고 있어. 첫째, 교육 기회를 보장하려고 해. 정부는 학비 지원, 학교 시설 개선 등을 통해 경제적으로 어려운 아이들이 높은 수준의 교육을 받을 수 있도록 지원하고 있어. 둘째, 양질의 일자리를 늘리고 있어. 정부는 가난한 사람들에게 질 좋은 일자리를 제공해 가계 소득을 안정화시키고 소득 격차를 줄이려고 노력하고 있어. 셋째, 사회 보장 제도를 강화하고 있어. 이를 위해 정부는 주거 및 금융 지원, 일자리 알선, 의료 보험 등의 다양한 복지 프로그램을 통해 실직자, 노인, 장애인 등의 취약 계층을 지원하기 위해 노력하고 있지.

1. 중국 정부가 '공동부유' 정책을 추진하는 이유는 무엇일까?

　① 중국 경제 발전을 위해 부자들에게 더 많은 혜택을 주려는 것이다.

　② 사회주의 체제의 원칙에 따라 경제 불평등을 최소화하기 위함이다.

　③ 중국의 사회주의 사상을 세계에 전파하기 위함이다.

　④ 중국의 빈부 격차를 더욱 확대하고 사회적 불안을 유발하기 위해서다.

2. 빈부 격차가 커질 때 생길 수 있는 사회적 문제를 3가지 써 보자.

------------------------------------------------

------------------------------------------------

------------------------------------------------

------------------------------------------------

3. 다음 사례를 읽고 '자본주의 사회에서 돈을 사용하여 시간을 절약하는 매직패스 서비스와 같은 제도는 정당한가?'에 대한 자신의 생각과 까닭을 적어 보자.

> A씨는 여름 방학을 맞아 가족들과 함께 놀이공원을 방문했다가 깜짝 놀랐다. 놀이공원에서 줄 서지 않고 바로 즐길 수 있는 매직패스를 일반 티켓보다 2배 비싼 가격에 판매하고 있었기 때문이다. A씨는 "땡볕에 줄 서서 놀이기구를 2시간 동안 기다리는 것보다는 낫다."고 생각해서 매직패스를 구입했다.
> 한편 B씨는 가족들과 함께 3시간 넘게 놀이기구를 타기 위해 기다리고 있었다. 그런데 매직패스를 구입한 A씨의 가족들이 자신들보다 먼저 놀이기구를 타는 모습을 발견했다. B씨의 아들은 "나도 저 사람들처럼 빨리 타고 싶다."며 엉엉 울었다. B씨는 '돈으로 시간을 사는 경우가 늘어나고 있는데 이런 현상이 옳은 것인가?'에 대해 의문을 갖게 됐다.

**더 알고 싶어 119**　　　📖 도서　▷ 영상　🔍 사이트

📖 『10대를 위한 부자 아빠 가난한 아빠』 (로버트 기요사키, 황금가지, 2007)
　돈의 흐름과 부의 구조를 청소년 눈높이에서 설명한 책이야. 경제 불평등의 현실과 부의 격차를 생각해 보자.

▷ 영화 〈찰리와 초콜릿 공장〉
　가난하지만 순수한 찰리의 시선을 통해 진정한 부의 의미를 되돌아보자. 돈보다 소중한 건 가치 있는 선택이라는 걸 배워 보자.

# '마누라, 자식 빼고 다 바꾸자'고 말한 이 사람의 정체는?

## 치열한 경쟁과 기술 혁신을 추구하는 기업가 정신

삼성 초대 회장인 이병철의 뒤를 이어 제2대 삼성 회장으로 취임한 이건희 회장은 삼성을 초일류 기업으로 성장시키겠다는 자신의 약속을 지키기 위해 죽는 그날까지 최선을 다했어. 이건희 회장은 어떻게 삼성을 세계에서 알아 주는 기업으로 성장시켰을까?

**학습 키워드**　#기업가 정신　#기업가　#창업　#창업가　#혁신

**교과 연계**　초6 〉 사회 〉 2. 우리나라의 경제 발전
　　　　　　중2 〉 사회 〉 Ⅱ-1 기업의 역할과 사회적 책임
　　　　　　고등학교 통합사회

## 이건희 회장의 기업가 정신

노키아는 스티브 잡스가 아이폰을 개발하기 전 세계 휴대폰 시장을 지배했던 1등 기업이었어. 이미 자신들의 휴대폰이 잘 팔리고 있었기 때문에 스마트폰을 만들 필요가 없다고 생각했지. 하지만 노키아의 예측은 틀렸어. 2025년 현재 아이폰은 삼성 갤럭시폰과 더불어 세계를 주름잡는 스마트폰이야. 휴대폰 시장의 변화에 적응하지 못한 노키아는 망해서 마이크로소프트에 회사를 팔아야 하는 신세가 됐어.

삼성의 이건희 회장은 노키아의 사례처럼 삼성이 당장은 잘 되고 있어도 변화에 적응하지 못하면 망할 수 있다고 생각했어. 더불어 삼성이 세계 무대에서 살아남기 위해서는 최신 기술을 이용해 최고의 상품을 생산해야 한다고 강조했지.

이건희 회장이 취임하던 1980년대에는 노동자들의 권리를 주장하는 노동 운동이 활발하게 일어나던 시기야. 1980년대 이전에는 노동자들이 제대로 된 임금도 받지 못했고 더럽고 열악한 환경 속에서 오랜 시간 일해야 했기 때문에 노동자들은 쾌적한 근무 환경에서 회사로부터 인간다운 대접을 받으며 일하길 바랐어. 그 결과 정부는 노동자들이 일정한 수준 이상의 월급을 기업으로부터 정당하게 받을 수 있도록 보장하는 최저임금 제도를 만들었어.

이로 인해 인건비가 늘어나 국제 가격 경쟁력에서 손해를 본다고 생각하던 중 이건희 회장에게 큰 충격을 준 사건들이 연달아 일어났어. 미국 로스앤젤레스에 출장을 갔던 이건희 회장은 삼성의 텔레비전이 전자제품 매장 구석에 처박혀 있는 것을 발견했어. 또한 몇몇 직원들이 삼성전자의 세탁기 생산라인에서 플라스틱 뚜껑이 잘 닫히지 않자 뚜껑을 칼로 깎아 조립한 것이 밝혀졌어. 이런 사건들로 인해 이대로 가다간 삼성이 망할지도 모른다는 공포감이 들어 이건희 회장은 크게 분노했어.

## 프랑크푸르트 선언

1993년 6월 7일, 이건희 회장은 200여 명의 삼성 핵심 경영진을 독일 프랑크푸르트에 모아 놓고 이렇게 선언했지.

"농담이 아니야! 극단적으로 얘기해서 마누라, 자식 빼고 다 바꿔 봐!"

'품질경영'을 강조한 이건희 회장의 선언을 프랑크푸르트 선언, 또는 신경영 선언이라고 불러. 이후 이건희 회장은 실제로 불량이 생긴 생산 라인의 문제가 해결될 때까지 생산을 중단시키는 '라인 스톱제'를 도입했어. 손해가 얼마가 나든 간에 품질을 못 끌어올리면 다 같이 죽는 마당인데, 그까짓 며칠 생산을 멈춘다고 대수겠냐는 것이 이건희 회장의 생각이었어.

이건희 회장은 휴대폰 불량률이 11.8%나 된다는 보고를 받자마자 삼성전자의 구미 사업장에서 시장에서 팔고 있던 삼성 제품 15만 대를 불태워버린 '애니콜 화형식'을 지시했어. 당시 불태워진 삼성 제품의 가격은 무려 500억 원이 넘었다고 해. 이 사건으로 삼성 직원들은 정신이 번쩍 들었어. 직원들의 마음을 하나로 모은 이건희 회장은 삼성을 세계 초일류 기업으로 만들기 위해 박차를 가했어.

"무조건 1등으로 만들어라."

이건희 회장이 삼성 직원들에게 요구한 단 하나의 조건이었어. 삼성은 새로운 분야를 시작할 때 최대한 많은 돈을 투자해서 기술을 개발하고, 최신 기술로 만든 제품들을 경쟁자들보다 빠르게 판매해서 고객들을 독차지하려고 했어. 이런 최신 기술을 개발하기 위해서는 천재적인 인재들이 많이 필요했지.

이건희 회장은 인재를 키우는 데 막대한 돈을 투자했어. 구글, 애플과 같은 글로벌 대기업들에게 인재를 빼앗기지 않기 위해 능력만 좋다면 사장보다 많은 월급을 직원에게 주기도 했어. 그 결과 현재 삼성은 전 세계 메모리 반도체 부문 1위, 전 세계 스마트폰 부문 1위, 전 세계 TV 부문 1위, 전 세계 브랜드 가치 5위를 자랑하는 글로벌 기업이 됐어.

오스트리아 출신 경제학자 조지프 슘페터는 이건희 회장처럼 새로운 것을 추구하는 기업가의 아이디어가 세상을 바꾼다고 강조했어. 조지프 슘페터는 기술 혁신과 도전 정신을 추구하는 기업가의 자질을 '기업가 정신'이라고 정의했지. 기업가 정신에 의해 세상이 변하고, 사회가 끊임없이 성장할 수 있다는 걸 강조한 거야.

1. 이건희 회장이 실시한 경영 방침의 핵심은 무엇일까?

① 물건 가격을 낮추는 것에 집중해야 한다.

② 최신 기술을 사용해 높은 품질의 제품을 만드는 것이 중요하다.

③ 경영은 돈을 벌기 위한 것이다.

④ 우리는 일본, 중국과 경쟁할 힘이 없다.

⑤ 직원들의 월급을 낮춰서 제품 가격을 저렴하게 만드는 것이 중요하다.

2. 다음 글을 읽고 빈칸에 알맞은 말을 써 보자.

> 오스트리아 출신 경제학자 조지프 슘페터는 이건희 회장처럼 새로운 것을 추구하는 기업가의 아이디어가 세상을 바꾼다고 강조했습니다. 조지프 슘페터는 기술 혁신과 도전 정신을 추구하는 기업가의 자질을 __________(이)라고 정의했습니다. __________에 의해 세상이 변하고, 사회가 끊임없이 성장할 수 있다는 것입니다.

3. 이건희 회장처럼 '기업가 정신'을 추구한 사람을 찾아 조사해 보자.

------

 **더 알고 싶어 119**　　　📖 도서　▷ 영상　🔍 사이트

📖 **『세계와 경쟁하라』** (전도근, 북스타, 2013) 시장을 이끄는 리더들의 도전과 혁신 이야기를 담은 책이야. 변화를 두려워하지 않는 기업가 정신이 왜 중요한지 알아보자.

▷ **영화 〈소셜 네트워크〉, 〈스티브 잡스〉** 세상을 바꾼 창업가들의 이야기로 열정과 혁신의 가치를 느낄 수 있어. 실패를 두려워하지 않는 도전 정신을 배워 보자.

🔍 **원격 영상 진로 멘토링** 다양한 직업인들의 이야기를 들을 수 있는 진로 탐색 사이트야. 나만의 꿈과 진로를 구체적으로 그려 보자.

# 재벌의 길을 버리고 전 재산을 기부한 이 사람의 정체는?

## 법과 윤리를 준수하고 사회적 책임을 다하는 기업가 정신

일제의 핍박에도 일제에 협력하지 않고 독립운동에 헌신한 사업가, 장관 자리도 마다하고 독재 정권 치하에서 자신만의 소신을 지킨 사업가, 세금을 꼬박꼬박 잘 내고 전 재산을 자식이 아닌 사회에 기부한 사업가, 스스로 재벌이 되길 포기한 사업가는 누구일까?

**학습 키워드**　#기업가 정신  #기업가  #창업  #창업가  #혁신

**교과 연계**　초6 〉 사회 〉 2. 우리나라의 경제 발전
중2 〉 사회 〉 Ⅱ-1 기업의 역할과 사회적 책임
고등학교 통합사회

## 유일한 박사의 기업가 정신

유일한 박사는 1895년 1월 15일 평양의 독실한 기독교 집안에서 태어났어. 유일한 박사의 아버지는 망해 가는 조선을 살릴 수 있는 유일한 방법은 서구 문화를 배우는 것이라고 생각하고 유일한 박사를 외국인 선교사를 통해 미국으로 유학 보냈지. 미국 미시간 대학에 입학한 유일한 박사는 학비를 벌기 위해 '라초이 식품 회사'를 만들어 사업을 시작했어. 라초이 식품 회사는 사업을 시작한 지 4년 만에 50만 달러의 매출을 기록하고 400명의 직원을 둔 큰 회사로 성장했다고 해.

유일한 박사는 21년 만인 1925년에 고향 땅을 밟게 됐어. 조국과 부모님을 다시 만난다는 기쁨도 잠시, 유일한 박사는 너무나 열악한 조선의 현실에 충격을 받았어. 당시 조선 사람들은 일제의 탄압에 먹고 살기

가 너무 힘들었다고 해. 기생충, 피부병, 감기와 같이 약만 있으면 치료할 수 있는 병 때문에 크게 앓거나 죽는 경우도 많았거든. 유일한 박사는 이 문제를 몹시 해결하고 싶어 했어.

유일한 박사는 부인과 상의한 끝에 자신은 의약품 사업을 하고, 부인은 세브란스 병원 소아과 과장으로 일하기로 결정했어. 유일한 박사는 회사를 팔아서 받은 25만 달러를 의약품을 사는 데 몽땅 사용했어. 조선으로 돌아온 뒤에는 구입한 의약품을

이용해 유한양행이라는 회사를 세우고, 수입 의약품 사업에 뛰어들었지.

1941년 12월 7일, 일본이 미국 하와이의 진주만을 기습 공격했어. 곧 미국이 2차 세계 대전에 참전한다는 소식이 전해졌지. 당시 유일한 박사는 대한민국 임시정부가 일본군에 대항하는 광복군을 양성한다는 소식을 듣고 항일 투쟁에 참여하기로 결정했어. 유일한 박사는 50세의 나이에 미국 CIA의 전신 OSS에 들어가 정보 수집과 스파이 작전을 위한 군사 훈련을 직접 받기도 했어.

1945년 광복을 맞이한 후 한국으로 돌아온 유일한은 왕성한 기업 활동을 통해 사회에 이바지하길 바랐어. 유일한 박사는 항상 질 좋은 제품을 만들길 원했고 이익이 생기면 꼭 전 직원들과 함께 나눴어. 유일한 박사는 한국전쟁으로 부산으로 피난 가는 힘든 상황 속에서도 양심적인 기업 활동으로 많은 사람들의 존경을 받게 됐어. 곧 이어 등장한 독재 정권들이 뇌물을 요구해도 유일한 박사는 '기업가의 행실로 옳지 않다'며 한사코 그 제안을 거절했어. 정부가 유한양행에 대한 세무 조사를 아무

리 해도 먼지 한 톨 나오지 않았지. 오히려 조사하면 조사할수록 유한양행이 국민들에게 한 선행이 쏟아져 나오기만 했다고 해. 그래서 1968년 유한양행을 모범 납세 회사로 선정해서 동탑산업훈장을 수여했지.

## 교육에 투자한 유일한 박사

유일한 박사는 돈을 많이 벌어서 재벌이 되기보다 조국과 동포들을 위해 자신이 번 돈이 의미 있게 쓰이길 원했어. 그래서 공부에 뜻이 있는 한국 학생들이라면 누구나 다닐 수 있도록 '유한중학교'와 '유한공업고등학교'를 세웠어. 학교에 입학하는 첫 입학생들이 모두 무료로 학교에 다닐 수 있도록 장학금을 지원했지.

1969년 유일한 박사는 아들 대신 전문 경영인을 유한양행의 사장으로 임명했어. 혈연이 아닌, 오로지 성실한 성품과 능력을 갖춘 사람만이 유한양행의 사장이 될 수 있다고 생각했기 때문이야. 전문 경영인에게 회사를 물려준 유일한 박사는 급속도로 건강이 나빠져 1971년 3월 11일에 세상을 떠났어. 사람들은 유일한 박사의 유언장을 확인하고 크게 놀랐어.

"손녀에게 학자금을 준다. 딸에게는 무덤 주변의 땅을 물려준다. 아들은 대학까지 졸업시켰으니 앞으로 스스로 살아가거라. 그리고 나의 소유 주식 전부는 기증한다."

유일한 박사처럼 기업가는 법과 윤리를 준수하고 기업의 사회적 책임을 늘 잊지 않아야 해. 또한 기업의 생산 활동에 참여하는 노동자들에게 정당한 임금을 주고 그들이 안전하고 쾌적한 환경에서 근무할 수 있도록 지원해야 하지. 기업, 가계, 정부가 힘을 합쳐 활동할 때 경제가 성장하고 사회가 이전보다 나은 방향으로 발전할 수 있기 때문이야.

1. 조선으로 돌아간 후 유일한 박사는 어떤 사업을 시작했을까?

① 의료기기 제조　　　② 건설업　　　③ 의약품 수입 사업

④ 식당, 카페 운영　　　⑤ 밀가루 수출 사업

2. 유일한 박사가 고향인 조선으로 돌아간 까닭을 써 보자.

3. 유일한 박사를 통해 배울 수 있는 기업가 정신 3가지를 써 보자.

---

### 👍 더 알고 싶어 119　　📖 도서　▷ 영상　🔍 사이트

📖 『Why? people 유일한』 (이재훈, 유희석, 예림당, 2024)

　기업가 유일한 박사의 삶을 통해 성공보다 나눔이 더 큰 가치임을 보여 주는 책이야. '윤리와 책임'이 경제의 진짜 중심이라는 걸 배워 보자.

▷ 당신이 몰랐던 유한양행의 역사 (세상의 모든 지식) 기업의 사회적 책임과 올바른 경영 철학이 얼마나 중요한지 알려 주는 영상이야. 돈보다 가치 있는 성공의 의미를 되새겨 보자.

🔍 원격 영상 진로 멘토링

　실제 기업가와 사회공헌가의 이야기를 들을 수 있는 사이트야. 나눔과 리더십을 갖춘 미래 인재로 성장하는 길을 찾아 보자.

# 이 가격이 말이 돼?
# 알리, 테무의 한국 상륙작전

무역의 장점과 단점: 나라 사이에 상품/서비스를 사고파는 활동

"계란 60개도 1,000원, 바나나 4송이도 1,000원이라고?" 2024년 알리와 테무는 한국에서 2, 3번째로 많이 찾는 온라인 쇼핑몰이 됐어. 저렴한 중국산 제품들이 한국 시장을 접수하고 있는 이 상황은 우리나라 소비자와 생산자에게 어떤 영향을 줄까?

**학습 키워드**   #무역, #국제 거래, #비교우위론
**교과 연계**   초6 〉 사회 〉 2. 우리나라의 경제 발전
중2 〉 사회 〉 Ⅴ-3 국제 거래와 환율
고등학교 통합사회

## 무역이 필요한 이유

우리가 외국에서 생산한 물품을 쉽게 살 수 있는 까닭은 무엇일까? 바로 우리나라가 다른 나라들과 '무역'을 하고 있기 때문이야. 무역은 '나라와 나라 사이에 서로 물건이나 서비스를 사고파는 일'을 뜻해. 전 세계 대부분의 나라들은 나라 사이가 좋고 나쁨을 떠나 모두 무역을 하며 살아가고 있어.

무역을 하려면 많은 절차를 거쳐야 해. 이 과정에서 때때로 나라 사이에 갈등이 생기기도 하지. 2021년, 중국이 자국으로 수입되는 호주산 보리, 와인, 쇠고기에 막대한 세금을 부과했어. 중국 정부의 결정에 반발한 호주가 석탄 수출을 금지시키고 세계무역기구에 소송을 걸기도 했지. 이와 같이 무역은 매우 복잡다단한 일들이 많이 생겨. 그럼에도 왜 전 세

계 나라들은 무역을 하고 있을까?

영국의 경제학자 데이비드 리카도는 '비교우위론'을 통해 무역이 필요한 이유를 설명했어. 리카도는 다른 나라와 비교할 때 경쟁력 있는 제품을 전문적으로 생산해서 다른 나라에 수출하는 것이 경제적으로 훨씬 이득이라고 주장했어. 우리나라 입장에서는 중국에서 싸게 살 수 있는 물품을 비싼 값에 생산하는 것이 훨씬 비합리적이지. 그래서 중국의 쇼핑 플랫폼인 알리, 테무가 한국 시장에서 큰 인기를 얻는 거야. 소비자 입장에서는 적은 돈으로 원하는 물건을 살 수 있는 알리, 테무를 이용하는 것이 합리적이기 때문이지.

국제 무역이 늘어나면 소비자는 이전보다 재화, 서비스를 더 값싸고 다양하게 구할 수 있어. 생산자 입장에서도 무역은 큰 이득을 가져다 줘. 무역을 통해 생산자는 상품 생산에 필요한 재료와 노동력을 값싸게 확보할 수 있거든. 또 상품을 팔 수 있는 시장이 국내에서 전 세계로 확대되면 더 큰 돈을 벌 수 있는 기회를 얻게 돼.

## 무역 때문에 생기는 문제

그렇다면 무역이 우리 삶에 항상 긍정적인 영향만 줄까? 그렇지 않아. 다른 나라의 싸고 다양한 제품들이 수입되면서 위기를 맞는 상품과 산업들이 생기기도 하거든.

알리, 테무에서 지나치게 저렴한 가격으로 상품을 팔다 보니 국내 업체들은 가격 경쟁력에서 밀릴 수밖에 없어. 이대로 가격 경쟁력에서 밀려 우리나라의 유통업과 제조업이 무너지면 많은 회사와 공장이 문을 닫게 될 거야. 우리나라 시장을 중국의 알리, 테무가 독점하게 되면 나중에는 소비자에게 비싼 값에 물건을 팔 수도 있어.

저렴한 가격에 물건을 산다고 마냥 좋은 것도 아냐. 국내 회사들은 상품을 생산하고 나면 100만 원 가까운 검사비를 내면서 안전인증<sup>KC</sup> 검사를 진행하지. 하지만 알리, 테무 등을 통해 수입하는 제품 대부분은 안전인증 마크가 없어. 2024년 5월, 알리와 테무에서 판매하는 슬라임, 필통 등 어린이 완구 제품에서 암을 유발하는 물질이 다량 검출되어 사회적 문제가 된 적도 있었어.

2020년 우리나라의 무역 의존도는 약 63%로 경제에서 무역이 차지하는 비중이 매우 높은 편이야. 자원 하나 없는 우리나라 경제가 성장하기 위해서는 무역이 꼭 필요해. 따라서 정부와 기업은 무역의 장점을 최대한 활용하고, 단점을 최소화하기 위해 지속적인 노력을 기울여야 해.

1. 우리나라가 비교우위론에 따라 무역을 하는 이유로 옳지 않은 것은?

> 우리나라와 다른 나라들이 무역을 하는 이유 중 하나는 비교우위론에 따라 서로 경쟁력이 있는 제품을 생산하고 교환하는 것이 경제적으로 더 이득이기 때문입니다. 예를 들어 우리나라는 인건비가 비싸서 생활 물품을 생산하는 데 높은 비용이 듭니다. 반면 중국은 인건비가 저렴해서 같은 물품을 더 저렴하게 생산할 수 있습니다. 따라서 우리나라는 중국에서 싸게 물품을 수입하고, 대신 우리나라가 경쟁력이 있는 제품을 생산하여 다른 나라에 수출하는 것이 더 효율적입니다.

① 다른 나라보다 비싸게 생산되는 물품을 수입하여 비용을 절감할 수 있다.
② 우리나라가 경쟁력이 있는 제품을 전문적으로 생산하여 수출할 수 있다.
③ 무역을 통해 소비자들이 다양한 상품을 저렴한 가격에 구매할 수 있다.
④ 무역을 하지 않으면 다른 나라와의 관계가 나빠질 수 있다.

2. 영국의 경제학자 데이비드 리카도가 다른 나라와 비교하여 경쟁력이 있는 제품을 전문적으로 생산하고 다른 나라에 수출하는 것이 경제적으로 훨씬 이득이라고 주장한 경제 이론은 무엇일까?

3. 무역을 통해 우리는 다양한 외국 제품을 쉽게 구입할 수 있지만, 그로 인해 국내 생산자들이 겪는 어려움도 존재한다. 알리와 테무에서 매우 저렴한 가격에 판매되는 제품들이 국내 업체에게 어떤 영향을 미치며, 이러한 문제를 해결하기 위해 정부와 소비자는 어떤 역할을 할 수 있을지 자신의 생각을 써 보자.

---

### 더 알고 싶어 119

📖 도서　▶ 영상　🔍 사이트

📖 『노빈손 조선 최고의 무역왕이 되다』 (김경주, 이우일, 뜨인돌, 2010)
무역의 원리와 자유시장 개념을 쉽고 흥미롭게 풀어낸 책이야. 초저가 경쟁 속에서 공정 무역과 소비 윤리의 가치를 생각해 보자.

▶ 영화 〈더 컴퍼니 맨〉, 〈로드 오브 워〉 세계 경제 속 경쟁과 탐욕 그리고 도덕적 선택의 갈림길을 보여 주는 영화야. 싸게 파는 것만이 능사는 아니라는 걸 느껴 보자.

🔍 기획재정부 어린이 경제교실 무역, 환율, 소비 등 글로벌 경제의 흐름을 쉽게 배울 수 있는 사이트야. 스마트한 소비자로 성장할 경제 감각을 키워 보자.

# 4천 억짜리 한국 자동차 공장을 14만 원에 팔았다고?

## 세계화에 따른 다국적기업의 역할과 책임

우크라이나 전쟁으로 자동차 생산에 어려움을 겪던 현대 자동차는 2023년 12월, 러시아 자동차 공장을 현지 기업에 단돈 14만 원에 팔아야 했어. 기업들은 국제 갈등으로 인해 종종 이런 위기를 겪곤 하지. 그럼에도 현대 자동차는 왜 해외에 공장을 지으려고 할까?

**학습 키워드**　#다국적기업 #세계화 #무역
**교과 연계**　초6 〉 사회 〉 2. 우리나라의 경제 발전
　　　　　　　중2 〉 사회 〉 Ⅵ-2 국제 사회와 국제 정치
　　　　　　　고등학교 통합사회

## 다국적기업이 생기는 이유

2023년, 현대 자동차는 러시아에서 막대한 손해를 입었어. 그럼에도 현대 자동차는 해외 시장에서 큰 활약을 펼치고 있지. 현대 자동차 전체 자동차 판매량 중 해외 판매량이 80%를 넘겼거든. 그렇다면 어느 나라에서 현대 자동차 제품들을 많이 사 가고 있는 걸까? 현대 자동차가 가장 잘 팔리는 해외 시장은 바로 미국과 유럽이야. 현대 자동차는 미국, 유럽 자동차 시장에서 판매량 3~4등을 차지할 만큼 국제적인 인정을 받고 있어.

기업도 사람처럼 국적이 있어. 기업의 국적은 사업을 하는 지역에 따라 결정돼. 한국에서 세운 기업이 한국에서 사업을 하면 한국 기업이고, 미국에 기업을 세워 미국에서 사업을 하면 미국 기업이 되겠지. 외국

기업이라도 한국에서 사업을 하면 국적은 한국이 돼. 현대 자동차가 러시아에 기업을 세우고 사업을 했다면 러시아에서 현대 자동차는 러시아 기업이지. 이처럼 세계 여러 나라에서 사업을 하면서 다양한 나라의 국적을 가진 기업을 '다국적기업' 또는 '글로벌기업'이라고 해.

그렇다면 다국적기업은 왜 생기는 걸까? 오늘날 전 세계 대부분 국가들은 시장 중심의 자본주의 국가야. 자본주의 사회에서 돈을 많이 벌고 잘 사는 방법은 바로 '합리적인 선택'을 하는 거지. 기업 입장에서는 국내 사업만 하는 것보다 해외 사업도 하는 것이 훨씬 많은 돈을 벌 수 있어 합리적이야. 또한 많은 노동력을 필요로 하는 제품을 생산하는 기업이라면 인건비가 저렴한 베트남, 인도, 인도네시아에 회사나 공장을 세우는 것이 유리하겠지. 그렇다면 현대 자동차가 러시아에 공장을 세운 까닭은 무엇일까? 우선 러시아는 우리나라보다 인건비가 훨씬 싸서 자동차를 만드는 비용이 훨씬 덜 들어. 또한 한국에서 자동차를 만들어서 동유럽에 파는 것보다 동유럽과 가까운 러시아에서 만들어 파는 것이 물류비 측면에서 훨씬 이득이지. 아울러 현지에서 사업을 하면 지역 사람들이 어떤 자동차를 좋아하는지 정확하게 파악할 수 있어. 지역 사람들의 취향에 맞는 자동차를 만들면 훨씬 더 많은 자동차를 판매할 수 있거든. 그래서 현대 자동차는 러시아에 공장을 세웠던 거야.

## 다국적기업 진출이 끼친 영향

다국적기업은 진출한 나라의 경제 성장에 많은 도움을 줘. 다국적기업이 네팔, 카자흐스탄처럼 산업 시설이 거의 없는 나라에 공장을 세우면 많은 일자리가 생기기 때문이야. 다국적기업은 진출한 나라에 세금도 내고 경제 활동에 필요한 자본이나 기술을 제공하기도 해. 다국적기업의 활동을 통해 해당 국가는 경제적으로 크게 성장할 수 있는 발판을 마련할 수 있지. 우리나라가 그 대표적인 사례야. 한국전쟁 이후 경제 발전을 하기에 자본도, 기술도 턱 없이 부족했던 우리나라에 IBM, 도요타, 혼다, 쉘과 같은 다국적 기업들이 공장을 세워 일자리를 제공하고, 경제 성장에 필요한 기술도 알려 줬어. 또한 다국적기업들이 우리나라 제품의 우수성을 세계에 소개해 줘서 수출을 늘리는 데도 많은 도움을 줬지. 우리나라의 경제 성장에 다국적 기업들이 제대로 한몫을 한 거야.

그렇다면 전 세계 모든 나라가 다국적기업이 자기 나라에서 사업을 하길 바랄까? 그렇지는 않아. 아프리카가 대표적인 사례야. 다국적기업들이 아프리카에 원했던 것은 석유, 다이아몬드, 석탄, 철광석과 같은 풍부한 자원이었어. 그래서 다국적기업들은 공장을 짓기보다는 아프리카의 많은 자원들을 헐값에 사서 해외에 비싸게 파는 것을 더 선호했지. 아프리카 국가들이 기술과 자본이 있었다면 석유, 다이아몬드와 같은 자원을 직접 생산해서 수출할 수 있었을 거야. 하지만 아프리카 국가들은 그럴만한 돈도 기술도 없어서 다국적기업에게 자원을 개발할 권리만 넘겨 줬어. 결과적으로 다국적기업의 주머니만 두둑해진 거지.

다국적기업은 진출한 나라의 노동력, 자본 등 해당 국가의 각종 자원들을 활용해서 돈을 벌고 있어. 따라서 진출한 나라의 협조 없이는 오랜 기간 해당 국가의 시장에서 살아남을 수 없지. 그러므로 기업 활동은 법의 테두리 안에서 환경 보호, 소비자 보호와 같은 가치를 존중하며 이루어져야 해. 또한 진출한 나라에 자연재해나 힘든 일이 생기면 기업 활동을 통해 얻은 이익 일부를 해당 국가에 돌려줄 수 있어야 해. 그것이 변화하는 세계 속에서 다국적기업이 살아남기 위한 전략이자 짊어져야 할 사회적 책임이야.

1. 다국적기업이 세계 각지에 공장을 설립하는 이유는 무엇일까?

   ① 자국 내 경제 활동에만 의존하기 위해

   ② 다른 나라 사람들에게 우리나라 문화를 전파하기 위해

   ③ 해외에서도 많은 이익을 얻기 위해

   ④ 다른 나라 사람들을 비싼 가격에 고용하기 위해

   ⑤ 기업의 사회적 책임을 다하기 위해

2. 만약 너희가 다국적 기업의 사장이라면 앞으로 어떤 나라에서 사업을 확장하고 싶은 지를 써 보자. 그리고 그 나라에서 하고 싶은 사업과 이유도 써 보자.

3. 현대 자동차가 러시아에 공장을 세운 것이 경제적으로 합리적인 선택이었는지에 대해 설명해 보자. 또한 다국적기업이 국제 시장에서 성공하기 위해 고려해야 할 중요한 사회적 책임이 무엇인지 써 보자.

## 더 알고 싶어 119

📖 도서   ▷ 영상   🔍 사이트

📖 『글로벌 거대 기업에 숨겨진 이야기』 (윤석천, 내일을여는책, 2024)
세계 자본의 흐름과 기업 인수합병의 비밀을 흥미롭게 풀어낸 책이야. 한 나라의 산업이 글로벌 자본의 흐름 속에서 어떻게 흔들리는지 이해해 보자.

▷ 영화 〈블러드 다이아몬드〉, 〈콘스탄스 가드너〉
다국적기업의 탐욕이 국가와 사람의 삶에 어떤 영향을 주는지 보여 주는 영화야. 글로벌 자본주의의 빛과 그림자를 함께 바라보자.

# 금융 기술로 더 편리한 세상을 만드는 핀테크 개발자

**스마트폰으로 용돈을 받거나, 인터넷에서 물건을 살 때 간편결제 서비스를 이용해 본 적 있니? 핀테크 개발자는 일상생활 속에서 사람들이 돈과 관련된 다양한 활동을 더 편리하게 할 수 있도록 돕는 일을 해. 핀테크 개발자가 어떻게 우리 생활을 편리하게 해 주는지 알아볼까?**

### 핀테크는 어떤 기술일까?

'핀테크(FinTech)'는 '금융(Finance)'과 '기술(Technology)'을 결합한 말로, 기술을 이용해 금융 업무를 더 쉽고 빠르게 처리할 수 있도록 돕는 것을 뜻해. 핀테크는 단순한 기술 개발을 넘어, 사람들이 돈과 관련된 문제를 더 효율적이고 편리하게 해결할 수 있는 환경을 만들어 주고 있어. 예를 들어 우리는 은행에 가지 않고도 스마트폰 앱 하나

로 송금, 투자, 예금 관리 등 다양한 금융 서비스를 이용할 수 있어. 이런 혁신적인 변화를 만드는 것이 바로 핀테크의 핵심이야.

핀테크 기술은 우리의 일상 속에서 점점 더 중요한 역할을 하고 있어. 핀테크 개발자는 사람들이 돈과 관련된 일을 더 쉽고 안전하게 처리할 수 있도록 다양한 서비스를 만들었어. 예를 들어 예전에는 은행에 직접 가서 송금하거나 공과금을 내야 했지만, 이제는 스마트

폰으로 몇 번만 터치하면 모든 일을 처리할 수 있게 되었어. 이는 핀테크 개발자가 시스템을 간편하게 이용하도록 설계하고 개발한 덕분이야.

핀테크 기술은 단순히 송금과 결제를 편하게 만드는 데에서 그치지 않아. 사람들에게 더 나은 금융 관련 결정을 내릴 수 있도록 돕는 기술도 만들었어. 예를 들어 투자 앱은 인공지능(AI)을 활용해서 사용자의 소비 패턴을 분석하고, 맞춤형 금융 상품을 추천해 줘. 이렇게 핀테크는 사람들의 시간과 노력을 절약하면서 더 똑똑하게 돈을 관리할 수 있도록 도와주는 중요한 기술이야.

핀테크는 소상공인과 대기업에게도 큰 변화를 가져왔어. 과거에는 소상공인이 카드 결제 시스템을 도입하려면 비싼 장비를 구입해야 했지만, 핀테크 기술 덕분에 이제는 스마트폰이나 태블릿만 있으면 쉽게 카드 결제 시스템을 이용할 수 있게 되었어. 예를 들어 한국의 '카카오페이'나 '토스' 같은 서비스는 소상공인뿐만 아니라 소비자에게도 간편한 결제 시스템을 제공해서 큰 인기를 얻고 있지.

## 핀테크 개발자가 되려면

핀테크 개발자는 사람들의 금융 생활을 더 나아지게 하기 위해 끊임없이 새로운 기술을 연구하고 적용하고 있어. 예를 들어 블록체인을 활용한 보안 기술은 돈을 주고받는 과정에서 발생할 수 있는 해킹 문제를 막아 주지. 이 기술 덕분에 돈을 더 안전하게 관리할 수 있는 환경이 만들어지고 있어. 또한 핀테크 개발자들은 전 세계 어디에서나 돈을 쉽게 보낼 수 있는 시스템을 만들어서 나라 간 경제적 장벽을 낮추는 데도 기여하고 있어.

그렇다면 핀테크 개발자가 되기 위해선 어떤 준비가 필요할까? 가장 중요한 것은 컴퓨터 프로그래밍을 배우는 거야. 핀테크 기술은 대부분 앱이나 소프트웨어로 만들어지기 때문에, 프로그래밍을 잘하면 유리해. 특히 파이썬, 자바, SQL 같은 언어를 배우는 것이 좋아. 또한 금융에 대한 이해도 필요해. 예를 들어 투자나 예산 관리에 대한 지식을 배우면 핀테크 서비스를 설계할 때 큰 도움이 될 거야. 대학에서는 컴퓨터 공학, 금융 공학, 데이터 과학 같은 학과에서 이러한 기술과 지식을 배울 수 있어.

핀테크는 앞으로도 계속 발전할 분야야. 사람들의 요구에 따라 더 다양한 서비스가 개발될 거고, 우리 삶은 더 편리해지겠지. 핀테크 개발자는 그 중심에서 혁신을 이끄는 중요한 역할을 하고 있어. 어때? 너도 미래에 핀테크 개발자가 되어서 새로운 기술로 세상을 바꿔 보고 싶지 않니? 지금부터 조금씩 관심을 가지고, 프로그래밍과 금융에 대한 공부를 시작해 보면 어떨까?

# 디지털 세상, 우리는 어떻게 살아야 할까?

## 문화와 기술이 만드는 새로운 일상 이야기

# 미국 엄마, 아빠는 한국 태권도랑 커피를 좋아한다고?

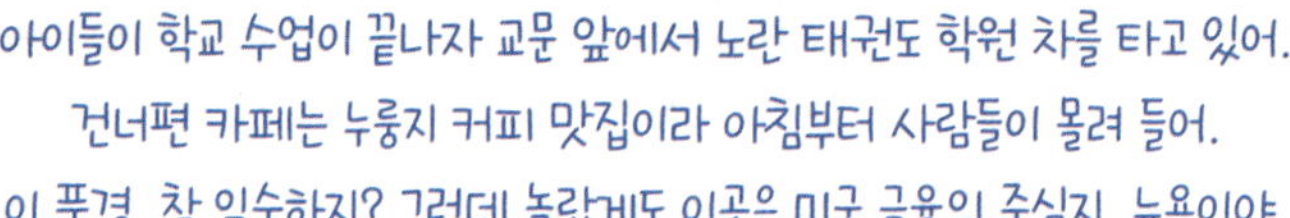


아이들이 학교 수업이 끝나자 교문 앞에서 노란 태권도 학원 차를 타고 있어.
건너편 카페는 누룽지 커피 맛집이라 아침부터 사람들이 몰려 들어.
이 풍경, 참 익숙하지? 그런데 놀랍게도 이곳은 미국 금융의 중심지, 뉴욕이야.

**학습 키워드**  #대중문화, #대중매체, #K-문화
**교과 연계**  초3 > 사회 > 1. 사회 변화와 다양한 문화
중1 > 사회 > IX-3 대중문화와 미디어
고등학교 통합사회

## K-문화의 세계적인 유행

얼마 전 미국의 한 소녀가 한국 삼양그룹이 만든 까르보불닭을 생일 선물로 받고 감격해서 눈물을 흘리는 영상이 화제가 된 적이 있어. 소식을 접한 삼양에서는 소녀를 직접 찾아가서 까르보불닭을 추가로 선물했다고 해. 이 사례는 한국 라면이 미국에서도 큰 인기를 끌고 있다는 것을 보여 준 대표적인 사례야. 한국 라면이 단순한 음식이 아니라 미국 사람들에게 깊은 인상을 남기고 있다는 뜻이지. 이렇게 한국의 문화가 미국에서 큰 인기를 얻고 있는 이유 중 하나는 대중매체의 힘을 빼놓을 수 없어.

대중매체란 신문, 방송, 인터넷과 같이 대중에게 정보를 전달하는 다양한 수단을 뜻해. 유튜브, 인스타그램, 틱톡과 같은 SNS 또한 대중매

체야. 이러한 매체들은 대중의 관심사를 반영하고, 새로운 트렌드를 만들어 내고 있어. 또한 다양한 문화 교류를 늘리는 중요한 역할도 맡고 있지. '대중문화'는 대중매체를 통해 음악, 영화, 음식, 스포츠 등 다양한 분야에서 많은 사람들이 즐기고 누리는 문화를 말해.

특정 지역이나 국가의 문화는 대중매체를 통해 전 세계적으로 과거에 비해 더욱 빠르게 전파되어 사람들에게 큰 영향력을 발휘하고 있어. 예를 들어 K-문화는 전 세계 사람들이 좋아하고 즐기는 한국의 다양한 문화와 트렌드를 말해. 방탄소년단BTS의 노래, 〈오징어 게임〉 같은 드라마, 불닭볶음면, 김치 같은 음식들 모두가 K-문화에 속하는 것들이야.

## 세계에서 주목하는 다양한 K-문화

전 세계 사람들이 주목하는 K-문화의 사례를 조금 더 살펴볼까?

첫째, 태권도가 있어. 올림픽 정식 종목으로 채택된 태권도는 〈아메리카 갓 탤런트〉라는 프로그램을 통해 전 세계 사람들에게 단순한 무술을 넘어 공연 예술의 한 형태로 받아들여졌어. 프로그램에 출연한 태권도 팀의 화려한 영상은 유튜브에서 372만 회의 조회수를 자랑하며 사람들에게 강한 인상을 심어 주었지. 또한 한국의 태권도 학원은 많은 나라의 맞벌이 부모들의 양육 부담을 크게 덜어 주고 있어. 학교가 끝난 다음 학생들을 학원 차로 태권도 도장에 데려가 운동과 학습을 도와주고 있기 때문이야. 어릴 때부터 태권도에 익숙해질 수 있는 환경 덕분에 미국에서만 태권도를 즐기는 인구가 무려 294만 명이나 된대.

둘째, 미국 LA와 플로리다, 일본 도쿄 등에서 한국인 바리스타들이 운영하는 한국식 카페가 큰 인기를 끌고 있어. 한국식 카페의 독특한 인테리어와 서비스 그리고 전통 재료를 활용한 메뉴들은 전 세계 사람들에게 신선하게 다가가고 있대. 예를 들어 한국의 전통 재료인 쑥을 이용한 쑥 라떼나 약과를 이용해 만든 디저트는 현지인들의 시선을 한 번에 사로잡았어. 한국적인 요소를 현대적으로 해석한 카페들은 단순히 커피를 파는 곳이 아니라 한국의 문화를 체험할 수 있는 공간으로 자리 잡았지. 또한 한국식 카페들은 각종 SNS를 통해 '모닝 커피 러시'와 같은 현상을 만들어 냈어. 이는 세계 각지에서 한국식 카페 문화가 얼마나 매력적이고 인기 있는지를 보여 주는 사례야.

셋째, 앞서 언급한 불닭볶음면이야. 틱톡, 유튜브, 인스타그램과 같은 소셜 미디어 플랫폼에서 '불닭볶음면 먹기 챌린지'가 전 세계적으로 큰 인기를 끌었어. 유명 틱톡커가 불닭볶음면을 먹고 신장에 결석이 생길 정도로 매운맛에 중독되었다는 이야기를 담은 영상, 카디비와 같은 유명 인사가 불닭볶음면을 먹는 영상 덕분에 사람들은 불닭볶음면 먹기 챌린지에 더욱 주목하게 됐어. 이는 한국의 매운 라면이 단순한 음식이 아니라, 하나의 문화적 현상으로 자리 잡게 된 대표적인 사례야. 불닭볶음면의 인기는 한국 음식의 독특한 매력을 미국 대중에게 알리는 데 큰 역할을 했지.

대중매체는 한국 문화를 전 세계에 알리는 매우 중요한 역할을 하고 있어. 태권도의 화려한 퍼포먼스, 불닭볶음면의 독특한 매운맛, 한국 카페의 세련된 인테리어와 서비스 등은 모두 대중매체를 통해 빠르고 효과적으로 전파되어 전 세계 사람들에게 새로운 경험을 제공하고 있어. 한국의 다양한 문화적 요소들은 대중매체를 통해 더욱 많은 사람들에게 알려졌고, 그 매력으로 전 세계인의 마음을 사로잡고 있는 거지. 이를 통해 한국 문화는 더욱 글로벌하게 성장하고 있어. 앞으로도 대중매체를 통한 한국 문화의 확산은 계속될 거야.

1. 대중매체의 뜻을 바르게 설명한 것은?

　① 특정 지역의 문화만을 전파하는 수단

　② 사람들끼리 대화를 나누는 수단

　③ 신문, 방송, 인터넷과 같은 정보를 전달하는 수단

　④ 음식과 음료를 판매하는 수단

　⑤ 대중교통을 이용하는 수단

2. 대중매체를 통해 음악, 영화, 음식, 스포츠 등 다양한 분야에서 많은 사람이 즐기고 누리는 문화를 무엇이라 할까?

3. 전 세계 사람들이 즐기는 K-문화 사례 한 가지를 조사하고 전 세계에 알리고 싶은 K-문화를 소개해 보자.

### 더 알고 싶어 119

📖 도서　▶ 영상　🔍 사이트

📖 『세계를 사로잡은 문화 콘텐츠 한류』 (권동화, 윤소, 뭉치, 2021)
K-푸드·K-스포츠·K-라이프스타일까지 한류가 확장되는 과정을 살펴보면서 문화가 경제와 이미지까지 바꾸는 힘을 이해해 보자.

▶ 미국 애기 울릴 정도로 잘 나가는 불닭 근황 (지식한입)
매운 라면이 어떻게 글로벌 히트가 되었는지 살펴보면서 현지화와 입소문 전략을 배워 보자.

▶ 올림픽보다 더 스며들어 버린 태권도 세계화 근황 (크랩 KLAB) 태권도가 세계 속 일상 스포츠가 된 과정을 통해 문화 외교와 스포츠 한류의 의미에 대해 생각해 볼까?

# 요즘 영화관에 왜 가니?
# 난 집에서 본다!

## OTT 서비스와 영화 산업, 산업구조 변화

2021년 세계적인 영화사인 워너 브라더스는 영화 〈원더우먼 1984〉를 영화관과 넷플릭스에 개봉한다고 발표했어. 사람들이 영화관에 방문하기보다 집에서 영화 보는 것을 더 좋아하기 때문에 그런 결정을 내렸대. 이러면 영화관에 사람들이 더 줄어들고 OTT 서비스가 더 많이 사용될 것 같아. 과연 영화관 산업은 어떻게 될까?

**학습 키워드**　#대중문화　#OTT 서비스　#산업구조 변화　#대중매체
**교과 연계**　초3 〉 사회 〉 1. 사회 변화와 다양한 문화
　　　　　　　중1 〉 사회 〉 IX-3 대중문화와 미디어
　　　　　　　고등학교 통합사회

## OTT의 성장으로 인한 변화

최근 몇 년간 영화관을 찾는 사람들이 급격히 줄어들었어. 이는 코로나19 팬데믹의 영향도 있지만 OTT^Over-The-Top 서비스의 빠른 성장도 큰 원인 중 하나야. OTT 서비스란 넷플릭스, 디즈니+, 티빙과 같은 온라인 스트리밍 서비스를 말해. 쉽게 말해, 집에서도 전 세계의 다양한 영화, 드라마를 볼 수 있는 서비스지. OTT 서비스는 영화 산업에 커다란 변화를 가져왔어. 2019년에 영화관을 찾은 관객 수는 2억 2,700만 명이었지만, 코로나 이후인 2020년에는 이 수치가 4분의 1로 줄어들어 최저치를 기록했지. 이와 동시에 넷플릭스와 같은 OTT 서비스의 이용자 수는 급격히 증가했어. 사람들은 더 이상 영화관에 가지 않고도 집에서 편안하게 영화를 볼 수 있게 되어서 영화관에 갈 필요를 느끼지 못하게 된 거야.

신문, 방송, 텔레비전 등 다양한 정보를 일방적으로 전달하는 대중 매체를 '전통적 대중매체'라고 불러. 반면에 인터넷과 디지털 기술을 통해 다양한 정보를 정보 제공자와 수용자가 서로 소통하며 정보를 주고받는 대중매체를 '뉴미디어'라고 부르지. OTT 서비스는 뉴미디어의 대표적인 사례야. 전통적인 방송이나 영화관과 달리 언제 어디서나 다양한 콘텐츠를 즐길 수 있게 해 주지. 사람들은 더 이상 영화관이나 TV 앞에 앉아 있을 필요 없이 스마트폰이나 컴퓨터로 원하는 영화, 드라마를 자신이 원할 때 언제든 볼 수 있게 되었어.

뉴미디어의 등장은 산업 구조에도 큰 변화를 가져왔어. OTT 서비스와 같은 뉴미디어가 떠오르면서 온라인 스트리밍 서비스가 새롭게 뜨는 산업으로 주목받고 있지. 유튜브, 트위치, 스포티파이와 같은 온라인 스트리밍 서비스 플랫폼은 뉴미디어의 대표적인 사례야. 온라인 스트리밍 서비스 플랫폼은 사용자들이 다양한 비디오 콘텐츠를 업로드하고 시청할 수 있게 하면서 전 세계적으로 수십억 명의 사용자를 확보했어. 유튜브는 매일 수백만 개의 새로운 동영상이 업로드되고 있고, 전 세계 사람들이 매일 업로드된 콘텐츠를 즐기고 있어. 유튜브는 기존의 텔레비전

이나 영화관과는 다른 방식으로 콘텐츠를 제공하며 사람들에게 신선한 즐거움을 주고 있지. 이를 통해 다양한 크리에이터들이 자신만의 콘텐츠를 제작하고 공유하며, 새로운 형태의 미디어 산업을 만들어 가고 있어.

## 뉴미디어의 등장으로 고전하는 영화관 산업

반면, 뉴미디어의 등장으로 저무는 산업도 있어. 전통적인 영화관 산업이 대표적인 곳이야. 앞서 언급한 통계 데이터에서도 알 수 있듯이 코로나19 팬데믹과 OTT 서비스의 등장으로 영화관을 찾는 사람들이 급격히 줄어들었어. 영화관은 영화 상영을 통해 수익을 거두지만 관객 수가 줄어들면서 수익도 감소하게 됐어. 이에 따라 많은 영화관들이 문을 닫거나 다양한 방법으로 생존 전략을 모색하고 있어. 예를 들어 일부 영화관은 상영관을 개조해서 클라이밍이나 게임을 할 수 있는 공간으로 활용하거나 콘서트 실황이나 스포츠 경기를 상영하는 이벤트를 열기도 해.

대중매체는 사람들에게 다양한 정보를 제공하고, 새로운 트렌드를 만드는 중요한 역할을 하고 있어. OTT 서비스는 이러한 대중매체의 새로운 형태로, 사람들이 영화를 소비하는 방식을 크게 바꾸어 놓았지. OTT 서비스와 같은 뉴미디어는 앞으로도 계속해서 발전할 거라 예상되고 있어. 기술의 발전과 함께 더 많은 사람들이 이러한 서비스를 이용하게 될 거고, 이에 따라 산업 구조도 계속 변화할 거야. 우리는 이러한 변화를 이해하고 새로운 환경에 적응해 나가는 것이 필요해.

1. 뉴미디어의 대표적인 예로 적절한 것은?

　① 라디오　　　② 신문　　　③ 넷플릭스　　　④ 영화관　　　⑤ 텔레비전

2. 다음 글을 읽고 뉴미디어 콘텐츠로 인해 발생하는 획일화 문제를 해결하기 위한 방안을 써 보자.

> 뉴미디어의 발전은 대중문화 발전에 큰 기여를 하고 있습니다. 유튜브, 넷플릭스, 인스타그램과 같은 플랫폼을 통해 다양한 사람들이 콘텐츠를 생산하고 공유하면서 대중은 전통적인 매체보다 더 다양한 콘텐츠를 접할 수 있게 되었습니다. 이로 인해 새로운 문화와 트렌드가 빠르게 형성되고, 대중문화의 폭이 넓어졌습니다. 하지만 뉴미디어를 통해 생산된 콘텐츠는 대중의 취향에 맞추어지다 보니, 특정한 패턴이나 형식이 반복되는 경향이 있습니다. 예를 들어 조회수가 높은 콘텐츠는 비슷한 주제나 형식을 가진 다른 콘텐츠의 생산을 유도하게 됩니다. 이는 콘텐츠의 다양성을 저해하고, 결국 획일화된 콘텐츠가 범람하는 문제를 초래할 수 있습니다. 따라서 뉴미디어의 긍정적인 면과 함께, 이와 같은 획일화의 문제를 어떻게 해결할 것인지에 대한 고민도 필요합니다.

 **더 알고 싶어 119**　　　　　　　　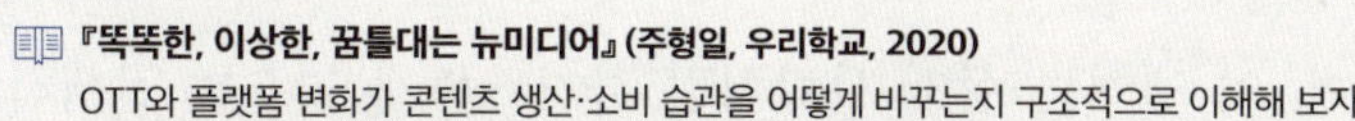

📖 『**똑똑한, 이상한, 꿈틀대는 뉴미디어**』 (주형일, 우리학교, 2020)
OTT와 플랫폼 변화가 콘텐츠 생산·소비 습관을 어떻게 바꾸는지 구조적으로 이해해 보자.

▷ **극장과 OTT 동시 개봉 '파장' 관객 수 20년 전으로 후퇴** (YTN 뉴스)
동시 개봉이 산업에 미친 영향을 통해 극장의 존재 이유를 다시 생각해 보자.

▷ **세상을 바꾼 뉴미디어** (YTN 뉴스)
뉴미디어의 진화를 통해 내가 콘텐츠를 고르는 기준을 똑똑하게 세워 보자.

# 가상 연예인이
# 진짜 연예인 밥그릇까지 넘본다고?

## 대중문화 산업에 큰 변화를 가져온 인공지능과 대중문화

가상 연예인 '로지'에 대해 들어 본 적 있니? 로지는 실제 사람이 아닌 가상 인간이야. 하지만 로지는 여러 TV 광고에 출연했고 2019년에는 가수로 데뷔까지 했어. 컴퓨터로 만들어진 가상 인간이 실제 사람처럼 활동하고 인기를 끌 수 있는 이유는 무엇일까?

**학습 키워드**　#대중문화 #미디어 #인공지능 #가상 인간

**교과 연계**　초3 › 사회 › 1. 사회 변화와 다양한 문화
　　　　　　　중1 › 사회 › IX-3 대중문화와 미디어
　　　　　　　고등학교 통합사회

## 대중문화에 진출한 인공지능

　　인공지능과 가상 인간은 대중문화에 많은 변화를 가져왔어. 이 기술은 이전에 볼 수 없었던 새로운 형태의 콘텐츠를 만들고 있지. 인공지능과 가상 인간을 활용한 콘텐츠는 사람들이 문화를 소비하는 방식을 바꾸며 전에 없던 신선한 경험을 제공하고 있어. 특히 엔터테인먼트와 미디어 산업에서 이러한 변화가 뚜렷하게 나타나고 있지. 인공지능과 가상 인간이 대중문화에 어떤 영향을 미쳤는지 사례를 통해 자세히 살펴볼까?

　　첫째, AI 앵커의 등장이야. 한 방송국에서는 AI 기술을 이용해 AI 앵커를 만들었어. 이 앵커는 실제 사람처럼 자연스럽게 뉴스를 진행하지. 화면에서 보면 진짜 사람인지, 가짜 사람인지 구분하기 어려울 정도야.

사람과 달리 AI 앵커는 24시간 쉬지 않고 뉴스를 전달할 수 있어서 빠르고 정확하게 정보를 알려 줄 수 있어. 이는 사람들이 더 신속하고 정확한 정보를 얻는 데 도움이 돼.

둘째, 가상 연예인의 활동이야. 가상 연예인 로지는 컴퓨터로 만들어진 캐릭터인데도 불구하고 TV 광고에 출연하고, 가수, 배우 등의 역할을 맡으며 큰 인기를 끌고 있어. 또 다른 가상 연예인인 김래아는 유명가수들과 협력해서 가요계에 진출했어. 이런 가상 연예인들은 시간과 장소의 제약 없이 활동할 수 있고, 사생활 문제로 인한 논란도 없어. 더불어 전통적인 연예인과는 다른 방식으로 대중과 소통하며, 새로운 형태의 연예인 문화를 만들어 가고 있지.

셋째, 홀로그램 기술을 통한 유명인의 복원 활동이야. 예를 들어 영화 〈맘마미아〉의 OST를 부른 유명 가수 아바<sup>ABBA</sup>는 최근 콘서트에서 젊은 시절의 모습을 홀로그램으로 재현했어. 이는 AI와 그래픽 기술을 통해 과거의 모습을 완벽하게 복원한 결과 덕분이야. 홀로그램 기술은 과거의 유명 인물이나 연예인을 재현해 새로운 형태의 공연을 만들 수 있게 했어.

# 인공지능이 대중문화에 미치는 다양한 영향

인공지능과 가상 인간이 대중문화에 미치는 영향이 마냥 긍정적이기만 할까? 그렇지는 않아. 우선 AI 기술의 발전으로 인해 어떤 일자리는 줄어들 수 있어. 예를 들어 AI 앵커가 뉴스를 진행하면 실제 앵커의 일자리가 줄어들게 되지. 또한 가상 인간과의 상호작용이 늘어나면서 실제 사람과의 관계가 소홀해질 수 있어. 마지막으로 AI와 가상 인간에 너무 의존하면 사람들이 자신의 능력을 충분히 발휘하지 못하고 AI에만 의존하게 될 수 있지. 이는 자립심과 창의성을 저해하게 될 거야.

이러한 변화는 연예인이나 인플루언서를 꿈꾸는 학생들에게도 큰 영향을 미칠 수 있어. 인공지능과 가상 인간의 발전으로 인해 새로운 직업이 생겨나고 있어. 가상 인간을 디자인하고 관리하는 직업, AI 기술을 활용한 콘텐츠 제작 전문가 등이 대표적인 사례야. 이러한 새로운 직업들은 기존에 없던 기회를 제공하며, 새로운 산업을 형성하고 있어. 아울러 전통적인 연예인이나 앵커와 같은 직업은 AI와 가상 인간의 등장으로 인해 변화하고 있지. AI 앵커가 뉴스를 진행하면 실제 앵커의 역할이 줄어들 수 있고, 가상 연예인의 인기가 높아지면서 실제 연예인들도 더 많은 경쟁을 하게 됐어. 이는 전통적인 직업들이 새로운 기술과 경쟁해야 한다는 것을 뜻해.

인공지능과 가상 인간은 대중문화와 산업에 큰 변화를 가져오고 있어. 이러한 변화를 이해하고 적응하려고 노력해야 해. 이는 미래의 직업 선택과 산업의 방향에 큰 영향을 미치기 때문이야. 너희도 이러한 변화에 대비하기 위해 새로운 기회를 찾고, 기술을 활용하는 능력을 키우도록 노력해야겠지?

1. AI 앵커의 특징 중 옳은 것은?

　① AI 앵커는 매일 휴식을 취해야 한다.

　② AI 앵커는 사람이 필요로 하는 정보를 느리게 처리한다.

　③ AI 앵커는 24시간 쉬지 않고 뉴스를 전달할 수 있다.

　④ AI 앵커는 감정을 표현할 수 없다.

　⑤ AI 앵커는 다양한 방법으로 뉴스 프로그램을 진행할 수 있다.

2. 인공지능과 가상 인간 기술의 발전으로 인해 발생할 수 있는 부정적인 영향을 본문에서 찾아 써 보자.

3. 가상 연예인과 실제 연예인이 협력해 새로운 형태의 공연을 만들어야 해. 만약 너희가 공연 기획자라면 어떤 방식으로 공연을 만들 것인지 써 보자.

### 더 알고 싶어 119

📖 도서　▷ 영상　🔍 사이트

📖 **『투명 인간과 가상현실 좀 아는 아바타』** (이한음 외, 나무를심는사람들, 2019)
아바타와 가상현실의 원리를 익히며 버추얼 아이돌의 등장 배경을 이해해 보자.

▷ **드라마 찍고 홈쇼핑 진행하고… 가상 인간 '무한 확장'** (YTN 뉴스)
가상 인간이 실제 산업에서 일하는 사례를 살펴보면서 기회와 윤리 이슈를 함께 점검해 보자.

▷ **공중파 1위, 음반 판매량 1위, 첫 콘서트 전석 매진! 아이돌 탑 찍은 버추얼 근황** (크랩)
음원·공연까지 진출한 버추얼 아이돌을 보며 엔터테인먼트의 미래를 상상해 볼까?

# 전 세계가 AI 가짜 뉴스에 속았다고?



2023년 미국의 펜타곤(국방부) 폭발과 트럼프 전 대통령 체포 사진이
인스타그램, 트위터 등 SNS를 통해 가짜 뉴스로 유포됐어.
AI로 만든 가짜 사진이었지만 큰 혼란을 일으키기에 충분했지.
최근 심각한 사회적 문제로 주목받는 가짜 뉴스 문제를 자세히 알아볼까?

**학습 키워드**　#대중문화, #미디어 #가짜 뉴스 #미디어 리터러시

**교과 연계**　초5 〉 도덕 〉 4. 밝고 건전한 사이버 생활
　　　　　　　중1 〉 사회 〉 IX-3 대중문화와 미디어
　　　　　　　고등학교 통합사회

## 가짜 뉴스가 일으키는 다양한 문제

가짜 뉴스는 전 세계적으로 매우 심각한 문제가 되고 있어. 미국 워싱턴 대학 연구팀이 만든 가짜 오바마 영상은 실제와 거의 구분하기 어려워 큰 논란이 되기도 했지. 한 조사 기관의 보고에 따르면 2019년 기준 가짜 뉴스로 인해 발생한 경제적 손실은 약 780억 달러에 이른다고 해. 이는 기업의 평판 관리 비용, 잘못된 금융 정보로 인한 손실, 건강과 관련된 잘못 지불된 비용 등을 포함한 금액이야. 이렇게 가짜 뉴스는 경제뿐만 아니라 정치, 사회 전반에 걸쳐 부정적인 영향을 미치고 있어.

가짜 뉴스는 여러 가지 문제를 일으킬 수 있어.

첫째, 사회적 혼란을 일으킬 수 있어. 가짜 뉴스가 퍼지면 사람들은 잘못된 정보를 믿고 행동하게 돼. 예를 들어 펜타곤 폭발 가짜 뉴스가 퍼

졌을 때 많은 사람들이 실제로 폭발이 일어난 줄 알고 불안해했어. 이러한 불안감은 사람들 간의 신뢰를 깨뜨리고, 잘못된 결정을 내리게 하지. 또 다른 예로 2019년 필리핀 다바오시에서 발생한 사건을 들 수 있어. 당시 6.3 규모의 지진이 북 코타바토를 강타하자 누군가가 '쓰나미가 올 것이다.'라는 가짜 뉴스를 퍼뜨렸어. 이로 인해 다바오시의 16개 해안 마을 주민들이 높은 지대로 대피하는 혼란이 발생했지.

둘째, 가짜 뉴스는 경제적 손실을 일으키기도 해. 가짜 뉴스로 인해 소비자들이 잘못된 제품을 구매하거나 불필요한 비용을 지출하게 되면 경제적 손실이 발생하는 거지. 코로나19 팬데믹 초기에 하이드록시클로로퀸이라는 약물이 코로나 바이러스를 치료할 수 있다는 잘못된 정보가 퍼진 적이 있어. 하이드록시클로로퀸은 말라리아 치료제이긴 하지만 코로나19 치료제는 아니었어. 하지만 전염병에 대한 공포에 질린 사람들은 이 약물을 무분별하게 구매, 오용하기 시작했지. 이로 인해 약물이 부족해지면서 실제로 필요한 환자들이 약물을 구하지 못하는 상황이 벌어졌어.

셋째, 가짜 뉴스는 정치적 혼란을 일으킬 수 있어. 선거 기간 동안 가짜 뉴스가 퍼지면 사람들은 잘못된 정보를 바탕으로 투표를 하게 돼. 이는 민주주의의 근본을 위협하는 심각한 문제야. 예를 들어 특정 후보에 대한 허위 정보가 퍼지면 그 후보의 지지율이 떨어질 수 있어. 반대로 거짓 정보로 인해 다른 후보가 부당하게 이익을 볼 수도 있지. 이는 공정한 선거를 방해하고, 정치적 불안정을 불러일으키는 원인이 되기도 해.

따라서 우리는 뉴스를 올바르게 해석하고 활용할 수 있는 '미디어 리터러시'를 길러야 해. 미디어 리터러시란 미디어에서 전달되는 정보를 비판적으로 분석, 평가하며 올바르게 수용하는 능력을 말해.

# 미디어 리터러시를 길러야 하는 이유

미디어 리터러시를 기를 수 있는 방법을 함께 알아볼까?

첫째, 비판적 사고 훈련이야. 모든 정보를 그대로 받아들이지 않고, 그 정보가 어디서 왔는지, 누가 제공했는지, 어떤 의도로 만들어졌는지를 생각해 보는 습관을 기르는 거지. 이를 통해 정보의 신뢰성과 타당성을 판단할 수 있어.

둘째, 출처를 꼭 확인하는 습관을 길러야 해. 정보를 제공하는 출처가 신뢰할 만한 기관이나 전문가인지 확인하는 것이 중요하기 때문이야. 익숙하지 않은 출처의 정보는 다른 신뢰할 만한 출처와 비교하면서 사실인지 아닌지 확인해야 해.

셋째, 다양한 관점의 이해가 필요해. 한 가지 관점에 치우치지 않고, 다양한 출처에서 정보를 수집해서 여러 관점을 이해하려고 노력하는 거지. 이를 통해 정보를 특정한 관점에서만 바라보는 일을 줄일 수 있어. 마지막으로 직접 미디어를 제작해 보는 거야. 콘텐츠를 만들어 보는 경험을 통해 제작 과정의 어려움을 이해할 수 있기 때문이지. 이는 다른 사람들이 만든 콘텐츠를 비판적으로 바라보는 데 큰 도움이 될 거야.

가짜 뉴스는 정치적, 사회적, 경제적으로 큰 문제를 일으킬 수 있어. 이를 예방하고 대처하기 위해서는 미디어 리터러시를 통해 가짜 뉴스를 판별하고 올바른 정보를 수용하는 능력을 길러야 해. 또한 사회의 건전한 정보 흐름을 유지할 수 있도록 노력해야 하겠지?

1. 가짜 뉴스가 사회적 혼란을 초래한 사례로 적절한 것은?

① 사람들이 건강한 식습관을 채택한 사례
② 기술 발전으로 새로운 직업이 생긴 사례
③ 사람들이 환경 보호 운동에 참여한 사례
④ 신뢰할 수 있는 출처의 뉴스를 읽는 사례
⑤ 특정 후보가 잘못된 정보로 선거에서 부당 이익을 얻은 사례

2. 다음 글에서 설명하는 것은 무엇일까?

> 다양한 매체에서 전달되는 정보를 비판적으로 분석하고 평가하며, 이를 통해 신뢰할 수 있는 정보를 선별하고 활용하는 능력을 말합니다. 이는 가짜 뉴스나 잘못된 정보를 판별하고, 올바른 정보를 선택하여 올바른 결정을 내리는 데 중요합니다.

3. 가짜 뉴스의 확산을 막기 위한 기업과 정부의 정보 검토 활동에 대해 두 가지 입장이 존재하고 있어. 첫 번째 입장은 가짜 뉴스로 인한 피해를 막기 위해 기업과 정부가 정보를 검토하고 차단해야 한다는 것이지. 두 번째 입장은 이러한 활동이 개인의 자유와 사생활 보호 문제를 일으킬 수 있다는 점을 지적하고 있어. 두 입장에 대한 자신의 생각을 써 보자.

### 더 알고 싶어 119

📖 도서　▷ 영상　🔍 사이트

📖 『처음 읽는 미디어 리터러시』 (홍재원, 태학사, 2021)
정보의 진위를 가리는 판단 도구와 습관을 익히며 '가짜 뉴스 면역력'을 키워 보자.

▷ 자신 있나? 속지 않을? 딥페이크!(KBS 특집 다큐)
딥페이크의 원리와 사례를 보며 속지 않는 검증 루틴을 함께 만들어 보자.

▷ 정보화 시대! 미디어 리터러시가 왜 필요할까? (교육TV)
썸네일·출처·시간·댓글을 체크하는 사전 점검 리스트로 스스로를 지켜 보자.

# 1분짜리 유튜브 쇼츠 보는 것도 지겹다고?

## SNS의 과도한 사용이 뇌 건강에 미치는 영향

밤에 자려고 누웠을 때 스마트폰을 손에서 놓지 못한 적이 있어? '조금만 더 틱톡 영상 보고 잘까?'라고 생각하다가 어느새 새벽이 되어 버리기도 하지. 스마트폰을 손에 놓지 못하고 사용하는 우리의 모습을 떠올리면 재미있기도 하고 조금 걱정이 되기도 해. 우리가 사용하는 SNS가 우리에게 어떤 영향을 주는지 함께 살펴볼까?

**학습 키워드**  #대중문화 #미디어 #SNS

**교과 연계**  초5 〉 도덕 〉 4. 밝고 건전한 사이버 생활
중1 〉 사회 〉 IX-3 대중문화와 미디어
고등학교 통합사회

## SNS의 4가지 특징

SNS는 'Social Networking Service'의 줄임말로 사람들과 소통하고 관계를 형성하며 정보를 공유할 수 있는 온라인 플랫폼을 뜻해. SNS는 사람들이 자신의 생각이나 일상을 공유하고 친구나 가족과 소통하며 다양한 콘텐츠를 소비, 생산할 수 있는 공간이지.

**인스타그램**: 사진과 동영상을 중심으로 한 SNS로 사용자들이 사진과 영상을 올리고 다른 사람들의 게시물에 '좋아요'나 댓글을 남길 수 있어.

**틱톡**: 짧은 동영상을 제작하고 공유하는 플랫폼으로, 사용자들이 다양한 필터와 음악을 사용해 창의적인 콘텐츠를 만들고 소비할 수 있어.

**유튜브**: 동영상 공유 플랫폼으로, 사용자들이 동영상을 업로드하고 다른 사람들의 동영상을 시청하며 구독과 좋아요, 댓글을 통해 소통할 수 있어.

SNS의 특징은 크게 4가지야. 첫째, 콘텐츠를 만들고 공유할 수 있어. 이러한 활동은 개인의 창의성을 표현하는 데 중요한 역할을 하지. 둘째, 실시간 소통이 가능해. SNS를 통해 친구나 지인과 실시간으로 메시지를 주고받거나 댓글을 달며 소통할 수 있어. 셋째, 팔로우 및 구독 기능이 있어. 특정 인물이나 페이지를 팔로우하거나 구독함으로써 관심 있는 콘텐츠를 꾸준히 받아 볼 수 있지. 마지막으로 '좋아요'와 댓글 기능이 있어. SNS 사용자는 다른 사람의 콘텐츠에 '좋아요'를 누르거나 댓글을 남기며 시간과 장소에 구애받지 않고 소통할 수 있어. 많은 사람들은 이런 SNS의 매력과 편리성에 푹 빠지곤 하지.

## SNS 중독과 청소년 사용 규제

하지만 SNS를 지나치게 이용하면 사람의 뇌에 부정적인 영향을 미칠 수 있어. 미국 텍사스 대학과 UC 샌디에이고, 카네기 멜론 대학의 공동 연구에 따르면 스마트폰을 책상에 두고 테스트를 본 참가자들은 스마트폰을 방 밖에 둔 참가자들에 비해 훨씬 낮은 성적을 기록했대. 이는 스마트폰의 존재만으로도 우리의 인지 능력을 감소시킬 수 있다는 것을 증명하는 사례야. 또한 SNS는 도파민이라는 뇌의 보상 시스템을 자극해서 중독을 일으킬 수 있어. 도파민은 우리가 기분 좋을 때 뇌에서 나오는 신경전달물질이야. SNS는 짧고 빠르게 정보를 제공해 주기 때문에 도파민 분비를 자극해 일시적인 만족감을 주지. 그러나 이는 장기적으로 뇌의 보상 체계를 망가뜨리고 집중력 저하, 우울증, 불안감을 일으킬 수 있어. 페이스북의 '좋아요' 버튼을 만든 엔지니어 저스틴 로젠스타인은 과도한 SNS 사용은 마약 성분인 헤로인과 맞먹을 정도라고 말하기도 했어. SNS 사용이 증가하면서 수면 부족 문제도 심각해졌어. 스마트폰의 빛은 수면 호르몬인 멜라토닌 분비를 억제하며 수면의 질을 떨어뜨려. 이는 청소년들의 기억력과 학습 능력에도 악영향을 미칠 수 있지.

그렇다면 청소년들의 SNS 사용을 무조건 규제해야 할까? 그렇지 않아. SNS를 현명하게 사용한다면 얻을 수 있는 장점들이 많기 때문이야. 우선 SNS는 청소년들에게 사회적 연결과 소속감을 제공할 수 있어. 청소년들은 친구, 가족과 SNS로 소통하면서 정서적 지지를 받을 수 있고, 이는 정신 건강에도 긍정적인 영향을 미칠 수 있어. 또한 SNS는 청소년들에게 뉴스, 교육 콘텐츠 등 다양한 주제에 대한 정보를 제공하며 청소년들의 학습과 자기계발에도 도움을 주는 역할을 하고 있어. 아울러 창의성 발현과 관심사 발굴의 장으로서도 중요한 역할을 하지. 청소년들은 자신이 만든 그림, 사진, 글, 동영상 등을 공유하며 자신의 생각을 자유롭게 표현할 수 있어. 이는 청소년들이 자신의 취미와 열정을 더 깊이 탐구하고, 관련된 진로를 모색하는 데도 도움이 될 거야.

SNS는 적절하게 사용하면 많은 혜택을 누릴 수 있어. 그러나 너무 지나치게 사용한다면 부정적인 영향을 미칠 수 있으니 올바른 사용 습관을 기르는 것이 필요해. 이제부터 SNS를 현명하게 사용하면서 집중력과 건강을 지키는 습관을 만들어 보는 건 어떨까?

1. 다음 중 SNS의 과도한 사용이 청소년의 뇌에 미치는 영향으로 옳지 않은 것은?

   ① 집중력 저하　　　　　　　　　　　② 도파민 분비 증가로 인한 중독성
   ③ 멜라토닌 분비 촉진으로 인한 수면 개선　　④ 우울증과 불안감 증가
   ⑤ 인지 능력 감소

2. SNS를 올바르게 사용하기 위해 청소년들이 스스로 실천할 수 있는 방법은 어떤 것들이 있는지 써 보자(본문에 제시된 방법 외에 자신만의 방법을 쓸 것).

3. 청소년 강력 범죄가 증가하는 원인으로 어른들의 잔혹한 범죄를 모방하는 현상과 청소년들이 쉽게 접근할 수 있는 SNS와 같은 플랫폼의 역할이 지목되고 있대. 이러한 현상을 해결하기 위해 기업, 정부, 학교, 가정이 각각 어떤 역할을 해야 하는지 논의하고 청소년 강력 범죄 예방을 위한 구체적인 방안을 제시해 보자.

   **조건**　논의할 때 어른 범죄의 영향과 SNS의 역할을 각각 구분할 것, 각 주체(기업, 정부, 학교, 가정)의 역할을 구체적으로 제시할 것.

---

### 👍 더 알고 싶어 119　　　　　📖 도서　▷ 영상　🔍 사이트

📖 『내가 SNS에 올린 글도 역사가 된다고?』 (김대갑, 김혜령, 나무를 심는 사람들, 2017)
　순간의 포스트가 디지털 발자국이 된다는 사실을 알고 슬기롭게 기록하는 법을 익혀 보자.

▷ 스마트폰만 쓰는 아이의 뇌, 파충류 수준으로 퇴화된다?! (tvN미래수업)
　짧은 영상에 익숙해진 뇌를 집중과 탐구의 뇌로 바꾸는 학습 전략을 배워 보자.

▷ 정보화 시대! 미디어 리터러시가 왜 필요할까? (교육TV)
　시청 시간을 관리하고 목표를 세우는 미디어 다이어트 습관을 바로 적용해 보자.

# 친구 따라 118만 원짜리 명품 운동화를 사 달라고?

## 비교 문화를 부추기는 SNS와 나다움의 추구

요즘 SNS에서 친구들이 올린 멋진 사진을 보면서 '나도 저런 명품을 갖고 싶다'고 생각해 본 적 있니? 많은 청소년이 SNS를 통해 다른 사람들의 생활을 엿보며 자신의 일상과 비교하고 있어. 이러한 비교 문화는 청소년들에게 어떤 영향을 미칠까?

**학습 키워드** #대중문화, #미디어, #SNS, #비교 문화, #나다움

**교과 연계** 초5 〉 도덕 〉 2. 내 안의 소중한 친구
중1 〉 사회 〉 IX-3 대중문화와 미디어
고등학교 통합사회

## 청소년들이 명품에 열광하는 이유

최근 유명 아이돌들이 명품 브랜드 홍보대사로 활동하면서 청소년들의 명품 소비가 크게 늘고 있어. 한 초등학생은 유명 가수가 신은 명품 운동화를 갖고 싶어서 118만 원짜리 신발을 부모님께 사 달라고 했대. 이런 일이 점점 늘어나는 걸 통해 청소년들 사이에 명품에 대한 관심이 뜨겁다는 것을 확인할 수 있어.

그렇다면 청소년들은 왜 명품에 열광할까? 우선 아이돌과 유명 인플루언서의 영향이 크다고 볼 수 있어. 많은 청소년들은 자신이 좋아하는 아이돌이나 인플루언서가 사용하는 제품을 따라 사고 싶어 해. 이는 단순한 소비를 넘어 자신도 그들처럼 멋진 삶을 살고 있다는 느낌을 주기 때문이야. 더불어 또래 압력과 소속감도 한몫하게 돼. 청소년들은 친

구들 사이에서 뒤처지지 않기 위해, 혹은 같은 명품을 소유함으로써 소속감을 느끼기 위해 명품을 구입하려는 경향이 있어. 또래 집단에서 인정받고 싶어 하는 욕구는 청소년기 동안 강하게 나타나는데, 명품을 소유함으로써 자신도 또래 집단의 일원이라는 소속감을 느끼게 되는 거지. 이는 사회적 동물인 인간의 본능적인 욕구로 자신이 소속된 집단에서 인정받고 싶어 하는 심리가 반영된 거야.

## SNS로 인한 비교 문화의 범람

우리나라의 비교 문화는 SNS의 영향으로 더욱 강화되고 있어. SNS는 친구나 유명인의 일상을 쉽게 엿볼 수 있게 해 주는 도구야. 인스타그램, 페이스북, 틱톡 같은 플랫폼이 활성화되면서 친구들의 화려한 사진이나 영상을 보고 자신과 비교하는 일이 흔해졌어. 이런 비교 문화는 청소년들의 정신 건강에 악영향을 미칠 수 있어.

첫째, 자존감 저하 문제가 생길 수 있어. SNS에서 친구들이나 유명인들의 화려한 삶을 보고 있으면, 자신이 상대적으로 부족하게 느껴져 자존감이 낮아질 수 있기 때문이지. 한국보건사회연구원의 2022년 조사에 따르면 자주 비교하는 습관을 지닌 청소년들의 자존감이 낮아질 확률이 그렇지 않은 경우보다 30%나 더 높았어.

둘째, 불안감과 우울증을 일으킬 수 있어. 끊임없이 다른 사람들과 자신을 비교하며, 나도 저렇게 해야 한다는 압박감을 느끼다 보면 불안감과 우울증이 생길 수 있지.

마지막으로 과도한 소비 습관이 생길 수 있어. 돈을 벌지 않는 청소년이 구입하기에 명품은 비싼 물건이야. 명품을 사기 위해 부모님에게 무리한 요구를 하거나 지나치게 많은 돈을 쓸 경우 가계의 경제적 부담이 커질 수 있어.

또한 청소년들에게 잘못된 소비 습관을 심어 줄 수도 있지. 한국청소년정책연구원의 조사에 따르면, 청소년의 35%가 경제적인 어려움 때문에 스트레스를 받고 있으며, 그중 상당수가 과도한 소비 습관과 관련이 있다고 얘기하기도 했대.

## 나다움을 추구하는 방법

전문가들은 비교보다 나다움을 추구하는 것이 중요하다고 강조하고 있어. 세계적인 심리학자 마틴 셀리그만Martin Seligman은 "자신의 강점을 발견하고 개발하는 것이 진정한 행복과 성취를 가져다준다."라고 말했어. 셀리그만 박사가 제시한 나다움을 추구하는 방법을 알아볼까?

첫째, 목표를 설정하는 것이 필요해. 셀리그만 박사는 "작은 목표부터 시작해 점점 큰 목표로 나아가라."라고 조언했어. 자신이 잘하는 것을 바탕으로 작은 목표를 세우고 이를 달성하는 과정에서 성취감을 느낄 수 있기 때문이야. 둘째, 긍정적인 자기 대화를 실천해야 해. 예를 들어 "나는 그림을 잘 그려." 또는 "나는 친절한 사람이야."라고 스스로에게 말할 수 있어야 해. 셋째, 감사하는 마음을 가지는 것도 중요해. 셀리그만 박사는 "매일 감사한 일을 생각하면 행복감을 느낄 수 있다."라고 강조했어. 작은 것이라도 감사하는 마음을 가지면 긍정적인 에너지가 생기기 때문이지. 넷째, 새로운 일에 도전하는 용기를 가져야 해. 실패를 두려워하는 대신 새로운 것을 배울 수 있는 기회라고 생각해 보는 거지.

비교하는 문화는 현대 사회에서 피할 수 없는 현실이 됐어. 하지만 이에 어떻게 대처하느냐에 따라 우리 삶의 질은 크게 달라질 수 있어. SNS의 영향에서 벗어나 자신만의 특별한 길을 개척해 보는 건 어떨까?

1. SNS의 비교 문화가 청소년들에게 미치는 영향으로 적절하지 않은 것은?

① 자존감 저하　　　　　　　② 불안감과 우울증
③ 경제적 스트레스　　　　　④ 명품 구매 욕구 상승
⑤ 학업 성적 향상

2. 만약 좋아하는 아이돌이나 인플루언서가 명품 대신 직접 만든 수제 제품이나 친환경 제품을 사용한다면 소비 습관에 어떤 변화가 생길지 상상하여 써 보자.

------------------------------------------------------------

------------------------------------------------------------

------------------------------------------------------------

3. (가)와 (나) 두 지문에서 공통적으로 드러나는 'SNS의 영향력'을 중심으로 현대 사회에서 청소년이 겪고 있는 문제와 그 해결 방안을 찾아 보자.

(가) 2020년 BTS와 아미는 미국의 인종차별 반대 운동인 Black Lives Matter(BLM)에 기부하며 큰 주목을 받았다. 아미는 도널드 트럼프 전 대통령의 선거 유세에 '노쇼' 시위를 벌이기도 했다. 이러한 활동은 단순한 팬덤을 넘어 사회적, 정치적 영향력을 행사하는 집단으로 변모하고 있음을 보여 준다.

(나) 유튜브 쇼츠, 틱톡, 인스타그램 릴스 등 숏폼 콘텐츠는 짧은 시간 내에 높은 중독성을 가지며 뇌 보상 회로를 자극해 도파민 분비를 촉진한다. 이는 청소년들에게 주의력 결핍 및 과잉행동장애(ADHD)와 같은 인지적 문제를 초래할 수 있다. SNS의 비교 문화는 청소년들의 자존감을 낮추고, 불안감과 우울증을 야기할 수 있으며 과도한 소비 습관을 부추겨 경제적 부담을 가중시킬 수 있다.

 **더 알고 싶어 119**　　　　📖 도서　▶ 영상　🔍 사이트

📖 『미디어 리터러시 쫌 아는 10대』 (금준경, 방상호, 풀빛, 2020)
광고·인플루언서 마케팅의 장치를 이해하며 충동구매를 이기는 판단 기준을 세워 보자.

▶ 온종일 SNS 들락날락… 이런 청소년들, 충동 조절 어렵다 (SBS 뉴스)
SNS 사용과 충동성의 관계를 보고 지갑을 지키는 뇌 사용법을 익혀 보자.

🔍 습관적 SNS 확인하는 청소년, 타인 반응 더 의식한다 (동아사이언스)
'좋아요'에 흔들리지 않는 나만의 소비 규칙을 만들어 보자.

# 우리 할아버지는
# 왜 틱톡을 어려워하실까?

## 세대 차이에 따른 갈등을 해결하기 위한 노력

부모님과 스마트폰이나 SNS에 대해 이야기할 때 느끼는 세대 차이가 있니? 예를 들어 틱톡에서 본 재미있는 영상을 부모님께 보여 드리면 "이게 뭐야?" 같은 반응 말이야. 너희가 세대 차이를 느꼈던 순간은 언제였어?

| | |
|---|---|
| **학습 키워드** | #대중문화 #미디어 #세대 문화 #세대 차이 #세대 갈등 |
| **교과 연계** | 초4 〉 사회 〉 4. 사회 변화와 다양한 문화<br>중1 〉 사회 〉 IX-3 대중문화와 미디어<br>고등학교 통합사회 |

## 세대 차이가 생기는 이유

할아버지, 할머니들은 인스타그램, 틱톡, 유튜브와 같은 앱이나 최신 기술에 대해 잘 모르실 수 있어. 왜 그럴까? 바로 '세대 차이' 때문이야. 세대란 같은 시대에 태어나 비슷한 경험과 문화를 공유하는 사람들의 집단을 말해. 사회학자들은 각 세대를 그들이 살아온 시대의 주요 사건과 변화에 따라 아래와 같이 구분하고 있어.

**1. 베이비붐 세대:** 1955년에서 1963년 사이의 전후 베이비붐 시기에 태어난 사람들이야.

**2. X세대:** 1970~1980년대 초반에 태어난 사람들로 1990년대 문화를 이끈 세대를 말해. 기성세대의 문화를 거부하고 개성과 자유를 중시했지.

**3. Y세대:** 1980년대에서 1990년대 중반에 태어난 세대로 밀레니얼 세대

라고도 불려. 디지털 환경에 익숙하며, 컴퓨터와 인터넷을 자유자재로 사용할 수 있지.

**4. MZ세대**: 1990년대 중반부터 2000년대 초반에 태어난 세대야. 디지털 네이티브로 불리며, 스마트폰과 SNS에 매우 익숙하지.

이런 세대 차이가 생기는 이유는 무엇일까? 세대 차이가 발생하는 가장 큰 원인은 각 세대가 살아온 시대의 경험이 다르기 때문이야. 예를 들어 베이비붐 세대는 6.25 전쟁 이후 전후 복구와 경제 발전의 시기를 겪었고, X세대는 정보화 사회로의 전환을 경험했어. Y세대와 MZ세대는 디지털 혁명과 글로벌화를 경험하며 자라났지. 서로 보고, 느끼고, 경험한 것이 다르다 보니 오늘날 사람들은 세대 차이를 크게 느끼고 있어. 사람인<sup>saramin</sup>의 조사에 따르면 직장인의 77%가 세대 차이를 실감한다고 말했어. 직장인 10명 중 약 8명은 세대 차이를 경험하고 있는 셈이지.

## 세대 차이 때문에 생기는 문제

세대 차이로 인한 문제들에 대해 자세히 살펴볼까?

첫째, 각 세대가 사용하는 언어와 표현 방식이 다르기에 의사소통에 어려움을 겪을 수 있어. MZ세대는 친구들과의 대화에서 'ㅋㅋ(웃음 소리)'나 'ㄱㅇㄷ(개이득)'과 같은 줄임말과 이모티콘을 많이 사용해. 하지만 베이비붐 세대는 이러한 표현을 이해하지 못하고 "왜 이렇게 말을 줄여서 쓰니?"라고 묻기도 하지.

둘째, 가치관의 차이가 생기게 돼. 각 세대는 자신이 경험한 시대의 가치를 중요하게 여기는 경향이 있어. 예를 들어 베이비붐 세대는 안정성과 직업의 중요성을 강조하는 편이야. 그래서 한 직장에서 오래 일하는 것이 중요하다고 생각하지. 반면 MZ세대는 자아실현과 유연한 직업 선택을 선호해서 여러 곳에서 다양한 경험을 쌓는 것을 중요하게 생각하는 편이야. 이로 인해 MZ세대는 윗세대 사람들에게 '왜 한 직장에 오래 다니지 않니?'와 같은 질문을 받기도 하지.

셋째, 기술 격차가 있어. MZ세대는 태어날 때부터 디지털 사회에서 살았기 때문에 새로운 기술과 기기에 익숙한 편이야. 스마트폰으로 은행 업무나 쇼핑을 하는 것은 MZ세대에게 그리 어려운 일이 아니야. 반면 베이비붐 세대는 디지털 기술이 익숙하지 않아서 직접 은행에 가거나 매장에서 쇼핑하는 것을 선호하지.

서로 보고, 듣고, 경험하는 것이 다르기 때문에 세대 간의 차이는 불가피해. 그럼에도 우리는 같은 사회 구성원으로서 더불어 살아가야 하지. 서로의 차이를 인정하고 존중하며, 열린 마음으로 대화를 나눈다면 세대 간의 갈등을 줄이고 더 나은 사회를 만들어 갈 수 있을 거야. 학교에서도, 가정에서도 세대 차이를 느낄 때가 많겠지만, 그럴 때마다 '저 사람은 왜 저럴까?'라고 생각하기보다 '저 사람은 저렇게 살아왔기 때문에 저렇게 생각할 수 있겠구나.'라고 이해해 보는 건 어떨까? 서로를 이해하고 존중하는 자세가 세대 간의 갈등을 해소하는 첫걸음이 될 수 있어.

1. 다음 중 세대 차이가 발생하는 가장 큰 원인으로 옳은 것은?

① 각 세대가 태어난 장소가 다르기 때문에

② 각 세대가 가진 직업이 다르기 때문에

③ 각 세대가 살아온 시대의 경험이 다르기 때문에

④ 각 세대가 좋아하는 음식이 다르기 때문에

⑤ 각 세대가 사용하는 언어가 다르기 때문에

2. 다음 글을 읽고 민수가 세대 차이 문제를 해결하기 위해 할 수 있는 방법을 써 보자.

> 민수는 할아버지와 함께 시간을 보내던 중 틱톡 영상을 할아버지께 보여 드렸습니다. 하지만 할아버지는 틱톡 영상을 보시고 "너무 어렵구나. 요즘 애들 따라가기 참 힘들어."라고 말씀하셨습니다.

3. 우리 사회가 MZ세대론에 주목하는 이유와 그로 인한 긍정적, 부정적 영향을 생각해 보자.

---

**더 알고 싶어 119**　　　　📑도서　▷영상　🔍사이트

📑 『**아빠도 떡볶이를 좋아해**』 (김서이 외 7인, 매일신문사, 2022)
세대의 취향과 기억을 통해 다름을 이해하고 대화하는 법을 배워 보자.

▷ **요즘 애들은 왜 그래?! 세대 갈등, 누가 만들고 조장하는 걸까? (JTBC 차이나는 클라스)**
세대 갈등의 원인을 알면 오해를 공감으로 바꾸는 방법을 찾을 수 있지 않을까?

▷ **'MZ 대통령 재질' 이석훈, MZ들 인터뷰하며 느낀 세대 차이**
짧은 영상 문화와 긴 설명의 간극을 확인하고 소통의 언어를 맞춰 보자.

# 아이 대신 강아지를 기른다고?

## 반려동물이 주는 긍정적인 영향과 사회적 문제

요즘 거리에서 유모차 대신 개모차를 밀고 다니는 사람들을 쉽게 볼 수 있어. 왜 이렇게 많은 사람들이 반려동물과 함께 시간을 보내고 있을까? 현대 사회에서 반려동물이 단순히 애완동물을 넘어 가족의 일원으로 자리 잡았기 때문이야. 반려동물과 함께하는 문화가 어떻게 변화하고 있는지 살펴볼까?

**학습 키워드** #대중문화 #미디어 #반려동물 문화 #개모차

**교과 연계** 초4 〉 사회 〉 4. 사회 변화와 다양한 문화
중1 〉 사회 〉 IX-3 대중문화와 미디어
고등학교 통합사회

## 반려동물 문화의 발전

'펫콕족'은 집에서 반려동물과 함께 여가 시간을 보내는 사람들을 뜻하는 신조어로, 코로나19 팬데믹 시기에 등장했어. 팬데믹 동안 외출이 제한되자 많은 사람들이 반려동물과 함께 집에서 시간을 보내면서 반려동물 문화가 크게 발전하게 됐지. 서울디지털센터의 분석에 따르면 서울에 등록된 반려견 수는 61만 2천 마리로 전국 등록 반려견 수인 350만 마리의 약 17.5%에 해당해. 반면 2014년부터 2023년까지 10년 동안 서울에서 태어난 신생아는 59만 4천 명에 불과하지. 즉 아기를 키우는 집보다 강아지를 기르는 집이 더 많아진 거야. 2023년 한 온라인 마켓의 조사에 따르면 2022년 유모차 판매량은 12% 감소한 반면, 개모차 판매량은 30% 증가했어. 유모차보다 개모차가 더 많이 팔렸다는 사실은 반려

동물이 가족의 일원으로 얼마나 큰 의미를 가지게 되었는지 단적으로 보여 준다고 볼 수 있어.

과거 우리나라에서는 반려동물을 단순한 애완동물로 여기는 경향이 강했어. 애완동물이라는 용어 자체가 '장난감'이나 '놀잇감'이라는 뜻을 포함하고 있었기 때문이야. 따라서 반려동물은 주로 집을 지키거나 쥐를 잡는 등의 실용적인 목적으로 키워졌지. 시간이 지나면서 반려동물에 대한 인식이 변화하기 시작했어. 1990년대 후반부터 반려동물을 키우는 가구가 늘어나면서, 반려동물을 단순한 애완동물로 보지 않고 정서적 교감과 친밀감을 나누는 존재로 여기게 되었지. 특히 2000년대 들어서 '애완동물' 대신 '반려동물'이라는 용어가 더 많이 사용되기 시작했어. '반려동물'이라는 용어는 단순한 장난감이 아니라, 함께 삶을 나누는 동반자라는 의미를 담고 있어. 이는 반려동물을 가족의 일원으로 여기고, 그들의 복지와 행복을 중요하게 생각하게 된 변화를 반영한 거야. 그 결과 반려동물을 가족의 일원으로 여기고, 그들과 정서적으로 교감하며 함께 생활하는 문화가 점차 자리 잡게 됐어.

## 반려동물 문화를 바라보는 다양한 시선

한편 반려동물을 가족처럼 여기는 문화를 부정적으로 보는 시선도 존재하고 있어. 유모차보다 개모차가 더 팔리는 현실은 반려동물에 대한 지나친 애정이 아이를 대신하는 것 아니냐는 우려를 낳기도 하지. 경제적인 부담과 더불어 반려동물에게 과도한 관심을 쏟는 것이 출산율 감소와 맞물려 사회적 문제로 비춰질 수 있어. 몇몇 사람들은 출산율은 감소하는데 반려견 등록 수는 증가한다는 통계를 근거로, 아이를 기르는 것보다 반려동물 입양을 선호하는 현상이 출산율 저하와 맞물려 장기적으로 인구 감소 문제를 심화시킬 가능성이 있다고 주장하기도 했어.

반려동물과의 관계는 외로움을 달래 주고, 정신적인 안정을 주는 등 많은 사람들에게 큰 위로가 돼. '펫콕족'이라는 신조어가 생겨난 배경에도 이러한 긍정적인 측면이 자리 잡고 있지. 또한 반려동물 산업의 발전은 다양한 일자리를 만들며 새로운 시장을 형성하고 있어. 고품질의 반려동물 용품과 서비스가 발전하면서 반려동물의 복지 수준도 높아지고 있지. 예를 들어 한국에서 개발된 반려동물 전용 스마트 침대는 온도를 자동으로 조절해 주는 기능을 갖추고 있어 반려동물의 편의를 극대화한 사례야.

현대 사회에서 반려동물 문화를 바라보는 시선은 매우 다양해. 어떤 이는 이를 부정적으로 보기도 하고, 또 다른 이는 긍정적으로 평가하기도 하지. 중요한 것은 서로 간의 차이를 이해하고 존중하는 거야. 반려동물이 주는 긍정적인 영향을 인정하면서도, 사회적 문제에 대해 함께 고민하는 태도가 필요해. 이렇게 서로를 이해하고 존중하며, 더 나은 반려동물 문화를 만들어 가는 것이 우리 사회의 바람직한 방향일 거야.

1. 본문에서 반려동물을 가족처럼 여기는 문화를 부정적으로 보는 이유로 언급한 것은?

   ① 반려동물이 스트레스를 줄 수 있기 때문에

   ② 반려동물이 주거 공간을 많이 차지하기 때문에

   ③ 반려동물은 외출을 제한하기 때문에

   ④ 반려동물이 정서적 교감을 제공하기 때문에

   ⑤ 반려동물 증가가 출산율 감소에 영향을 줬다고 생각하기 때문에

2. 만약 미래에 반려동물과 소통할 수 있는 기술이 개발된다면 그것이 반려동물 문화에 어떤 영향을 미칠지 상상해 보고 그로 인해 생길 수 있는 변화를 써 보자.

3. 반려동물 보유세에 관해 조사하고 반려동물 보유세를 도입했을 때 나타날 수 있는 사회적 변화를 생각해 보자. 또한 반려동물 보유세가 실제로 반려동물 복지와 사회적 책임감을 강화하는데 효과적인지에 대한 너희의 의견을 제시해 보자.

**더 알고 싶어 119**　　　　📖 도서　▷ 영상　🔍 사이트

📖 『**반려동물 전문가 마스터플랜**』(theD마스터플랜연구소, 더디퍼런스, 2021)
반려의 즐거움뿐 아니라 책임·비용·시간을 함께 설계하는 법을 배워 보자.

▷ **반려동물에도 '세금'을?… 보유세 논란 (MBC 뉴스)**
반려 인구 증가가 사회 제도와 도시 정책을 어떻게 바꾸는지 살펴보자!

▷ **아이 대신 강아지 키우는 한국… "내 새끼인데 최고로 해 줘야죠" (한경닷컴)**
펫코노미 트렌드를 보며 감정과 책임의 균형을 고민해 보자.

# 내가 좋아하는 가수의 노래를 인공지능이 부른다고?

## 인공지능의 발달로 인한 저작권 침해

최근 유튜브를 비롯한 여러 영상 플랫폼에서 인공지능(AI)을 활용해 기존 가수의 노래를 다른 가수의 목소리로 바꾸는 영상이 많이 올라오고 있어. 좋아하는 가수의 목소리로 다른 노래를 듣는 것은 신기하고 재밌지만 저작권에는 문제가 없는 걸까?

**학습 키워드** #대중문화 #미디어 #저작권 #인공지능

**교과 연계** 초4 〉 사회 〉 4. 사회 변화와 다양한 문화
중1 〉 사회 〉 IX-3 대중문화와 미디어
고등학교 통합사회

## 인공지능과 저작권 침해 문제

혹시 유튜브에서 브루노 마스가 뉴진스의 〈하입보이〉를 부르거나, 아이유가 피프티피프티의 〈큐피드〉를 부르는 영상을 본 적 있어? 이 영상들은 실제로 그 가수가 부른 것이 아니라, 인공지능이 그들의 목소리를 학습해 만든 'AI 커버'라고 해. 최근 유튜브를 비롯한 여러 영상 플랫폼에서는 AI 커버 기술을 활용해 기존 가수의 노래를 다른 가수의 목소리로 바꾸는 영상이 많이 올라오고 있어. 좋아하는 가수의 목소리로 다른 노래를 듣는 것은 신기하고 재미있는 경험이야. 하지만 이런 영상이 많은 사람들의 주목을 받는다면 원곡 가수와 작곡가의 권리는 어떻게 되는 걸까? AI 기술로 만들어진 이 새로운 형태의 창작물은 과연 저작권법의 보호를 받을 수 있을까?

인공지능<sup>AI</sup> 기술이 발달하면서 음악뿐만 아니라 그림, 소설, 영상 등 다양한 창작물이 쏟아져 나오고 있어. AI가 그린 그림이 미술 전시회에 출품되기도 하고, AI가 쓴 소설이 출판되기도 하지. 심지어 AI가 만든 영화 예고편이나 광고 영상도 인터넷에서 쉽게 찾아볼 수 있어. AI 창작물들은 기술의 발전으로 점점 더 정교해지고 있어서 이것이 AI가 만든 것인지, 사람이 만든 것인지 구분하기 어려울 정도야. 이처럼 AI가 만든 다양한 창작물들은 우리에게 새로운 경험을 선사하지만, 동시에 저작권과 관련된 여러 가지 질문을 던지기도 해. 이 질문들에 대한 답을 찾기 위해 저작권의 의미와 중요성 그리고 인공지능과 저작권의 관계에 대해 알아볼게.

## 저작권을 지키고 보호해야 하는 이유

'저작권'은 창작자가 자신의 창작물을 보호받을 수 있는 권리를 말해. 이는 책, 음악, 그림, 영화 등 다양한 창작물에 적용되지. 저작권이 중요한 이유는 창작자가 자신의 작품을 통해 돈을 벌고, 그 돈으로 힘을 얻어 더 많은 창작 활동을 할 수 있기 때문이야. 만약 저작권이 없다면, 누구나 다른 사람의 창작물을 마음대로 사용할 수 있게 되겠지? 또한 창작자는 자신이 만든 작품에 대한 보상을 제대로 받을 수 없게 될 거야. 결국 창작자들이 새로운 창작물을 만드는 것을 어렵게 만들어 문화와 예술의 발전을 막을 수 있지. 예를 들어 우리가 좋아하는 영화나 노래, 그림 등이 모두 저작권의 보호를 받지 못한다면, 창작자들은 경제적 보상을 받을 수 없어서 새로운 작품을 만드는 일을 중단할 수밖에 없어. 저작권은 이러한 문제를 막고, 창작자들이 지속적으로 작품을 만들어 낼 수 있도록 돕는 중요한 장치야.

인공지능 기술이 발달하면서 저작권 문제에도 새로운 변화가 생기고 있어. 특히 AI가 기존의 음악, 그림, 글 등을 학습해 새로운 형태의 창작물을 만들어 내면서, 이러한 창작물의 저작권이 어떻게 보호될 수 있는지에 대한 논의가 활발히 이루어지고 있지. 과연 AI가 만든 창작물은 저작권 보호를 받을 수 있을까? 현재 우리나라와 많은 국가에서는 AI가 만든 창작물에 대해 저작권을 인정하지 않는다는 입장이야. 이는 AI가 인간과 같은 창작자로 인정받지 못하기 때문이지. 또한 AI가 학습하는 과정에서 원래 저작물의 무단 사용이 문제가 될 수 있는데, 이는 저작권 침해로 볼 수 있어. 예를 들어 AI가 학습하기 위해 기존의 노래나 그림, 글 등을 허락 없이 사용한다면, 법은 이러한 활동을 원 저작자의 권리를 침해하는 행위로 해석하고 있어. 만약 AI 학습을 위해 특정 자료들이 필요하다면 저작권자의 허락을 받거나, 저작물을 공정하게 사용할 수 있는 방법을 찾아봐야 할 거야.

저작권을 지키는 것은 창작자를 존중하고, 더 나은 창작 환경을 만들기 위한 행동이야. 우리가 저작권을 지킬 때, 창작자들은 자신의 작품에 대한 정당한 보상을 받을 수 있어. 이를 통해 창작자들이 보다 적극적으로 창작 활동에 참여한다면 우리 생활을 더 편리하게 하고, 문화와 예술이 발전하는 데 기여할 수 있을 거야. 너희도 생활 속에서 저작권을 지키는 작은 실천을 통해 더 나은 세상을 만들어 가는 데 동참해 보는 건 어떨까?

1. AI가 만든 창작물에 대해 저작권을 인정하지 않는 이유는 무엇일까?

2. 일상생활에서 저작권을 잘 지킬 수 있는 방법이 무엇인지 써 보자.

3. AI가 만든 창작물의 저작권을 인정해야 한다는 주장에 대해 찬성하거나 반대하는 입장에서 써 보자.

4. AI 창작물의 저작권 문제를 해결하기 위한 법적, 윤리적, 경제적 접근 방법을 각각 제시하고, 인문학적 관점에서 창작물에 대한 저작권의 중요성을 설명해 보자.

### 더 알고 싶어 119

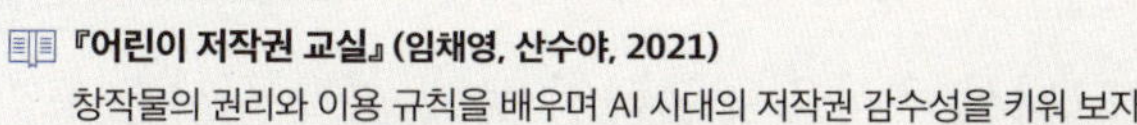
📖 도서　▷ 영상　🔍 사이트

📖 『**어린이 저작권 교실**』 (임채영, 산수야, 2021)
　창작물의 권리와 이용 규칙을 배우며 AI 시대의 저작권 감수성을 키워 보자.

▷ **인공지능(AI)이 만든 창작물의 저작권은 누구에게 있을까?** (사물궁이 잡학지식)
　커버·합성 음원 논란을 사례로 살펴보면서 공정 이용과 권리 보호의 균형을 생각해 보자.

▷ **그림부터 음악, 영상까지 AI가 '뚝딱' 저작권은?** (KBS 뉴스)
　최신 이슈를 통해 법과 기술이 만나는 현장을 점검해 보자.

# 키오스크?
# 아휴, 안 먹고 말지!



카페나 식당에 가면 할아버지, 할머니께서 키오스크 주문이 어려워 발을 동동 구르시는 모습을 종종 볼 수 있어. 젊은 세대에게는 익숙한 디지털 기기가 노인들에게는 큰 장벽으로 다가오고 있는 거야. 더불어 사는 사회 속에서 노인들을 도와 드리기 위해 우리는 무엇을 할 수 있을까?

**학습 키워드**  #대중문화  #미디어  #디지털 격차

**교과 연계**  초4 〉 사회 〉 4. 사회 변화와 다양한 문화
중1 〉 사회 〉 IX-3 대중문화와 미디어
고등학교 통합사회

## 디지털 시대를 살아가는 노인들의 삶

2023년 원주 시외고속버스터미널에서는 대부분의 매표소가 키오스크로 대체되었어. 키오스크는 젊은 이용객들에게는 편리함을 제공하지만 노인들에게는 큰 부담으로 다가오기도 해. 원주 시외고속버스터미널 키오스크 사용에 불편함을 느낀 한 노인은 이렇게 불편함을 털어 놓았어.

"저거(키오스크)는 뭐 어떻게 하다 잘못 하게 되면 또 다시 또 해야 해서 좀 불편한 점이 있어요."

이러한 사례는 노인들이 일상에서 느끼는 디지털 장벽을 잘 보여 주고 있어. 2023년 6월 방영된 다큐멘터리 〈디지털 시대 노인으로 사는 법〉에서도 노인이 키오스크에서 음식을 주문하지 못해 결국 식사를 포기하는 장면이 나왔어. 이처럼 노인들이 디지털 기기를 사용하지 못해 일상

생활에서 소외되고 있음을 알 수 있어.

디지털 격차는 디지털 기기와 인터넷을 사용할 때 세대, 지역, 경제적 수준 같은 여러 요인에 따라 발생하는 정보 접근과 활용의 차이를 뜻하는 말이야. 이는 단순한 기술 사용의 문제가 아니라 정보와 서비스의 접근성, 사회적 참여, 경제적 기회 등과도 밀접한 관련이 있어. 노인들에게 디지털 격차는 일상생활의 불편함을 넘어 사회적 고립과 경제적 어려움으로 이어질 수 있기 때문이지.

노인들의 디지털 격차는 통계 자료에서도 명확히 드러나고 있어. 통계청이 2022년에 발표한 '디지털 정보 격차 실태조사'에 따르면 60대 노인의 디지털 정보화율은 56.7%이며, 70대 이상 노인의 정보화율은 34.6%로 현저히 낮아. 이는 노인들이 디지털 기기와 인터넷을 사용하는 데 있어 큰 어려움을 겪고 있다는 걸 보여 주고 있어. 디지털 기술 사용이 어려운 노인들은 디지털 금융 서비스에 접근하지 못해서 금융 거래가 어렵고, 보이스피싱 등 디지털 범죄에 노출되기도 쉬워. 2023년 10월 2일 KBS 뉴스 보도에 따르면, 보이스피싱으로 인해 피해를 입은 노인이 매년 증가하고 있는데, 이는 노인들이 디지털 기기에 익숙하지 않아서 발생하는 문제이기도 해.

## 디지털 격차를 해결하기 위한 다양한 방법

디지털 격차 문제를 해결하기 위해서는 다양한 방안이 필요해.

첫째, 노인들을 대상으로 한 디지털 문해 교육이 강화되어야 해. 청주 서원 노인복지관에서 시행한 'ICT 사랑방' 프로그램처럼 노인들이 디지털 기기를 체험하고 배울 수 있는 기회를 제공하는 거지. 이 프로그램에서는 노인들이 태블릿을 이용해 체육 활동과 놀이를 즐기고, 터치스크린을 통해 무인 주문 결제 시스템을 체험하며, 스마트폰을 이용한 보이스피싱 예방 교육도 진행하고 있어. 이러한 교육을 통해 노인들은 디지털 기기를 보다 친숙하게 느끼고, 실제 생활에서 활용할 수 있는 능력을 기를 수 있어.

둘째, 공공장소와 서비스 제공업체는 노인들을 배려하는 서비스를 갖춰야 해. 예를 들어 키오스크와 함께 사람이 직접 도와 줄 수 있는 창구를 병행 운영하는 게 필요해. 이러한 서비스는 노인들이 갑작스럽게 기기를 사용해야 하는 상황에서 느끼는 불안감을 줄이고, 보다 편리하게 서비스를 이용할 수 있도록 도울 수 있어.

셋째, 노인들에게 맞춤형 디지털 기기를 제공해 사용의 편의성을 높이는 것도 한 방법이야. 예를 들어 버튼이 크고 사용법이 간단한 휴대폰이나 태블릿을 제공함으로써 노인들이 보다 쉽게 디지털 기기를 사용할 수 있도록 지원할 수 있어. 노인들이 디지털 기기를 사용함으로써 얻을 수 있는 혜택은 매우 커. 예를 들어 온라인 금융 거래를 할 수 있다면 은행을 직접 방문하지 않아도 되고, 다양한 정보와 서비스를 쉽게 이용할 수 있어. 또한 디지털 기기를 통해 가족 및 친구들과 더 쉽게 소통할 수 있어서 사회적 고립도 막을 수 있지. 이러한 변화는 노인들의 삶의 질을 크게 향상시킬 수 있어. 이렇게 디지털 시대에 노인들이 소외되지 않고 함께 어우러져 살기 위해서는 사회적 배려와 지원이 필요해.

디지털 격차 문제는 단순히 기술의 문제가 아니라, 노인들의 삶의 질과 직결된 중요한 문제야. 따라서 우리는 노인들이 디지털 기기를 사용할 수 있는 능력을 기를 수 있도록 지속적인 관심과 지원을 아끼지 말아야 해. 이는 단순히 노인들을 위한 배려가 아니라, 우리 사회 전체의 발전을 위한 중요한 과제라고 할 수 있어.

1. 다음 글에서 설명하는 것이 무엇인지 써 보자.

> 이 개념은 디지털 기기와 인터넷 사용에 있어서 세대, 지역, 경제적 수준 등 여러 요인에 따라 발생하는 정보 접근과 활용의 차이를 의미합니다. 이는 정보와 서비스의 접근성, 사회적 참여, 경제적 기회 등과도 밀접한 관련이 있으며, 특히 노인들에게 큰 영향을 미칩니다. 이는 노인들이 일상생활에서 겪는 불편함과 사회적 고립, 경제적 어려움으로 이어질 수 있습니다.

2. 노인들이 디지털 격차로 인해 일상에서 겪는 어려움을 줄이기 위해 우리가 할 수 있는 방법을 3가지 이상 써 보자.

3. 다음 글을 읽고 디지털 격차가 노인에게 미치는 영향을 써 보자.

> 원주 시외고속버스터미널에서는 대부분의 매표소가 키오스크로 바뀌었습니다. 젊은 사람들에게는 편리하지만, 나이 드신 분들에게는 어려운 일입니다. 한 노인은 키오스크 사용이 어려워 "잘못하면 다시 해야 되고, 불편한 점이 많다."라고 말했습니다. 이런 상황은 노인들이 디지털 기기를 사용하지 못해 일상생활에서 어려움을 겪고 있다는 것을 보여 줍니다. 디지털 격차는 노인들이 일상생활에서 느끼는 불편함과 사회적 고립, 경제적 어려움으로 이어질 수 있습니다.

**더 알고 싶어 119**

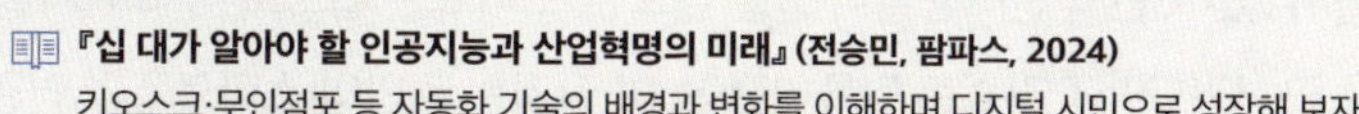

📖 도서   ▷ 영상   🔍 사이트

📖 『십 대가 알아야 할 인공지능과 산업혁명의 미래』 (전승민, 팜파스, 2024)
키오스크·무인점포 등 자동화 기술의 배경과 변화를 이해하며 디지털 시민으로 성장해 보자.

▷ 다큐 시선 '노인을 위한 나라는 있다' (EBS 다큐)
디지털 격차가 만든 불편과 소외를 보면서 모두가 함께 쓰는 기술을 고민해 보자.

▷ 키오스크가 두려운 '고령층'… 디지털 격차 해소 대책은? (KBS 뉴스)
쉬운 안내와 도우미 제도를 확인하며 배려하는 사용자 매너를 실천해 보자.

# 반려동물과 사람을 위한 스마트 기술을 만드는 반려동물 IoT 개발자

혹시 반려동물을 키우고 있니? 요즘에는 반려동물 IoT 기술을 통해 동물들의 상태를 실시간으로 확인하거나 더 편하게 돌볼 수 있는 기기가 개발되고 있어. 이런 기술을 만드는 사람이 바로 반려동물 IoT 개발자야. 반려동물 IoT 개발자가 어떤 일을 하는지 알아볼까?

## IoT 기술과 반려동물

IoT라는 말을 들어 본 적 있니? IoT는 '사물 인터넷Internet of Things'의 줄임말로, 인터넷에 연결된 기기가 서로 정보를 주고받으면서 사람들에게 더 많은 도움을 주는 기술이야. 냉장고가 음식을 관리하거나 스마트워치가 우리의 건강 상태를 알려 주는 것도 IoT 기술 덕분이지. 그런데 이 기술이 반려동물에게도 큰 도움이 되고 있다는 사실, 알고 있었니?

반려동물 IoT 개발자는 반려동물의 건강과 안전을 지키기 위해 스마트 기기를 설계하고 개발하는 일을 해. 예를 들어 IoT 목줄은 GPS 기능을 사용해 반려동물이 어디 있는지 실시간으로 확인할 수 있어. 만약 반려동물이 길을 잃으면, 스마트폰 앱으로 바로 위치를 찾을 수 있지. 자동 급식기도 IoT 기술로 만들어졌어. 이 기기는 주인의 스마트폰과 연결되어, 반려동물에게 밥을 줄 시간을 설정하거나 외출 중에도 원격으로 밥을 줄 수 있어 반려

동물이 적정량의 음식을 먹도록 조절하는 기능도 있거든.

실제로 한국에서는 반려동물 IoT 기술을 활용한 제품들이 점점 더 인기를 얻고 있어. 대표적인 예로 '펫펄스(Petpuls)'라는 스마트 목줄이 있지. 이 목줄은 반려동물이 짖는 소리를 분석해서 그들의 감정을 알려 주는 기능이야. 반려동물이 행복한지, 불안한지를 주인에게 알려 줘서 반려동물의 상태를 더 잘 이해할 수 있도록 도와주는 제품이지. 또 다른 예로는 자동 급식기인 '페토비(Petobi)'가 있어. 이 기기는 반려동물의 식사 패턴을 기록하고 관리할 수 있어, 주인이 반려동물의 건강을 더 꼼꼼히 챙길 수 있게 도와준다고 해.

## 반려동물 IoT 개발자가 되려면

그렇다면 반려동물 IoT 개발자가 되려면 어떤 준비가 필요할까? 먼저, 컴퓨터 프로그래밍을 배우는 것이 중요해. IoT 기기는 인터넷과 연결되어 데이터를 주고받기 때문에, 기기를 설계하고 데이터를 관리하는 코딩 기술이 필수야. 파이썬, 자바, C++ 같은 프로그래밍 언어를 배워 두면 큰 도움이 될 거야. 또 반려동물이 어떤 상황에서 스트레스를 받는지, 어떤 환경에서 더 편안한지를 알면 좋은 기기를 설계할 수 있어. 학교에서는 과학, 수학, 정보 과목을 열심히 공부하고, 대학에서는 컴퓨터 공학, 데이터 과학, 생명공학 같은 전공을 선택하면 이 직업에 한 걸음 더 가까워질 수 있어.

IoT 기술은 데이터 분석 능력도 중요하기 때문에 데이터를 읽고 활용하는 법도 배워야 해. 또한 반려동물 IoT는 사람의 삶과 동물의 복지를 모두 고려해야 하니까 창의력과 공감 능력도 중요한 자질이야. 이렇게 다양한 기술과 지식을 바탕으로 반려동물 IoT 개발자는 사람과 동물 모두를 위한 특별한 기술을 만들어 가고 있어.

앞으로는 더 많은 IoT 기술이 반려동물과 사람들의 삶을 바꿀 거야. AI와 연결된 IoT 기기가 반려동물의 건강 상태를 예측하거나, 집에서 혼자 있는 반려동물을 위해 대화형 로봇을 제공하는 기술도 개발되고 있어. 이런 기술은 반려동물에게 더 편안한 환경을 제공하고, 주인에게는 더욱 안전한 관리 방법을 제안해 줄 거야. 반려동물 IoT 개발자는 이런 미래 기술을 설계하고 만들어 가는 중요한 직업이야.

이 직업은 기술과 창의력 그리고 동물을 사랑하는 마음이 함께 어우러지는 멋진 일이지. 혹시 너도 IoT 기술과 반려동물에 관심이 생기지 않았니? 지금부터 컴퓨터 프로그래밍과 데이터 분석 같은 기술을 공부하고, 동물을 사랑하는 마음을 키워 보면 어떨까? 언젠가 너도 멋진 IoT 기술로 반려동물의 삶을 바꾸는 개발자가 될 수 있을 거야.

## 01일차

**1.** 에픽테토스, 셀리그만, 최인철

**2.** 스토아 철학의 특징: 자연에 따른 삶, 감정의 통제, 세계 시민주의

대표 철학자: 제논, 세네카, 마르쿠스 아우렐리우스

**3. 답안 예시** "시험을 잘 치지 못해 속상해. 하지만 이번 기회에 내 약점을 파악해서 더 열심히 공부할 기회를 얻었어. 분발해 보자!"

## 02일차

**1.** ①

**2.** 행복은 우리가 어떻게 느끼고 살아가느냐에 따라 결정되지만, 행운은 우리의 통제 밖에 있는 사건이나 상황에 의해 결정됩니다.

**3. 답안 예시** 행복을 느낄 수 있는 세 가지 방법 중 첫 번째는 자율성을 키우는 거야. 자율성은 내가 하고 싶은 것을 스스로 결정하고 선택하는 능력이지. 방과 후에 무엇을 할지 스스로 정해 보면 내가 주도적으로 시간을 관리할 수 있어서 기분이 좋아져.

두 번째는 유능감을 느끼는 방법이야. 유능감은 내가 어떤 일을 잘 해낼 수 있다는 자신감을 가지는 것을 말해. 나는 요리하는 것을 좋아해서 주말마다 간단한 요리를 해 보는데 요리를 성공적으로 해내면 내가 정말 잘하고 있다는 느낌이 들어서 뿌듯해져.

마지막으로, 연결감을 느끼는 방법이야. 연결감은 다른 사람들과의 관계에서 느끼는 소속감을 뜻해. 친구들과 함께 시간을 보내거나 가족과 함께 대화를 나누는 거야.

이렇게 자율성, 유능감, 연결감을 통해 일상 생활에서 더 행복해질 수 있어.

## 03일차

**1.** ③

**2.** 사회적 욕구, 존중의 욕구, 자아실현 욕구

**3. 답안 예시** 일상 속 작은 행복으로는 아침에 일찍 일어나서 맑은 공기를 마시며 산책하는 것, 좋아하는 친구와 함께 시간을 보내는 것, 또는 가족과 함께 맛있는 음식을 먹는 것이 있을 수 있습니다. 이러한 작은 행복들은 일상 속에서 스트레스를 줄여 주고, 기분을 좋게 만들어 주며, 더 큰 행복을 느낄 수 있는 바탕이 됩니다.

## 04일차

**1.** ①

**2.** 임마누엘 칸트

**3. 답안 예시** 만약 제가 기차의 방향을 바꿀 수 있는 레버를 잡고 있다면, 저는 기차의 방향을 바꾸어 1명의 사람이 다치게 할 것입니다. 그 이유는 다수의 사람을 구하는 것이 더 많은 생명을 보호하는 선택이라고 생각하기 때문입니다. 물론 1명의 사람을 희생시키는 것은 매우 어려운 결정이며, 결코 가볍게 여길 수 없는 일입니다. 하지만 이러한 도덕적 딜레마 상황에서는 가장 적은 피해를 주는 쪽을 선택하는 것이 더 나은 결과를 가져올 것이라고 믿습니다.

## 05일차

**1.** ③

**2.** 존 롤스

**3. 답안 예시** 제가 본 영화 중에서 〈다크 나이트〉라는 영화가 있습니다. 이 영화의 주인공 배트맨은 고담시의 범죄를 막기 위해 법을 대신해 직접 정의를 실현합니다. 배트맨은 경찰이 해결하지 못하는 범죄를 해결하고, 악당들을 잡아냅니다. 배트맨이 이런 선택을 한 이유는 고담시의 법과 경찰이 부패하고 무능하기 때문에 스스로 정의를 실현하려는 것입니다. 배트맨의 행동은 고담시에 일시적인 평화를 가져오기도 했지만 때로는 더 큰 갈등과 폭력을 불러일으키기도 합니다. 만약 제가 같은 상황에 놓인다면 저는 배트맨처럼 사적제재를 선택하지 않을 것 같습니다. 이렇게 하면 개인의 감정이 아닌 공정한 법과 절차를 통해 정의를 실현할 수 있을 것이라고 생각하기 때문입니다.

## 06일차

**1.** ④

**2.** 자원을 가장 최대한 효과적으로 사용하여 최대한 많은 사람들에게 도움을 주는 것을 강조했습니다.

**3. 답안 예시** 사회적 경제는 이윤을 추구하는 동시에 사회적 가치를 중요하게 생각하는 경제 활동을 말합니다. 예를 들어 어떤 회사가 물건을 팔아서 번 돈의 일부를 지역 학교나 병원에 기부한다면, 그 회사는 사회적 경제의 한 예가 됩니다. 이렇게 사회적 경제는 돈을 버는 것과 더불어, 사회를 더 좋은 곳으로 만드는 데 중요한 역할을 합니다.

## 07일차

**1. 답안 예시** 좋은 습관을 형성하는 것은 성취와 성공에 큰 영향을 미칩니다. 지문 (가)에서는 공부 습관이 성적 향상에 중요하다고 강조하고 있습니다. 정해진 시간에 규칙적으로 공부하는 습관은 학생들이 더 효과적으로 학습할 수 있게 합니다.

지문 (나)에서 드라마 〈미생〉의 장그래는 꾸준한 노력을 통해 업무 능력을 향상시켰습니다. 처음에는 서툴렀지만, 매일 일찍 출근하고 반복적으로 업무를 익히면서 점차 회사 생활에 적응하게 되었습니다. 이는 좋은 습관이 형성되어서 성공으로 이어졌음을 보여줍니다.

저는 좋은 공부 습관을 형성하고 싶습니다. 이를 위해 매일 정해진 시간에 공부를 시작하고, 66일 동안 꾸준히 실천해 보려 합니다. 예를 들어 매일 30분씩 영어 단어를 외우거나, 매일 수학 문제를 10개씩 푸는 습관을 들이겠습니다. 이러한 작은 습관들이 쌓여 큰 변화를 만들 것이라 믿습니다.

## 08일차

**1.** 역지사지

**2. 답안 예시** 만약 내가 김 공무원이라면, 매일 아침 출근할 때마다 매우 두렵고 불안할 것입니다. 업무에 집중하기가 힘들고, 밤마다 악몽을 꾸면서 잠도 제대로 못 잘 것 같습니다. 이러한 상황에서 나는 매우 무력감을 느끼고, 언제 또 이 씨가 나타날지 몰라 불안감에 시달릴 것 같습니다.

악성 민원을 개선할 수 있는 방법으로는 첫째, 공무원들이 악성 민원으로 인한 스트레스를 극복할 수 있도록 상담 프로그램을 제공해야 합니다. 정기적인 심리 상담과 스트레스 관리 교육을 통해 정신 건강을 지원받을 수 있습니다.

둘째, 공무원들이 안전하게 근무할 수 있도록 보호 장치를 마련해야 합니다. 예를 들어 민원실에 CCTV를 설치하고, 필요시에는 경찰의 도움을 받을 수 있도록 해야 합니다. 셋째, 악성 민원에 대해 법적으로 대응할 수 있는 시스템을 구축해야 합니다. 넷째, 민원인들에게 공무원도 사람이라는 점을 알리고, 서로 존중하는 문화를 조성하기 위해 교육과 홍보 활동을 강화해야 합니다.

## 09일차

**1.** 자신이 어떤 부분을 잘하고, 어떤 부분을 개선해야 하는지 파악하여 효율적으로 학습할 수 있게 도와줍니다.

**2. "답안 예시** 저는 최근에 친구와 다툰 적이 있습니다. 이 상황에서 메타인지를 활용하여 제 감정을 돌아보니, 제가 너무 감정적으로 대응했다는 것을 깨달았습니다. 다음번에는 차분하게 대화하려고 노력할 것입니다."

## 10일차

**1.** ③

**2.** 평등한 자유, 차등

**3.** 매 게임을 시작하기 전에 가위바위보를 해서 술래를 정하거나, 이름표를 뽑아 무작위로 술래를 정할 수 있습니다. 이렇게 하면 모든 친구들이 공정하게 술래를 할 기회를 가지게 되어 숨바꼭질을 더 즐겁게 할 수 있을 것입니다.

## 11일차

**1.** ②

**2.** A. 도시화율 B. 초기 C. 가속화 D. 종착

**3.** 1. 초기 단계
(1) 문제 : 농촌 인구 감소로 농촌 사회와 경제가 약화될 수 있습니다.
(2) 해결 방안 : 농촌 지역에 산업이나 서비스 업종을 유치하여 일자리 창출과 경제 활성화를 도모할 수 있습니다.
2. 가속화 단계
(1) 문제 : 도시 인프라의 부족으로 교통 혼잡, 공급 부족, 환경 오염 등이 발생할 수 있습니다.
(2) 해결 방안 : 대중교통 확충과 도로 네트워크 확장으로 교통 혼잡을 완화할 수 있습니다.
3. 종착 단계
(1) 문제: 공공 서비스 부족과 자원의 낭비, 도시 간 격차 심화 등의 문제가 발생할 수 있습니다.
(2) 해결 방안: 공공 서비스와 시설을 적절히 분배하여 모든 도시 주민의 생활 편의성을 보장할 수 있습니다.

## 12일차

**1.** ③

**2.** 도시 외곽 지역

**3. 답안 예시** 1) 도심 코스
-명동: 명동 성당 방문 후 쇼핑 거리에서 다양한 상점과 맛집을 탐방.
2) 부도심 코스
-강남: 코엑스 몰에서 쇼핑과 아쿠아리움 탐방 후, 봉은사 방문.
3) 외곽 지역 코스
-강서구: 김포공항 근처에서 항공 관련 박물관 탐방 후, 근처 공원에서 휴식.

**4.** 첫째, 이웃과의 교류가 줄어들어 사람들 사이의 관계가 더 멀어졌다.
둘째, 외로움을 느끼는 사람들이 늘어났다.
셋째, 공동체 의식이 약해졌다.

## 13일차

**1.** ③

2. 수도권 집중

3. 제가 지방 도시의 시장이라면 첫째, 지방에 양질의 일
자리를 많이 만들기 위해 기업들에게 세금 혜택을 주
고, 새로운 산업 단지를 조성하겠습니다. 둘째, 교육
환경을 개선하여 좋은 학교와 학습 시설을 많이 만들
겠습니다. 셋째, 문화와 편의 시설을 확충하여 사람들
이 생활하는 데 불편함이 없도록 하겠습니다. 넷째,
지방에 이주하는 사람들에게 주거 지원금을 제공하여
주거 문제를 해결하겠습니다. 마지막으로, 대중교통
을 개선하여 수도권과의 접근성을 높이겠습니다.

4. **답안 예시** 저는 수도권 집중 현상을 막기 위해 주거
지원 확대 정책이 가장 효과적이라고 생각합니다. 예
를 들어 정부는 지방으로 이주하는 가구에게 초기 주
거 정착 지원금을 제공하고, 저렴한 가격에 살 수 있
는 공공 임대주택을 많이 짓는 것입니다.

## 14일차

1. ③

2. 도시화

3. 첫째, 이웃들과 친해지기 위해 노력합니다. 주변에 사
는 이웃들과 인사를 건네고 어려운 일이 있으면 서로
도와줍니다. 둘째, 동아리나 모임에 참여합니다. 동아
리, 모임에 가입하면 나와 비슷한 관심사를 가진 사
람들과 친구가 될 수 있습니다. 셋째, 다른 사람들과
만나기 쉬운 곳을 방문합니다. 다른 사람들과 만나기
쉬운 환경에서 자연스럽게 대화를 나누다 보면 친구
를 사귈 수 있습니다.

## 15일차

1. 첫째, 기존 주민들과 상인들이 높은 임대료를 감당할
수 없어 떠나게 됩니다. 둘째, 지역만의 독특한 개성
이 사라지면서 상권이 죽어버리기도 합니다. 셋째, 사
회적 불평등을 심화시킬 수 있습니다.

2. 1) 지역 경제 활성화: 젠트리피케이션으로 인해 새로
운 상점, 레스토랑, 카페 등이 들어서면서 지역 경제
가 활성화됩니다.
   2) 도시 환경 개선: 낙후된 지역이 재개발되면서 건물
들이 새롭게 단장되고, 거리와 공원이 정비되는 등 도
시 환경이 개선됩니다.
   3) 사회적 다양성 증가: 새로운 인구가 유입되면서 다
양한 문화와 배경을 가진 사람들이 함께 모여 사는 커
뮤니티가 형성됩니다.

3. A씨는 건물주로서 자신이 소유한 건물에서 새로운
계획을 세울 권리가 있으며, 계약이 만료된 상황에서
건물의 활용을 결정하는 것은 건물주의 권리라고 주
장합니다. 한편, B씨는 20년 동안 가게를 운영해 온
곳을 떠나면 경제적으로 큰 타격을 입기 때문에 나갈
수 없다고 주장합니다. 가게가 자신의 생계와 직결되

어 있는 B씨는 오랜 시간 동안 쌓아 온 고객층과 가게
의 명성을 잃을 위기에 처해 있습니다.
이 문제를 해결하기 위해 다음과 같은 방법들을 생각
해 볼 수 있습니다. 첫째, 임대료 상승 제한을 들 수
있습니다. 정부나 지방자치단체가 임대료가 갑자기
많이 오르지 않도록 제한하는 법을 만들 수 있습니
다. 둘째, 임대료 지원이 있습니다. 정부가 임대료의
일부를 지원하는 방식입니다. 이를 통해 상인들이 높
은 임대료를 부담하지 않고도 가게를 계속 운영할 수
있습니다. 셋째, 상생 협력 프로그램이 있습니다. 건
물주와 상인들이 서로 협력할 수 있는 프로그램을 만
들 수 있습니다.

## 16일차

1. ①, ③

2. **답안 예시** 개항로 프로젝트와 같은 도시 재생 사업
은 단순히 물리적인 공간을 개선하는 것에 그치지 않
고, 지역 주민들의 삶의 질을 향상시키는 데 큰 역할
을 합니다. 첫째, 낡고 위험한 건물들을 새로 짓거나
고쳐서 사람들이 더 안전하게 살 수 있게 해 줍니다.
이는 화재나 건물 붕괴와 같은 안전사고를 예방할 수
있습니다. 둘째, 공원이나 녹지 공간을 늘려서 사람들
이 쉴 수 있는 공간이 많아지고, 환경도 깨끗해집니
다. 이는 주민들의 건강에도 좋고, 도시의 미관도 개
선됩니다. 셋째, 새로운 가게나 일자리들이 생겨서 지
역 경제가 활성화되고, 사람들이 더 많이 방문하게
됩니다. 이를 통해 지역 주민들은 더 많은 일자리를
찾을 수 있고, 지역 상권도 발전하게 됩니다.

3. **답안 예시** 제가 개발하고 싶은 낙후 도시는 부산의
'감천 문화 마을'입니다. 감천 문화 마을은 과거에 매
우 가난하고 낙후된 지역이었지만, 최근에는 예술가
들이 모여들면서 조금씩 변하고 있습니다. 이곳을 더
욱 발전시켜 예술과 문화가 공존하는 아름다운 도시
로 만들고 싶습니다. 먼저, 오래된 건물들을 리모델링
하여 안전하게 만들고, 그 안에 갤러리, 작은 공연장,
카페 등을 설치하고 싶습니다. 이렇게 하면 예술가들
이 자신의 작품을 전시하고, 사람들과 소통할 수 있
는 공간이 생깁니다. 둘째, 공원과 녹지 공간을 많이
만들어 사람들이 쉬고 산책할 수 있는 공간을 제공하
고 싶습니다. 특히 아이들이 놀 수 있는 놀이터와 운
동 시설도 추가해서 가족들이 함께 즐길 수 있는 장
소로 만들고 싶습니다. 마지막으로 감천 문화 마을의
특색을 살려 다양한 문화 행사를 개최하고 싶습니다.
이렇게 하면 지역 경제도 활성화되고, 마을이 더 활
기차고 살기 좋은 곳이 될 것입니다.

## 17일차

1. ③

**2. 답안 예시** 강원도 화천군은 '이기자 부대'로 유명한 군부대가 있던 지역이었습니다. 군인과 군인 가족들이 식당, PC방, 호텔 등을 자주 이용했기 때문에 화천군 사람들은 장사를 통해 생계를 이어 갈 수 있었습니다. 하지만 국방개혁 2.0으로 이기자 부대가 화천군에서 철수하자 주요 손님이었던 군인들의 발길이 끊겼습니다. 그 결과, 화천군의 상권은 치명적인 타격을 맞아 쇠락의 길을 걷게 됐습니다. 지자체에서는 화천군을 지방 소멸 위기로부터 구하기 위해 최선을 다하고 있지만 쉽게 문제가 개선되지 않고 있습니다.

**3. 답안 예시** 첫째, 사회적 방안입니다. 우선 지역 사회 활성화 프로그램을 도입할 수 있습니다. 예를 들어 청소년을 위한 문화 예술 축제나 지역 공동체를 위한 스포츠 대회 등을 지원합니다. 다음으로 지방 일자리를 만드는 것입니다. 기업에 대한 세금 혜택을 제공하거나 지역 경제 활성화를 위한 투자를 유도할 수 있습니다. 이를 통해 젊은 세대의 지역 이탈을 막고, 지역 경제를 활성화시킬 수 있습니다.

둘째, 경제적 방안입니다. 먼저, 지역 특산물을 활용한 지역 산업을 개발할 수 있습니다. 정부-지방 자치 단체 간의 협력을 강화하여 지역 경제 활성화에 기여할 수 있는 정책을 적극적으로 추진합니다. 이를 통해 지방 간 경제 격차를 줄이고 전국적인 균형 발전을 도모할 수 있습니다.

### 18일차

**1.** ②

**2.** 국민연금 제도

**3. 답안 예시** 기업이 사내 어린이집 설치를 반대하는 이유는 주로 경제적 부담과 리스크 회피에 있습니다. 기업의 관점에서 어린이집은 직장 생산성에 직접적인 영향을 미치지 않는다고 판단할 수 있습니다.

저출산 문제를 해결하기 위해서는 기업이 사회적 책임을 다하고 더 나아가 직장 내 유연한 육아 지원 제도를 도입하는 것이 필요합니다. 기업은 육아휴직, 유연근무제, 임신 출산 휴가 등을 제공하여 직원들이 가정과 직장 생활을 균형 있게 유지할 수 있도록 지원해야 합니다. 기업이 이러한 조치를 통해 직장 내 여성들이 출산 후에도 전문적인 경력을 유지할 수 있게 해 주어야 합니다. 육아 부담을 줄여 주는 것은 저출산 문제를 해결하는 한 축이 될 수 있습니다.

### 19일차

**1.** 7, 14, 20

**2.** 첫째, 의료 기술이 발전해서 사람들이 오래 살게 되었습니다. 둘째, 아이를 낳는 사람들이 줄어들어 젊은 인구가 노인 인구에 비해 상대적으로 적어졌기 때문입니다.

**3. 답안 예시** 저는 정년 연장을 찬성합니다. 그 이유는 첫째, 현재 65세를 노인으로 보기에는 기대 수명이 많이 늘었습니다. 지금은 의료 기술이 발전하고 생활 환경이 좋아져서 사람들이 더 오래 건강하게 살 수 있게 되었습니다. 사람들이 더 오래 건강하게 살 수 있다면, 더 오래 일할 수 있는 기회도 주어져야 합니다.

둘째, 노인 인구가 전체 인구의 20% 이상이 되는 초고령 사회에서는 젊은 노동 인력을 충분히 확보하기 어렵기 때문에 정년을 연장해서 노인들도 더 오래 일할 수 있게 하는 것이 필요합니다. 더 많은 사람들이 일하면 국가 경제가 더욱 안정적이 되고, 세금도 더 많이 걷을 수 있게 됩니다.

셋째, 정년 연장은 노인들에게 더 나은 삶을 제공합니다. 일자리를 잃은 노인들은 경제적으로 어려움을 겪을 수 있습니다. 하지만 정년이 연장되면 노인들도 계속해서 일을 하고 돈을 벌 수 있어서 경제적인 어려움을 덜 겪게 될 것입니다.

### 20일차

**1.** ③

**2. 답안 예시** 먼저, 여성들에게 교육을 통해 가족 계획을 스스로 결정할 수 있도록 돕습니다. 인구가 집중된 지역에서 자원을 효율적으로 관리하고 재활용하는 기술을 개발하는 것도 중요합니다. 마지막으로 전 세계적으로 모든 사람들이 교육을 받고 직업을 가질 수 있는 기회를 늘리는 것도 인구 문제를 해결하는 한 방법이 될 수 있습니다.

**3. 답안 예시** 첫째, 국제 사회는 기술 이전, 교육 지원, 인프라 개발 등을 통해 개발도상국 내에서의 경제 기회를 확대하고, 이로 인해 이민을 줄이는 방법을 모색해야 합니다. 둘째, 선진국은 이주자들을 포용하면서도 경제적, 사회적 통합을 촉진할 수 있는 정책을 마련해야 합니다. 셋째, 선진국과 개발도상국 간의 협력을 강화하고, 인류 공통의 문제로서의 이민 문제를 다각적으로 접근하여 해결할 수 있는 국제적 틀을 구축해야 합니다. 이러한 접근 방법들을 통해 이민 문제로 인한 갈등을 최소화하고, 보다 공정하고 지속 가능한 세계를 만들어 나갈 수 있을 것입니다.

### 21일차

**1.** ③

**2.** 인권 선언(인간과 시민의 권리 선언)

**3. 답안 예시** 처음에는 신기하고 놀라웠을 거 같습니다. 평소에 접하기 힘든 다른 나라 사람들을 가까이서 보는 경험은 신선하기 때문입니다. 하지만 시간이 지나면서 불편함과 죄책감이 들었을 것입니다. 같은 인간임에도 불구하고 동물처럼 우리에 갇혀 구경거리가 된 조선인들을 보며, 그들의 슬픈 표정과 억압받는

모습에 마음이 아팠을 것입니다. 이러한 경험을 통해 인간의 존엄성과 인권의 중요성에 대해 깊이 생각하게 되었을 것입니다. 일본 정부가 다른 나라 사람들을 억압하는 행동에 대해 반성하고, 더 나은 사회를 만들기 위해 무엇을 할 수 있을지 고민하게 되었을 것입니다.

**4. 답안 예시** 일본이 조선인을 동물원에 전시한 사건은 2가지 이유로 문제가 됩니다. 첫째, 인간의 존엄성을 심각하게 훼손하는 행위이기 때문입니다. 사람을 동물처럼 우리에 가두고 구경거리로 만드는 것은 인간을 물건처럼 취급하는 비인간적인 행동입니다. 둘째, 이 사건은 인종차별과 문화적 우월감을 드러냅니다. 일본은 자신들이 우월하다고 생각하며 조선인을 낮추어 보는 태도를 보였습니다. 이러한 행동은 두 나라 간의 신뢰와 존중을 파괴하는 결과를 낳았습니다.

오늘날 인권을 존중하기 위해 내가 할 수 있는 일은 첫째, 다른 사람을 존중하고 배려하는 것입니다. 예를 들어 다른 사람의 외모나 문화, 생각이 나와 다르더라도 이것을 인정하고 존중할 것입니다. 둘째, 사람들에게 인권의 중요성을 알리는 활동을 할 것입니다. 친구들과 함께 인권과 관련된 책을 읽거나 토론하기, 시민 단체에서 진행하는 인권 존중 행사에 참여하기 등을 실천할 수 있습니다. .

**22일차**

**1.** ②

**2.**

| 사건명 | 인도 간디의 소금 행진 |
| --- | --- |
| 누가 | 간디와 인도의 시민들 |
| 언제 | 1930년 3월 12일~4월 6일 |
| 어디서 | 인도 구자라트주 사바르마티에서 시작하여 단디 해안까지 |
| 무엇을 | 영국의 식민지 정책에 반대하며 간디와 시민들이 영국이 독점했던 소금 제조와 판매를 비폭력적으로 거부하기 위해 24일 동안 약 240마일(약 386km)을 행진한 사건. |
| 어떻게 | 간디와 시민들이 평화롭게 행진하며 단디 해안에 도착해 바닷물을 증발시켜 소금을 직접 만드는 행동으로 저항. |
| 왜 | 영국 정부가 소금을 독점하며 높은 세금을 부과해 인도 국민들의 기본적인 권리를 침해했기 때문에 이에 항의하고 독립 운동의 동력을 얻기 위해. |

**3. 답안 예시** 오늘은 정말 특별한 날이었다. 엄마가 "이제부터 우리 흑인들은 버스를 타지 않을 거야."라고

말씀하셨다. 처음엔 이해가 안 됐다. "왜 안 타요? 학교에 가려면 버스가 필요해요!"라고 물었더니, 엄마는 로자 파크스 아줌마 이야기를 해 주셨다. 백인 아저씨한테 자리를 양보하지 않았다는 이유로 경찰에 끌려갔다고 했다. 정말 화가 났다. 우리는 똑같이 버스 요금을 내는데, 왜 백인들한테 자리를 비켜 줘야 하냐구! 엄마는 "그래서 우리가 다 같이 버스를 타지 않는 거야. 너도 같이 걸어가자."라고 말씀하셨다. 학교까지 가는 길은 너무 멀고 힘들었지만, 친구들과 함께 걸으니 조금 나았다. 우리끼리 얘기했다. "우리가 이렇게 하면 정말 세상이 바뀔까?" 솔직히 잘 모르겠다. 하지만 로자 아줌마나 마틴 루터 킹 목사님처럼 용감한 어른들이 있으니, 언젠가 차별이 없어질 거라는 희망이 생겼다. 내일도 걸어서 학교에 갈 거다. 조금 힘들지만, 나도 우리 가족, 친구들과 함께 싸우고 싶다. 언젠가는 우리도 버스에서 어디든 자유롭게 앉을 수 있는 날이 올 거라고 믿는다.

**23일차**

**1.** ④

**2.** 르완다 플랜(르완다법)

**3.** 첫째, 많은 한인들이 농업에 종사하여 생계를 이어 갔습니다. 새로운 땅에서 농사를 짓기 위해 농업 기술을 배우고, 현지인들과 협력했습니다. 둘째, 한인들은 강제 이주된 상황 속에서도 서로 도우며 공동체를 형성했습니다. 서로의 언어와 문화를 유지하며 함께 어려움을 극복하기 위해 노력했습니다. 셋째, 한인들은 현지 학교에 다니며 교육을 받고, 새로운 기술을 습득하여 다양한 직업을 가졌습니다. 이를 통해 경제적으로 자립할 수 있었습니다.

**4.** 첫째, 난민 문제는 한 나라만의 문제가 아니라 여러 나라에 영향을 미치는 국제적인 문제이기 때문입니다. 난민 문제는 한 국가 혼자 해결하기에 어려움이 많으므로 여러 나라가 함께 해결해야 합니다. 둘째, 난민들을 안전하게 보호할 수 있기 때문입니다. 여러 국가가 함께 일하면 난민들이 안전한 곳에 도착하고, 힘든 상황에서 보호를 받을 수 있습니다. 셋째, 국제적인 협력을 통해 난민 문제의 원인을 찾고 함께 해결할 수 있습니다. 여러 나라가 함께 노력하면 난민들이 안전하고 행복한 삶을 살 수 있도록 도와줄 수 있습니다. 따라서 국제 사회 간의 협력은 난민 문제를 해결하는 데 아주 중요한 역할을 합니다.

**24일차**

**1.** 부르카

**2.** 첫째, 교육 기회를 제공합니다. 비밀 학교나 온라인 학습을 통해 여자 아이들이 교육을 받을 수 있도록 돕습니다. 둘째, 국제 사회의 힘을 모읍니다. 국제 인

권 단체들과 협력하여 탈레반의 여성 인권 침해를 알리고, 탈레반에게 이 문제를 개선하라고 요구합니다. 셋째, 심리적인 지원을 합니다. 억압과 차별을 겪는 여성들에게 심리적인 지원과 상담을 제공합니다.

3. 탈레반이 여성들의 직업 활동을 제한하는 것은 직업 활동의 자유를 침해하는 것입니다. 탈레반이 여성들이 일을 하지 못하게 하면, 여성은 자신이 필요한 물건을 사거나, 가족을 돌볼 수 있는 돈을 벌지 못하게 됩니다. 이 경우 여성은 궁핍함에 시달릴 수밖에 없습니다.

여성들이 직업을 갖지 못하면, 아프가니스탄 사회 전체에도 큰 영향을 미칩니다. 첫째, 경제적 손실이 발생합니다. 여성들이 일을 하지 못하면 경제 활동에 참여하는 인구가 줄어들게 됩니다. 둘째, 사회적 발전이 저해됩니다. 다양한 직종에서 일하는 여성들은 사회를 더 다양하고 풍부하게 만듭니다. 예를 들어 여성 의사, 교사, 경찰관 등은 사회에 꼭 필요합니다. 하지만 탈레반의 제한으로 이런 직종에 여성이 없으면, 사회 서비스의 질이 떨어질 수 있습니다.

셋째, 교육과 관련된 문제도 발생합니다. 직업을 갖기 위해서는 교육이 필요합니다. 하지만 탈레반의 제한으로 여성들이 직업을 갖지 못하면, 교육을 받으려는 의욕도 떨어질 수 있습니다. 이는 장기적으로 아프가니스탄의 교육 수준을 낮추고, 미래 세대의 발전을 막을 수 있습니다. 결론적으로, 탈레반의 여성 직업 제한은 개인의 권리를 침해할 뿐만 아니라, 아프가니스탄 전체의 경제적, 사회적, 교육적 발전을 저해합니다.

## 25일차

1. ②

2. 첫째, 폭염에 따른 사람들의 건강권 위협 사례가 있습니다. 2023년 스페인 바르셀로나 대학의 글로벌 건강 연구소에서는 2022년 여름, 폭염으로 인해 유럽에서 사망한 사람들의 수가 7만 명을 넘겼다고 발표했습니다. 둘째, 지구 온난화로 인한 해수면 상승으로 섬나라인 투발루가 물에 잠기게 됐습니다. 이로 인해 투발루 섬 주민들은 하루아침에 삶의 터전을 잃게 됐습니다.

3. 기후변화로 인해 해수면이 상승하면 섬나라 주민들은 집을 잃게 되어 주거권이 침해됩니다. 또한 기온 상승과 폭염은 사람들의 건강을 위협하여 건강권을 보장하기 어렵습니다. 이런 변화들은 미래 사회를 살아가야 할 어린 아이들과 청소년들에게 악영향을 미칩니다.

이 문제를 해결하기 위해 우리가 할 수 있는 일은 첫째, 일상생활에서 에너지를 절약하고 재활용을 실천하여 탄소 배출을 줄이는 것이 중요합니다. 둘째, 나무를 심거나 환경 보호 단체에 참여하는 등 직접적인 환경 보호 활동에 참여할 수 있습니다. 셋째, 기후변화에 대한 인식을 높이고, 정부와 기업이 친환경 정책을 채택하도록 목소리를 내는 것도 중요합니다.

## 26일차

1. ③

2. 찬성: 1) SNS는 청소년에게 우울증, 불안, 자존감 저하 등의 정신 건강 문제를 일으킬 수 있다. 2) 청소년들이 밤늦게까지 SNS를 사용하면서 수면 장애를 겪는 경우가 늘어나고 있다. 3) 청소년의 SNS 중독 문제가 심각하다.

반대: 1) 청소년의 SNS 사용 제한은 표현의 자유를 침해한다. 2) 청소년의 SNS 사용 제한은 청소년들의 사생활을 침해하는 행동이다. 3) 부모의 과도한 개입은 청소년들의 자율성과 자기 관리 능력을 떨어뜨릴 수 있다.

## 27일차

1. **답안 예시** [찬성 입장] 글로벌 부유세는 전 세계적으로 늘어나는 부의 불평등 문제를 해결하기 위해 제안되었습니다. 브라질, 독일, 스페인 등 4개국 재무장관은 글로벌 부유세를 통해 매년 약 430조 원을 모아 빈곤 퇴치와 기후 변화 대응 같은 일에 사용할 수 있다고 발표했습니다. 저는 이 제도에 찬성하며, 그 이유를 설명하겠습니다.

첫째, 글로벌 부유세는 부의 불평등을 줄이는 데 큰 도움이 될 것입니다. 부유세를 통해 얻은 돈은 가난한 사람들을 돕고, 교육이나 의료 같은 기본적인 서비스를 제공하는 데 사용될 수 있습니다. 이는 사회 전체를 더 건강하고 평등하게 만들 것입니다.

둘째, 부유세는 기후 변화 같은 전 세계적인 문제를 해결하는 데 필요한 재정을 마련할 수 있습니다. 기후 변화는 전 세계적으로 심각한 문제인데, 이를 해결려면 많은 돈이 필요합니다. 부유세로 모은 돈은 재생에너지 개발, 환경 보호, 기후 변화 대응 프로젝트에 투자될 수 있습니다.

셋째, 부유세는 부자들이 사회에 책임을 다하도록 하는 공정한 방법입니다. 부자들은 이미 많은 자원을 가지고 있으며, 이를 얻는 과정에서 사회적 혜택을 받았습니다. 따라서 자신이 가진 재산의 일부를 사회에 돌려주는 것은 당연한 일입니다. 이는 단순히 돈을 걷는 것을 넘어, 부자들에게 사회적 책임을 다하도록 만드는 중요한 제도라고 생각합니다.

부유세는 단순히 돈을 걷는 것이 아니라, 불평등을 줄이고 전 세계적으로 중요한 문제를 해결하기 위한 제도입니다. 국제 사회는 부유세 도입을 통해 가난한 사람들에게 기회를 제공하고, 환경을 보호하며, 공정하고 평등한 세상을 만들어 갈 수 있을 것입니다.

[반대 입장] 글로벌 부유세는 겉으로 보기에는 매우 훌륭한 제도처럼 보입니다. 돈이 많은 사람들이 조금 더 세금을 내면 불평등이 줄어들고 지구 환경을 보호할 수 있을 것처럼 느껴지기 때문입니다. 그러나 조금 더 깊이 생각해 보면 여러 가지 문제점이 드러나며, 저는 그래서 글로벌 부유세 도입에 반대하는 입장을 가지고 있습니다.

우선 가장 큰 문제는 세금 회피와 자산 이동의 가능성입니다. 부자들은 이미 세금을 줄이기 위해 여러 나라에 회사를 세우거나 세율이 낮은 나라로 돈을 옮기는 경우가 많습니다. 만약 글로벌 부유세가 실제로 도입된다면 이러한 움직임은 더 활발해질 수 있습니다. 또 다른 문제는 조세 주권과 관련이 있습니다. 세금은 본래 한 나라의 정부가 결정하고 운영하는 제도입니다. 그러나 글로벌 부유세는 전 세계가 하나의 규칙을 공유하는 방식이므로 각국의 조세 주권을 침해할 수 있습니다.

경제 성장에 부정적인 영향을 줄 수 있다는 점도 무시할 수 없습니다. 부자들의 돈은 대부분 기업 투자나 기술 개발, 일자리 창출에 쓰이고 있습니다. 그런데 세금을 더 많이 걷게 되면 부자들이 투자를 줄이게 되고, 이는 곧 일자리 감소로 이어질 수 있습니다. 단기적으로는 세수를 늘릴 수 있겠지만 장기적으로는 경제 전체가 활력을 잃을 위험이 있습니다.

마지막으로 글로벌 부유세는 전 세계가 함께 협력해야 제대로 작동할 수 있습니다. 그러나 각국의 이해관계는 서로 다르고 경제 상황이나 정치적 입장도 제각각이므로 모든 나라가 똑같이 동의하기는 어렵습니다.

이러한 이유들 때문에 저는 글로벌 부유세 도입에 반대합니다. 글로벌 부유세처럼 모든 나라에 똑같은 규칙을 적용하는 방식은 현실적이지도 않고 부작용도 많습니다. 차라리 각 나라가 스스로 세제를 개혁하고, 부자들이 국내에서 정당하게 세금을 내도록 하는 장치를 강화하는 것이 더 효과적일 수 있습니다.

### 28일차

**1.** ③

**2. 답안 예시** 판결에서 생길 수 있는 문제는 경찰의 수사 과정에서 미란다에게 제대로 된 권리 안내가 이루어지지 않았다는 점입니다. 만약 미란다에게 묵비권과 변호사 선임권 등의 권리가 제대로 안내되지 않았다면, 그가 자백한 것이 얼마나 자발적인지 의심을 받을 수 있습니다.

미란다의 원칙이 지켜져야 하는 이유는 모든 사람이 공정한 법적 절차를 받을 수 있어야 하기 때문입니다. 미란다의 원칙이 없으면, 경찰이 체포된 사람을 자유롭게 심문할 수 있고, 부당한 압박이나 고문이 발생할 수 있습니다. 이로 인해 무고한 사람들이 불

공정한 처벌을 받을 수 있고, 법 질서가 위태로워질 수 있습니다. 그래서 모든 사람의 인권을 보호하고 공정한 재판을 받을 수 있도록 보장하는 미란다의 원칙이 중요한 이유입니다.

### 29일차

**1.** ③

**2.** 1) 내가 해결하고 싶은 사회 문제: 어른들의 스마트폰 사용

2) 해결하고 싶은 이유: 어른들이 스마트폰을 사용하느라 아이들과 제대로 놀아 주고 있지 않아요. 스마트폰 사용을 줄이고 가정에서 아이들과 조금 더 많은 시간을 보냈으면 좋겠어요.

**3.** 플라톤의 주장에서 가장 문제가 되는 것은 철학자들이 정말 지혜롭고 도덕적인지를 판단할 구체적인 기준이 없다는 점입니다. 반면에 시민 참여 중심의 민주주의에서는 모든 시민들이 자신의 의견을 자유롭게 표현하고 정치에 참여할 수 있습니다. 이는 모든 사람들의 의견을 듣고 다양한 관점을 고려하여 중요한 결정을 내릴 수 있다는 뜻입니다. 자유롭고 민주적인 사회를 만들기 위해 시민들 모두 적극적으로 정치 활동에 관심을 갖고 참여해야 합니다.

### 30일차

**1.** 내가 만약 홍콩 시민이라면 시위에 참여할 때 BTS의 'Dynamite'를 부르고 싶습니다. 이 노래는 밝고 경쾌한 멜로디와 가사를 가지고 있어, 힘든 상황에서도 희망과 용기를 줄 수 있기 때문입니다. 전 세계적으로 많은 사람들이 알고 좋아하는 노래라서, 함께 부르면서 연대감을 느끼고 서로에게 큰 힘이 될 수 있을 것입니다.

**2.** 시민의 정치 참여는 민주주의 사회에서 매우 중요합니다. 시민들이 정치에 참여해야 자신의 목소리를 내고, 사회를 더 나은 방향으로 바꿀 수 있기 때문입니다.

(가)에서는 자신들만의 정당을 만들어 학교 폭력 문제와 진로 상담 확대 같은 정책을 제안했습니다. 이들은 학교에 인권 상담 창구를 설치하고, 진로 상담 예산을 늘리는 데 성공했습니다. 이를 통해 청소년들도 사회를 변화시킬 수 있다는 것을 보여 주었습니다.

(나)에서는 약 20만 명의 칠레 시민이 모여 헌법에 포함될 내용을 토론하고 의견을 제출했습니다. 이 과정에서 시민들의 목소리가 헌법에 반영되었고, 이는 국가의 중요한 법을 시민들이 직접 바꿀 수 있음을 보여 주었습니다.

두 사례 모두 시민 참여가 사회를 변화시키는 데 중요한 역할을 했습니다. 시민들이 자신의 의견을 말하고 문제 해결에 나설 때, 사회는 더 나은 방향으로 나아갈 수 있습니다. 우리도 작은 문제라도 관심을 가

지며 적극적으로 참여해야 합니다.

### 31일차
1. ㄷ 상업 자본주의 ㄴ. 산업 자본주의 ㄱ. 수정 자본주의 ㄹ. 신자유주의
2. 테어도르 루즈벨트
3. **답안 예시** 나라 경제가 어려워서 불필요한 사업을 포기하는 것은 이해할 수 있습니다. 하지만 내가 먹고 사는 문제가 해결이 안 된 상태로 하루 아침에 일자리를 잃는 것은 너무 슬픕니다. 나라에서 일자리를 주고, 탄광을 폐쇄했으면 좋겠습니다.

### 32일차
1. ②
2. 인플레이션
3. 방법1: 양적긴축(한국은행은 금리를 올려 시장에 존재하는 많은 돈을 회수하는 정책을 펼친다. 하지만 짧은 시간에 시장에서 너무 많은 돈을 줄이면 디플레이션이 발생할 수 있다.)
   방법2 : 테이퍼링(한국은행이 시장에 투입하고 있는 돈의 양을 서서히 줄여 나가는 방법이다. 갑자기 금리를 올리면 나라 경제에 큰 타격이 올 수 있기 때문에 금리를 올리기 전에 시행하는 방법이다.)

### 33일차
1. ②
2. 26만 원, 22만 원
3. 은영이는 (레고)를 선택하는 것이 합리적입니다. 자전거는 기회비용이 26만 원, 레고는 23만 원으로 자전거의 기회비용이 레고의 기회비용보다 크기 때문에 레고를 선택하는 것이 합리적입니다.

### 34일차
1. 소비자, 생산자
2. **답안 예시** 나는 시장 활동에 정부의 개입이 필요하다고 생각합니다. 그 이유는 첫째, 사람들을 보호하기 위해서입니다. 예를 들어 어떤 상점에서 음식이나 장난감을 팔 때, 이 물건이 안전한지 확인하지 않으면 사람들이 다치거나 아플 수 있기 때문입니다. 정부가 '모든 음식과 장난감은 안전한 재료로 만들어야 한다!'는 규칙을 만들면 국민들은 안심하고 물건을 살 수 있습니다. 둘째, 공정한 경쟁을 만들기 위해서입니다. 대기업이 너무 힘이 세지면 중소기업들은 경쟁에서 이길 수 없습니다. 대기업이 중소기업을 모두 없애 버리면 사람들은 대기업이 부르는 비싼 가격에 물건을 살 수밖에 없습니다. 정부가 '모두가 공정하게 경쟁해야 해!'라고 말하며 대기업과 중소기업이 공정하게 경쟁할 수 있는 규칙을 만들면 중소기업도 성장

할 수 있는 기회를 얻을 수 있습니다. 마지막으로 도움이 필요한 사람들을 돕기 위해 정부의 개입이 필요합니다. 때때로 사람들은 아프거나, 일자리를 잃어서 힘든 상황에 처할 수 있습니다. 이때 정부가 의료 서비스, 실업 수당과 같은 도움을 주면 어려운 상황에 처한 사람들이 다시 살아갈 수 있는 힘을 얻을 수 있습니다.
3. **답안 예시** 농부가 겪는 어려움은 첫째, 서로의 필요가 맞지 않은 것입니다. 서로가 원하는 물건이 다를 때는 거래가 이루어지기 어렵습니다. 둘째, 직접적인 교환 상대를 찾기가 어렵습니다. 각자 원하는 물건이 달라서 직접적인 교환 상대를 찾는 게 매우 어렵고 시간이 많이 걸립니다. 이러한 어려움을 해결하는 시장의 기능은 '중개자' 역할입니다. 시장 상인들은 다양한 물건을 가지고 있어서 사람들이 서로 직접 물건을 교환하지 않아도 필요한 물건을 살 수 있도록 고 있습니다. 이러한 중개자 역할 덕분에 시장에서는 거래가 훨씬 빠르고 편리하게 이루어지는 것입니다.

### 35일차
1. ②, ③
2. 문제 ①: 소비자는 보다 질 좋은 물건이나 서비스를 제공받지 못합니다.
   문제 ②: 물건이나 서비스를 독점적으로 제공하는 회사의 횡포로 비싼 돈을 지불해야 할 수도 있습니다.
3. **답안 예시** 미국의 스탠더드 오일은 기름을 파는 회사다. 이 회사는 다른 작은 기름 회사들을 사들이거나 경쟁에서 이기면서 미국 전체 기름 시장을 독점해 나갔다. 스탠더드 오일이 기름을 독점하게 되자 이 회사는 기름값을 마음대로 올리기 시작했다. 사람들은 기름을 다른 곳에서 살 수 없었기 때문에 비싼 가격을 내고라도 스탠더드 오일에서 기름을 사야 했다.
4. **답안 예시** 시장 실패와 독과점을 방지하기 위해 정부는 공공재를 적절하게 공급하고, 공정한 경쟁 환경을 조성해야 합니다. 기업들은 윤리적 경영을 실천하고, 소비자들에게 질 좋은 제품과 서비스를 제공하기 위해 노력해야 합니다. 또한 정부는 규제를 통해 기업들이 독점적인 위치에 서지 않도록 하고, 시장의 공정성을 유지하는 역할을 해야 합니다. 이를 통해 개인과 국가 모두가 이익을 얻을 수 있는 건강한 시장 환경을 조성할 수 있습니다.

### 36일자
1. ②
2. 문제1 : 빈부 격차가 커지면 교육 기회의 차이도 커질 수 있습니다. 가난한 가정의 아이는 경제적 불안과 교육적인 한계로 부유한 가정의 아이보다 낮은 수준의 일자리에 취업할 가능성이 높습니다.

문제2 : 저출산을 선택하는 부부의 수가 늘어납니다. 가난한 가정은 높은 물가와 적은 소득으로 자녀를 기르는 데 부담을 느낍니다. 그래서 자녀를 낳기보다는 낳지 않는 쪽을 선택할 확률이 높습니다.

문제3 : 부자와 가난한 사람들 사이의 사회적 연대감이 떨어질 수 있습니다. 이것이 오랜 기간 지속되면 사회 전체의 결속력이 약화될 수 있습니다.

3. **답안 예시** [찬성] 매직패스 서비스는 개인이 보다 효율적으로 시간을 활용할 수 있도록 도와줍니다. 이 서비스는 사람들이 기다리는 시간을 줄여 주고, 보다 많은 어트랙션을 더 빠르게 즐길 수 있게 해 줌으로써 고객들의 만족도를 높이고, 놀이공원의 수익을 증가시키는 등 양질의 서비스를 제공할 수 있습니다.

[반대] 매직패스 서비스는 돈이 많은 사람들이 특권을 누리는 것을 장려하고, 그로 인해 빈부 격차를 심화시킬 수 있습니다. 돈을 더 많이 지불하는 사람들은 더 좋은 서비스를 받게 되는데, 이는 사회적 불평등을 증가시키고, 공정한 경쟁을 방해할 수 있습니다.

## 37일차

1. ②

2. 기업가 정신

3. **답안 예시** 스티브 잡스는 애플의 공동 창업자이자 전 CEO로, 혁신적인 제품과 디자인으로 유명합니다. 그의 대표적인 제품으로는 아이폰, 아이패드, 맥북 등이 있으며, 이 제품들은 혁신적인 기술과 디자인으로 소비자들에게 사랑받고 있습니다. 잡스는 제품을 만들 때 항상 최고의 품질과 디자인을 추구했으며, 소비자들의 니즈를 정확히 파악하여 제품을 개발했습니다. 스티브 잡스는 자신의 꿈을 위해 끊임없이 노력하고, 실패와 어려움에도 굴하지 않고 도전하는 모습을 보여 주었습니다.

## 38일차

1. ③

2. 어려운 조국을 돕고 동포에게 보다 나은 삶을 선물하고 싶었기 때문입니다.

3. 유일한 박사를 통해 배울 수 있는 기업가 정신은 첫째, 목표 달성을 위한 끈기와 열정입니다. 유일한 박사는 어려운 환경에서도 포기하지 않고 자신의 목표를 향해 끊임없이 노력했습니다. 둘째, 사회적 책임입니다. 유일한 박사는 편안하게 미국에서 살 수 있었음에도 기업가로서 사회적 책임을 다했습니다. 유일한 박사는 조선에서 의약품 사업을 시작하여 국민 건강을 책임졌고, 교육 기관을 세워 학생들의 미래를 지원했습니다. 셋째, 윤리적 행동입니다. 유일한 박사는 정부와의 갈등에서도 뇌물을 거부했고, 사업을 통해 번 돈을 교육에 기부하는 등 사회적 책임을 다했

습니다.

## 39일차

1. ④

2. 비교우위론

3. **답안 예시** 알리와 테무에서 판매되는 저렴한 제품들은 국내 업체들에게 큰 어려움을 줍니다. 저렴한 가격으로 인해 국내 업체들은 가격 경쟁에서 밀리게 되고, 결국 많은 회사와 공장이 문을 닫을 위험에 처하게 됩니다.

이 문제를 해결하기 위해 정부는 두 가지 역할을 할 수 있습니다. 첫째, 정부는 KC마크와 같은 안전인증 제도를 강화하여 소비자들이 안전한 제품을 구입할 수 있도록 해야 합니다. 이를 통해 안전하지 않은 저렴한 외국 제품의 수입을 제한할 수 있습니다. 둘째, 정부는 국내 중소기업들을 지원하는 정책을 마련해야 합니다. 예를 들어 세금 감면, 연구 개발 지원 등을 통해 국내 기업들이 경쟁력을 키울 수 있도록 도와야 합니다.

소비자들은 가격만 보고 제품을 구매하기보다는, 제품의 안전성과 품질을 고려해야 합니다. 또한 국내 제품을 구매함으로써 국내 경제를 지원하는 것도 중요합니다.

## 40일차

1. ③

2. **답안 예시** 내가 만약 다국적 기업의 사장이라면 브라질에서 사업을 확장하고 싶습니다. 브라질은 남미 대륙에서 경제적으로 중요한 역할을 하는 나라 중 하나입니다. 브라질은 인구가 많고 자동차 시장이 크게 성장하고 있는데, 특히 경제적으로 발전하는 중산층의 수요가 높아지고 있습니다. 따라서 브라질에서는 자동차 시장이 계속해서 성장할 것으로 예상되며, 현지에서의 생산과 판매를 통해 시장 점유율을 높일 수 있을 것입니다. 브라질은 낮은 생산 비용을 통해 경쟁력을 확보할 수 있습니다. 따라서 브라질에서의 사업 확장은 우리 기업의 성장과 글로벌 시장에서의 경쟁력 강화에 도움이 될 것으로 기대됩니다.

3. 현대 자동차가 러시아에 공장을 세운 이유는 인건비가 한국보다 훨씬 저렴하여 자동차를 생산하는 비용이 크게 절감되었고, 동유럽 국가들과 국경에 인접해 물류 비용이 절감되어 러시아에서 생산한 자동차를 동유럽으로 운송하는 것이 용이했기 때문입니다. 또한 현지에서 사업을 진행하면 현지 소비자의 취향을 정확히 파악하여 그에 맞는 제품을 개발할 수 있었습니다. 다국적 기업이 국제 시장에서 성공하기 위해 고려해야 할 중요한 사회적 책임은 환경 보호, 소비자 보호

그리고 지역 발전에 기여하는 것입니다.

## 41일차

**1.** ③

**2.** 대중문화

**3. 답안 예시** 1) 전 세계 사람들이 즐기는 K-문화 사례: 전 세계 사람들이 즐기는 K-문화 사례 중 하나는 방탄소년단(BTS)입니다. BTS는 K-팝 그룹으로, 그들의 노래와 퍼포먼스는 전 세계적으로 큰 인기를 끌고 있습니다. 유튜브에서 그들의 뮤직비디오는 수억 건의 조회수를 기록하고 있으며, 다양한 나라에서 팬들을 끌어모으고 있습니다.
2) 내가 전 세계 사람들에게 알리고 싶은 K-문화: 전 세계 사람들에게 알리고 싶은 K-문화는 한식입니다. 한식은 김치, 불고기, 비빔밥 등 건강하고 맛있는 음식들로 이루어져 있습니다. 특히 김치는 발효 음식으로, 건강에 좋은 효능이 많아서 세계적으로 주목받고 있습니다. 한식을 통해 더 많은 사람들이 한국의 맛과 문화를 경험할 수 있었으면 좋겠습니다.

## 42일차

**1.** ③

**2. 답안 예시** 첫째, 플랫폼 운영자들은 알고리즘을 조정하여 다양한 콘텐츠가 추천되도록 할 수 있습니다. 특정 유형의 콘텐츠에 편중되지 않도록, 다양한 주제와 형식의 콘텐츠를 균형 있게 노출시키는 것이 중요합니다. 둘째, 콘텐츠 제작자들은 창의성을 발휘하여 새로운 형식과 주제를 탐구해야 합니다. 인기 있는 형식에만 의존하지 않고, 독창적이고 차별화된 콘텐츠를 생산함으로써 대중의 다양한 취향을 만족시킬 수 있습니다.

## 43일차

**1.** ③

**2.** 1) AI 기술의 발전으로 인해 일부 직업이 줄어들 수 있습니다. 2) 가상 인간과의 상호작용이 늘어나면서 실제 사람 간의 관계가 소홀해질 수 있습니다. 3) AI와 가상 인간에 너무 의존하면 사람들이 자신의 능력을 충분히 발휘하지 못하고, 자립심과 창의성을 저해할 수 있습니다.

**3. 답안 예시** 무대는 최신 기술을 활용하여 가상 연예인과 실제 연예인이 동시에 무대에서 공연할 수 있도록 디자인할 것입니다. 대형 스크린과 홀로그램 기술을 사용해 가상 연예인이 마치 실제 무대 위에 있는 것처럼 보이게 할 것입니다. 또 공연을 다양한 섹션으로 구성합니다. 첫 번째 섹션에서는 실제 연예인들이 무대에서 라이브 공연을 하고, 두 번째 섹션에서는 가상 연예인이 홀로그램으로 등장해 퍼포먼스를 펼칠 것입니다. 마지막 섹션에서는 가상 연예인과 실제 연예인이 함께 노래하고 춤을 추는 협업 무대를 선보일 것입니다. 이렇게 하면 관객들은 새로운 형태의 공연을 즐길 수 있을 것입니다. 마지막으로 공연 중간중간에 가상 연예인과 실제 연예인이 서로 대화하는 장면을 삽입하여 관객들이 두 연예인이 진짜로 소통하고 있다는 느낌을 받을 수 있도록 할 것입니다.

## 44일차

**1.** ⑤

**2.** 미디어 리터러시

**3. 답안 예시** 첫째, 기업과 정부의 정보 검토 활동은 투명하게 이루어져야 합니다. 정보 검토와 차단 과정에서 어떤 기준과 절차가 사용되는지 공개하여, 불필요한 검열과 사생활 침해를 방지해야 합니다. 둘째, 가짜 뉴스를 판별하는 알고리즘과 기술은 신뢰할 수 있는 전문가들이 검토하고 인증한 것만 사용해야 합니다. 이를 통해 정보의 정확성을 높이고, 불필요한 정보 차단을 줄일 수 있습니다. 셋째, 시민들의 미디어 리터러시 교육을 강화하여 가짜 뉴스를 스스로 판별할 수 있는 능력을 길러야 합니다. 이는 정보의 자유를 보호하면서도 가짜 뉴스의 확산을 효과적으로 막을 수 있는 방법입니다. 따라서 가짜 뉴스 문제를 해결하기 위해 기업과 정부의 정보 검토 활동이 필요하지만, 동시에 개인의 자유와 사생활 보호를 위한 조치도 함께 고려해야 합니다. 투명성과 신뢰성을 갖춘 정보 검토 활동과 미디어 리터러시 교육을 통해 이 문제를 조화롭게 해결할 수 있을 것입니다.

## 45일차

**1.** ③

**2. 답안 예시** 1) 사용 시간 제한 설정하기
2) 기상 후와 취침 전 SNS 사용 자제
3) SNS 사용 중간에 휴식 취하기
4) 알림 설정 조절
5) 대면 소통 늘리기
6) 건강한 취미 생활

**3. 답안 예시** SNS 플랫폼은 청소년들이 유해한 콘텐츠에 접근하지 못하도록 필터링 시스템을 강화하고, 보호자의 관리 기능을 향상시켜야 합니다. 또한 청소년들이 SNS를 올바르게 사용할 수 있도록 가이드라인을 제공하고, 교육 프로그램을 운영해야 합니다. SNS와 텔레그램 같은 플랫폼을 운영하는 기업은 청소년 보호에 앞장서야 합니다. 유해 콘텐츠 필터링 시스템을 강화하고, 청소년들이 안전하게 사용할 수 있는 환경을 만들어야 합니다. 또한 청소년 사용자들에게 올바른 사용 습관을 기를 수 있도록 교육 콘텐츠를 제공해야 합니다.

정부는 청소년 보호를 위한 법적, 제도적 장치를 마련해야 합니다. 유해 콘텐츠에 대한 규제를 강화하고, 청소년 범죄 예방 프로그램을 운영해야 합니다.

학교는 청소년들이 올바른 가치관을 형성할 수 있도록 교육해야 합니다. 미디어 리터러시 교육을 통해 청소년들이 정보를 비판적으로 수용하고, 유해 콘텐츠를 구별할 수 있는 능력을 키울 수 있도록 도와야 합니다. 또한 학교 상담 프로그램을 강화하여 청소년들이 범죄의 유혹에서 벗어날 수 있도록 지원해야 합니다.

가정은 청소년들이 건강한 사회 구성원으로 성장할 수 있도록 적극적으로 지도해야 합니다. 부모는 자녀와의 대화를 통해 그들의 생각과 고민을 이해하고, 올바른 가치관을 심어줘야 합니다.

청소년 범죄 예방을 위한 법적, 제도적 장치를 마련하고, 청소년들에게 올바른 사용 습관과 가치관을 심어주는 교육이 필요합니다. 이를 통해 청소년들이 안전하고 건강하게 성장할 수 있는 환경을 만들어야 할 것입니다.

### 46일차

1. ⑤

2. **답안 예시** 만약 제가 좋아하는 아이돌이나 인플루언서가 명품 대신 직접 만든 수제 제품이나 친환경 제품을 사용한다면, 저도 그런 제품을 더 좋아하게 될 것 같습니다. 수제 제품을 사용하면 특별한 느낌이 들고, 친환경 제품을 사용하면 환경을 보호하는 데 도움이 된다고 생각할 것입니다.

3. **답안 예시** 청소년들은 BTS와 아미의 사회적 활동을 통해 사회적 책임감을 배우고, 긍정적인 변화를 이끌어 낼 수 있는 가능성을 확인할 수 있습니다. 반면, SNS와 숏폼 콘텐츠의 중독성 문제는 청소년들의 정신 건강과 인지적 발달에 부정적인 영향을 미치고 있습니다.

청소년들이 겪고 있는 문제를 해결하기 위해 첫째, 청소년들이 건강한 미디어 소비 습관을 형성하도록 교육하는 것이 중요합니다. 둘째, 청소년들이 사회적 참여를 통해 긍정적인 변화를 이끌어 낼 수 있도록 지원해야 합니다. 청소년들이 자신이 속한 사회에 기여하고, 사회적 문제에 관심을 가지도록 다양한 활동 기회를 제공해야 합니다. 셋째, 청소년들의 자존감을 높이는 것이 중요합니다. 청소년들이 자신의 강점을 발견하고 개발할 수 있도록 도와주며, 긍정적인 자기 대화를 실천하도록 지도해야 합니다.

### 47일차

1. ③

2. **답안 예시** 민수는 할아버지에게 틱톡 영상을 보여드리기 전에 틱톡이 무엇인지 간단하게 설명해 드릴 수 있습니다. 예를 들어 틱톡은 사람들이 재미있는 영상을 올리고 공유하는 플랫폼이라고 말할 수 있습니다. 또한 민수는 할아버지와 함께 틱톡 영상을 보고, 그 영상에 대해 이야기하며 웃고 즐길 수 있는 시간을 가질 수 있습니다. 이렇게 서로의 문화를 공유하고 이해하는 대화를 통해 세대 간의 차이를 줄이고 더 가까워질 수 있습니다.

3. **답안 예시** 우리 사회가 MZ세대론에 주목하는 이유는 이들이 새로운 트렌드를 주도하는 강력한 소비 주체로 떠오르고 있기 때문입니다. MZ세대는 디지털 환경에 익숙하고 SNS를 통해 사회적 영향력을 발휘하며, 개인의 가치와 경험을 중시합니다. 이러한 특징 때문에 기업은 MZ세대를 겨냥한 마케팅을 활발히 펼치고, 정치권은 이들의 표심을 얻기 위해 다양한 공약을 내세웁니다.

MZ세대론의 긍정적인 영향은 청년들의 목소리가 더 많이 반영된다는 점입니다. MZ세대의 특징을 이해하고 그에 맞춘 정책과 제품이 개발되면서 사회는 더 다양하고 풍부해질 수 있습니다. 그러나 MZ세대를 하나의 통일된 집단으로 묶으려는 시도는 문제가 있습니다. MZ세대 내에서도 다양한 개성과 의견이 존재하는데, 이를 무시하면 오히려 세대 간 갈등이 생길 수 있습니다.

### 48일차

1. ⑤

2. **답안 예시** 미래에 반려동물과 소통할 수 있는 기술이 개발된다면, 반려동물과 사람 사이의 관계가 더욱 깊어질 것 같습니다. 반려동물이 원하는 것을 정확히 알게 되어 스트레스를 줄이고 행복하게 해 줄 수 있을 것 같습니다. 하지만 반려동물이 항상 원하는 것을 들어주다 보면 반려동물이 너무 의존적으로 변하거나 사람들이 반려동물의 요구에 지나치게 맞춰서 생활하게 될 수도 있습니다.

3. **답안 예시** 반려동물 보유세는 반려동물을 키우는 사람들이 일정한 세금을 내도록 하는 제도로, 동물 복지와 사회적 비용을 함께 책임지기 위한 목적을 가지고 있습니다. 이 세금은 유기동물 보호소 운영이나 반려동물 전용 공원, 공공 동물병원 같은 시설을 마련하는 데 활용될 수 있습니다.

이 제도가 도입되면 첫째, 무분별한 입양이 줄어 유기동물이 감소할 수 있습니다. 둘째, 세금으로 모인 재원이 반려동물 관련 공공 시설을 확충하는 데 쓰여 사회 전체의 편리함을 높일 수 있습니다. 셋째, 반려동물을 키우는 일이 단순한 취향이 아니라 사회적 책임이라는 인식이 강화될 수 있습니다.

반려동물 보유세가 실제로 효과적인지에 대해서는

긍정적인 면과 주의할 점이 있습니다. 세금이 제대로 쓰인다면 보호소 환경이 개선되고, 구조된 동물들이 더 나은 도움을 받을 수 있으며, 사람들의 책임 의식도 커질 것입니다. 하지만 세금이 지나치게 높아지면 경제적으로 여유가 없는 사람들에게 부담이 될 수 있습니다. 따라서 제도는 공정하고 투명하게 운영되어야 하며, 저소득층이나 장애인 보조견 같은 경우에는 예외나 지원이 필요합니다.

### 49일차

1. AI는 인간과 같은 창작자가 아니기 때문입니다.
2. **답안 예시** 다른 사람의 글, 그림, 음악 등을 사용할 때는 꼭 출처를 밝히고, 저작권자의 허락을 받아야 합니다. 음악을 들을 때는 합법적인 스트리밍 서비스나 음원 사이트를 이용해야 합니다. 책을 읽거나 영화를 볼 때도 정식으로 구매하거나 대여하는 것이 중요합니다. 자신이 만든 작품을 온라인에 올릴 때는 저작권 보호를 받을 수 있도록 표시하는 것이 좋습니다. 인공지능(AI)을 사용할 때도 저작권을 지켜야 합니다. AI가 학습한 자료가 저작권을 침해하지 않았는지 확인하고, AI가 만든 창작물을 사용할 때도 적절한 허락을 받는 것이 필요합니다.
3. **답안 예시** AI가 만든 창작물의 더욱 풍부하고 다양한 창작물이 생산될 수 있다고 봅니다. AI 창작물에 저작권을 부여함으로써 AI 기술 개발자와 사용자에게 경제적 인센티브를 제공할 수 있으며, 이는 기술 발전을 촉진시키고 더 나은 창작 환경을 조성하는 데 기여할 수 있습니다. AI가 만든 창작물의 저작권에 반대한다면 AI가 인간과 같은 독창성과 창의성을 지닌 창작자가 아니므로 AI 창작물에 저작권을 부여하는 것은 저작권의 본래 목적과 맞지 않고 AI가 학습하는 과정에서 사용된 데이터가 원 저작물의 저작권을 침해할 가능성도 크기 때문에, AI 창작물에 저작권을 부여하는 것은 법적, 윤리적 문제를 야기할 수 있다고 보기 때문입니다.
4. **답안 예시** 먼저 AI가 만든 창작물에 대한 명확한 법적 정의가 필요합니다. AI 창작물에 대한 저작권을 인정할 경우, 그 권리는 AI를 개발한 사람이나 AI를 학습시킨 사람에게 귀속되어야 합니다. 이를 위해 AI 창작물에 대한 저작권 등록 절차와 기준을 마련하고, AI 학습 데이터의 저작권 침해 여부를 검토하는 법적 장치를 도입해야 합니다. 윤리적 접근 방법으로는 AI 창작물이 원 저작물의 창작자에게 경제적, 사회적 불이익을 주지 않도록 윤리적 기준을 마련하고, 이에 따른 책임을 명확히 할 필요가 있습니다. 경제적 접근 방법으로는 AI 창작물의 저작권을 인정함으로써 기술 개발자와 사용자가 경제적 인센티브를 받을 수 있는 제도를 마련해야 합니다. 인문학적 관점에서 저작권은 창작자의 정신적 노력과 창의적 기여를 인정하는 중요한 사회적 장치입니다. 저작권은 창작자가 자신의 작품을 통해 경제적 보상을 받을 수 있게 하여, 더 많은 창작 활동을 지속할 수 있도록 지원합니다. 또한 저작권은 창작자의 권리를 보호함으로써, 창작의 본질과 인간의 창의성을 존중하는 사회적 환경을 조성합니다. AI 창작물에 대한 저작권 문제는 이러한 저작권의 본질과 가치를 재검토하고, 새로운 기술 시대에 맞는 저작권 체계를 구축하는 중요한 과제가 될 것입니다.

### 50일차

1. 디지털 격차
2. **답안 예시** 1) 도움 드리기: 공공장소나 식당에서 키오스크 사용에 어려움을 겪는 노인들을 보면 직접 도와드릴 수 있습니다.
   2) 기본적인 사용법 가르치기: 가족이나 주변의 노인들에게 스마트폰이나 컴퓨터 사용법을 차근차근 가르쳐 드릴 수 있습니다.
   3) 자원봉사 참여: 지역 사회에서 진행하는 디지털 교육 봉사활동에 참여하여 노인들에게 디지털 기기 사용법을 알려 주는 자원봉사를 할 수 있습니다.
3. **답안 예시** 한 노인은 키오스크 사용에 어려움을 겪으며 "어떻게 하다 잘못하면 다시 해야 되고, 불편한 점이 많다."라고 말합니다. 이는 디지털 격차가 노인들에게 일상 생활에서 큰 어려움을 주고 있음을 보여 줍니다. 디지털 기기와 인터넷 사용에 익숙하지 않은 노인들은 정보와 서비스에 접근하는 데 어려움을 겪으며, 이는 사회적 고립과 경제적 어려움으로 이어질 수 있습니다.